Horst Neuhaus

Sprache, Praxis und Patient

Lehr- und Arbeitsbuch für den Deutschunterricht in den Ausbildungsberufen des
Gesundheitsbereiches

Stam 7160

Stam Verlag   Köln · München

Verlag H. Stam GmbH
Fuggerstraße 7 · 51149 Köln
Fernruf (0 22 03) 30 29-0

ISBN 3-8237-**7160**-4

Inhaltsverzeichnis

I   Die Unterscheidung zwischen Gebrauchstexten und fiktionalen Texten

II   Das Betrachten und Erstellen von Gebrauchstexten

III   Das Betrachten von fiktionalen Texten

Teil A
Das Zeichensystem der Sprache

I Die Sprache als Verständigungsmittel

1 Die Kommunikation am Arbeitsplatz

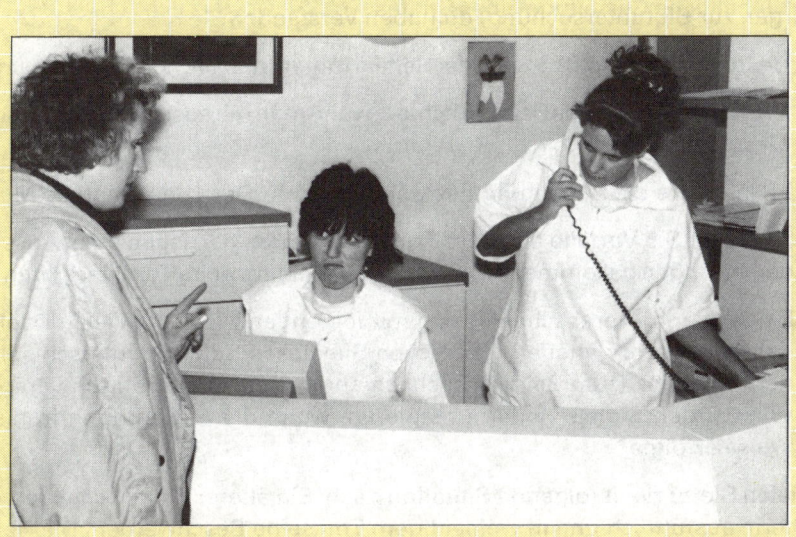

Arbeitsauftrag

1. Beschreiben Sie ausführlich das obige Bild. Gehen Sie dabei auch darauf ein, welchen Eindruck man von den momentanen Gedanken und Gefühlen der abgebildeten Personen gewinnt.

2. Spielen Sie zu zweit ein mögliches Gespräch zwischen der Helferin und der Patientin nach.

3. Während ihres Telefonates bekommt die zweite Helferin mit, daß ihre Kollegin im Gespräch mit der Patientin Fehler macht. Es ist deshalb zwingend erforderlich, daß sie nach Beendigung ihres Telefongespräches in die Auseinandersetzung eingreift. Wie würden Sie dabei vorgehen?

4. Die Helferin am rechten Bildrand telefoniert mit einem Patienten. Sie teilt ihm unter anderem folgendes mit: „Kommen Sie bitte am Donnerstag um 7.30 Uhr zur Blut- und Urinuntersuchung. Sie dürfen vorher jedoch nichts essen."

  a) Welches Wort aus der obigen Mitteilung könnte zu einem Mißverständnis und damit zu einem Fehlverhalten des Patienten am Donnerstag morgen führen?

  b) Verbessern Sie die Mitteilung an den Patienten, so daß sie eindeutig wird.

  c) Berichten Sie Ihren Mitschülerinnen und Mitschülern über Mißverständnisse, zu denen es eventuell auch schon einmal in Ihrer Praxis/Apotheke gekommen ist, weil ungenaue oder unangemessene Ausdrücke verwendet wurden.

5. Manche ausländischen Patienten haben Probleme mit den komplizierten Satzbauregeln der deutschen Sprache. Einem solchen Patienten gegenüber macht eine Helferin folgende Mitteilung: „Du kommen am nächsten Montag morgen zur Blutuntersuchung; du haben verstanden?"

  a) Beurteilen Sie diese Aussage der Helferin unter sprachlichen Gesichtspunkten.

  b) Worauf sollte man als Helferin achten, wenn man mit ausländischen Patienten Gespräche führt?

6. a) Erklären Sie die Bedeutung des Sprichwortes „Der Ton macht die Musik".

  b) Schildern Sie Vorfälle aus Ihrer Praxis/Apotheke, bei denen es zu Auseinandersetzungen gekommen ist, weil sich ein Beteiligter im Ton „vergriffen" hat.

  c) Eine Patientin verabschiedet sich mit folgenden Worten: „Vielen Dank, Sie haben mir sehr geholfen." Sprechen Sie diesen Satz mit unterschiedlicher Betonung aus (zum Beispiel sachlich-ehrlich, dankbar, ironisch-verärgert). Wie würden Sie als Helferin reagieren, wenn die Äußerung in ironischer Weise erfolgte?

7. Spielen Sie zu zweit folgende Situation nach: Ein älterer Patient schildert einer Helferin ausführlich und in wehleidigem Ton seine Beschwerden. Die Helferin hört zwar zu, gibt aber dennoch stillschweigend zu erkennen, daß sie sich anderen dringenden Aufgaben zuwenden muß.

1. Das Wesen der Kommunikation

Ein wichtiger Aufgabenbereich der Helferin ist die Organisation des Praxisablaufes. In diesem Zusammenhang tauscht sie mit Patienten, Mitarbeitern der Krankenkassen, Pharmavertretern usw. vielfältige Informationen (zum Beispiel Termine) aus.

> Den Nachrichtenaustausch zwischen einem Sender (Sprecher, Schreiber) und einem Empfänger (Hörer, Leser) bezeichnet man als Kommunikation.

2. Die Formen der sprachlichen Kommunikation

Kommunikation erfolgt in erster Linie mit Hilfe der Sprache. Dabei sind verschiedene Formen zu unterscheiden.

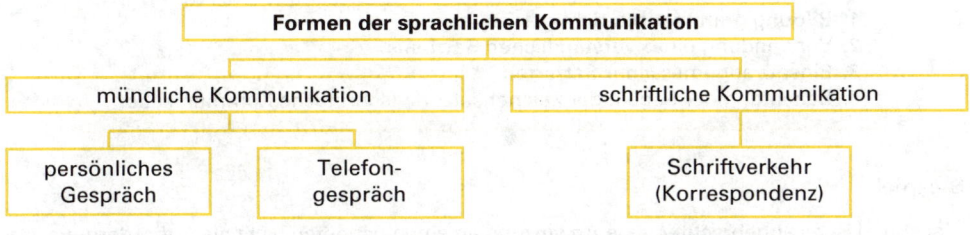

3. Die Arten der sprachlichen Kodierung

Soll eine Information mittels der Sprache an eine andere Person übermittelt werden, so muß man die Nachricht sprachlich formulieren. Mit anderen Worten: Die Mitteilung ist in Form von Sprachzeichen (Wörtern) darzustellen.

> Die Übertragung von Informationen in Sprachzeichen (Wörter) oder andere Zeichen wird als Kodierung bezeichnet.

Es sind drei Stufen der sprachlichen Kodierung zu unterscheiden.

a) Die semantische Kodierung (Wortwahl)

Es kommt zunächst darauf an, die richtigen Wörter zu finden. Aus dem verfügbaren Wortschatz sind die geeigneten Begriffe auszuwählen. Die Wörter müssen beim Empfänger genau die Vorstellung auslösen, die der des Absenders entspricht. Man spricht in diesem Zusammenhang von der semantischen Kodierung und meint damit die:

> 1. Auswahl präziser und geeigneter Begriffe
> 2. Korrekte Schreibweise der Wörter (schriftliche Kommunikation)

Beispiel

In der folgenden Situation kann es zu einem Mißverständnis kommen, weil die Helferin eine zweideutige Formulierung wählt:
Eine Internistin will *nach* der Sprechstunde mit einem Patienten ein intensiveres Gespräch führen. Die Helferin wählt bei der Mitteilung dieser Information an den Patienten folgende Wörter:
„Können Sie am Donnerstag um *sieben Uhr* in die Praxis kommen?"

b) Die syntaktische Kodierung (Satzbau)

Die ausgewählten Einzelwörter müssen zu einem Satz verknüpft werden. Bei dieser syntaktischen Kodierung sind folgende Gesichtspunkte zu beachten:

> 1. Bildung grammatisch richtiger Sätze
> 2. Verwendung eines verständlichen Satzbaus
> 3. Einsatz angemessener Satzarten
> 4. Beachtung der Regeln der Zeichensetzung (schriftliche Kommunikation)

Beispiel

Manchmal ist es angebrachter, eine Anweisung an einen Patienten nicht als Aufforderungssatz, sondern als Fragesatz zu kodieren:

Aufforderungssatz: „Kommen Sie um 16.00 Uhr zur Nachuntersuchung."

Fragesatz: „Können Sie um 16.00 Uhr zur Nachuntersuchung kommen?"

c) Die phonologische Kodierung (Aussprache)

Im Falle der mündlichen Kommunikation müssen die gebildeten Sätze ausgesprochen werden. Dabei kommt es zum Beispiel darauf an, den „richtigen Ton" zu finden. Man bezeichnet diese letzte Phase als phonologische Kodierung und meint damit:

> 1. Verständliche Aussprache
> 2. Deutliche Betonung
> 3. Angemessene Klangfärbung der Stimme

Beispiel

Ein und dieselbe Antwort an einen Patienten kann freundlich und verständnisvoll, aber auch lustlos und verärgert ausgesprochen werden.

4. Die Kommunikation mit anderen Zeichensystemen

Die Sprache ist sicherlich das wichtigste Verständigungsmittel. In bestimmten Situationen müssen aber andere Zeichensysteme zur Kommunikation eingesetzt werden. Man denke nur an die Verständigung im Straßenverkehr mit Hilfe der Verkehrszeichen.

Auch am Arbeitsplatz einer Helferin spielt ein weiteres Zeichensystem eine wichtige Rolle. In persönlichen Gesprächen zum Beispiel mit Patienten wird neben der eigentlichen Sprache zusätzlich die **Körpersprache** eingesetzt. Sie kann sehr vielsagend sein. Die Übersicht verdeutlicht, welche Informationen in den Zeichen der Körpersprache verschlüsselt (kodiert) sein können.

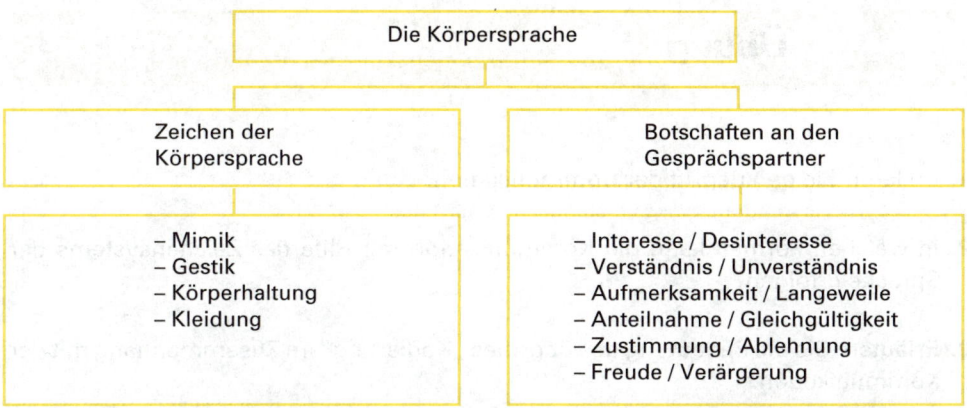

Die Körpersprache

Zeichen der Körpersprache	Botschaften an den Gesprächspartner
– Mimik – Gestik – Körperhaltung – Kleidung	– Interesse / Desinteresse – Verständnis / Unverständnis – Aufmerksamkeit / Langeweile – Anteilnahme / Gleichgültigkeit – Zustimmung / Ablehnung – Freude / Verärgerung

Der Patient muß nicht nur zum Arzt oder Zahnarzt ein besonderes Vertrauensverhältnis entwickeln. Auch zum Praxisteam muß sich eine vertrauliche Beziehung aufbauen.

Gerade deshalb ist es wichtig, daß die Helferin im Umgang mit Patienten durch ihre Körpersprache Verständnis, Anteilnahme, Aufmerksamkeit und Freundlichkeit signalisiert.

Zusammenfassung

Kommunikation
Austausch von Informationen

Sprecher Schreiber	→	Information	→	Hörer Leser

↓

Kodierung:
Umwandlung der Information in Zeichen

Zeichensystem der Sprache	andere Zeichensysteme
Darstellung der Information mit Hilfe von Sprachzeichen (Wörtern)	Darstellung der Information in Form von anderen Zeichen
1. Semantische Kodierung (Wortwahl)	Beispiele für andere Zeichensysteme:
2. Syntaktische Kodierung (Satzbau)	1. Körpersprache (Mimik, Gestik, Körperhaltung usw.) 2. Verkehrszeichensystem
3. Phonologische Kodierung (Betonung)	3. Flaggenzeichen usw.

1. Erklären Sie den Begriff der Kommunikation.

2. In welchen Formen kann die Kommunikation mit Hilfe des Zeichensystems der Sprache erfolgen?

3. Erläutern Sie die Bedeutung des Begriffes „Kodierung" im Zusammenhang mit der Kommunikation.

4. Beschreiben Sie allgemein die verschiedenen Arten der sprachlichen Kodierung.

5. Sie betreuen in der Anmeldung einen Patienten, der nur englisch spricht. Erklären Sie die drei Arten der Kodierung am Beispiel einer Information, die Sie mit Hilfe der englischen Sprache an den Patienten übermitteln.

6. Einige Patienten sprechen sehr schlechtes Deutsch.

   a) Nennen Sie sechs typische Fehler, an die Sie sich noch erinnern, und ordnen Sie diese Fehler den drei Kodierungsarten zu. Bemühen Sie sich, für jede Kodierungsart mindestens einen Fehler zu finden.

   b) Welche Ursachen und Folgen sind bei derartigen sprachlichen Schwächen oder Mängeln denkbar?

7. Bei der Betreuung von Patienten in der Praxis wiederholen sich bestimmte Mitteilungen und Aufforderungen an die Patienten immer wieder.
   Nennen Sie derartige Standardsätze an den Patienten, und sprechen Sie diese Sätze unterschiedlich phonologisch kodiert aus (zum Beispiel verschlafen/lustlos, desinteressiert, verärgert, aggressiv/unfreundlich, ironisch, freundlich, anteilnahmsvoll usw.).

8. a) Begründen Sie, warum man Patienten in persönlichen Gesprächen oder in Telefongesprächen nach Möglichkeit mit Namen anreden sollte.

   b) Spielen Sie folgende Situation nach: Ein Patient, der die Praxis anruft, meldet sich nicht mit dem Namen, sondern schildert unmittelbar sein Anliegen. Wie reagieren Sie als Helferin in den folgenden Fällen?

      (1) Sie erkennen den Patienten an seiner Stimme und erinnern sich an seinen Namen.
      (2) Sie erkennen an der Stimme, daß der Patient bei Ihnen in Behandlung ist. Ihnen fällt aber im Moment nicht der Name ein.
      (3) Sie erkennen den Patienten auch nicht an der Stimme.

9. Nennen Sie Zeichensysteme, die in bestimmten Situationen anstelle der Sprache zur Kommunikation eingesetzt werden.

10. Entscheiden Sie, auf welche Kodierungsart sich jeder der folgenden Hinweise in erster Linie bezieht. Begründen Sie Ihre Zuordnung.

Wichtige Hinweise für das Führen von Telefongesprächen

① Für die Meldung am Telefon sollte eine Standardformel festgelegt werden, die von allen Mitgliedern des Praxisteams einheitlich verwendet wird.

② Bei der Meldung ist außer dem Praxisnamen auch der eigene Name zu nennen.

③ Auch den Patienten sollte man nach Möglichkeit mit seinem Namen anreden.

④ Es ist darauf zu achten, daß die eigene Stimme am Telefon nicht lustlos oder verärgert, sondern interessiert und freundlich klingt.

⑤ Insbesondere bei Telefonaten mit älteren oder aufgeregten Patienten muß die Helferin langsam und deutlich sprechen.

⑥ In Gesprächen mit Patienten sind medizinische Fachausdrücke nach Möglichkeit zu vermeiden.

⑦ Gerade in Telefongesprächen tragen kurze und einfache Sätze zur besseren Verständlichkeit bei.

⑧ Manchmal ist es wirkungsvoller, die Aufforderung an einen Patienten in Form einer Frage zu formulieren.

⑨ Bei Aufforderungen an einen Patienten ist immer daran zu denken, daß „der Ton die Musik macht".

⑩ Eigene Gespräche sollte man auf einem Stichwortzettel kurz vorbereiten, damit einem während des Gespräches auch die richtigen Worte einfallen.

11. Eine Patientin beschwert sich über die zu lange Wartezeit. Die Helferin wirft ihrer Kollegin daraufhin einen kurzen Blick mit hochgezogenen Augenbrauen und schmalen Lippen zu.

a) Welche Information tauschen die beiden Helferinnen aus? Welches Zeichensystem wird für diesen Kommunikationsvorgang eingesetzt?

b) Wie wird die Patientin reagieren, wenn Sie diesen Vorgang beobachten konnte?

c) Nennen Sie weitere Signale der Körpersprache, und erläutern Sie ihre jeweilige Bedeutung.

12. Ein neuer Patient kommt in die Anmeldung. Die Helferin führt gerade ein wichtiges Telefongespräch.

Wie sollte sich die Helferin gegenüber dem anwesenden Patienten verhalten? Erarbeiten Sie im Gespräch mit Ihren Mitschülerinnen und Mitschülern mögliche Verhaltensweisen.

2 Die außersprachlichen Einflußgrößen auf die Sprachgestaltung

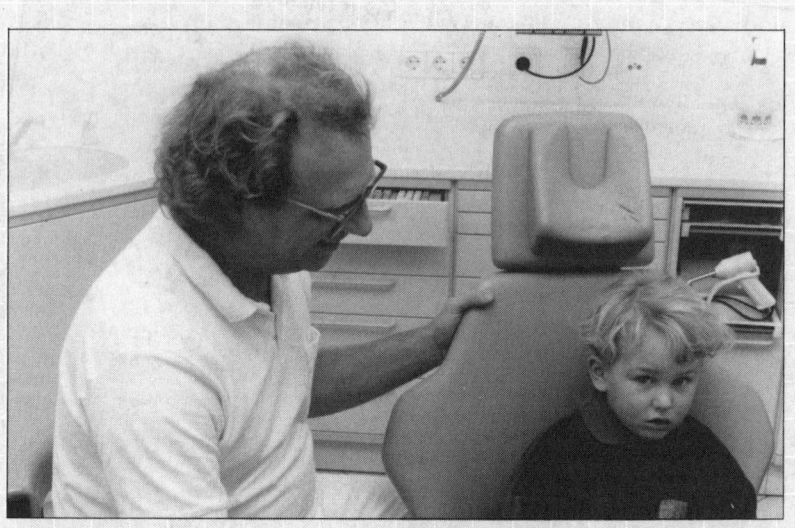

Arbeitsauftrag

1. a) Betrachten Sie das obige Bild. Erläutern Sie, welche Rückschlüsse auf die Gefühlslage des Kindes möglich sind.

b) Welches Zeichensystem setzt das Kind ein, um seine Umwelt über seine momentanen Empfindungen zu informieren?

2. Berichten Sie den anderen Auszubildenden Ihrer Klasse von Ihren Erfahrungen mit zu behandelnden Kindern. An welche aufschlußreichen oder lustigen Äußerungen und interessanten Vorfälle können Sie sich erinnern?

3. Während der Behandlung des oben abgebildeten Kindes fallen folgende Bemerkungen:

(1) „So mein Kleiner, jetzt wollen wir mal sehen, wo das Auah-Auah herkommt."
(2) „Ein klassischer Fall von pulpitis serosa totalis."
(3) „Frau Meyer, machen Sie die Spritze fertig, und tupfen Sie gleich das Blut schnell ab."
(4) „Wenn du weiterhin so viel Süßes ißt, werden wir bald auch die anderen Zähne ziehen müssen."

a) Beurteilen Sie diese Äußerungen. Gehen Sie dabei insbesondere auf die Wirkungen dieser Aussagen auf das Kind ein.

b) Leiten Sie aus den obigen Beispielen ab, worauf bei der sprachlichen Gestaltung von Äußerungen zu achten ist, die sich an zu behandelnde Kinder richten oder in ihrem Beisein gemacht werden.

4. Bei welchen anderen Patientengruppen muß man bei der sprachlichen Gestaltung seiner Äußerungen besonders sorgfältig vorgehen? Worauf ist dabei im einzelnen zu achten?

5. Während der im folgenden abgebildeten Behandlung findet untenstehender Dialog statt. Lesen Sie diesen Text mit verteilten Rollen.

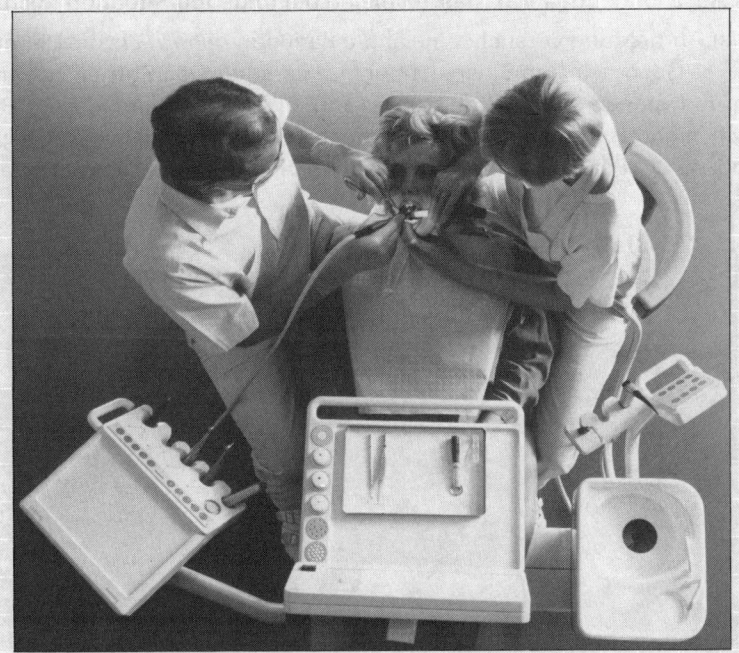

Zahnarzt: Ich diktiere: 18 fehlt, 16 kariös, 24 fehlt, Lücke geschlossen, 38 fehlt, 48 verlängert, Zahnstein und Gingivitis marginalis.
Zunächst entfernen wir Plaque und Zahnstein.

Helferin: Ultraschall?

Zahnarzt: Ja.

Helferin: Steht Anlasser richtig?

Zahnarzt: In Ordnung. – Absaugen.

Nach erfolgter Behandlung verabschiedet sich der Zahnarzt von der Patientin:

Zahnarzt: Auf Wiedersehen, Frau Hülsemann, beim nächsten Mal müssen wir uns mit der Okklusion und Artikulation wegen des verlängerten unteren Achters befassen. Außerdem müssen Sie mehr Wert auf die Prophylaxe legen.

6. a) Welche besonderen Kennzeichen weisen die Äußerungen hinsichtlich der Wortwahl und des Satzbaus auf?

   b) Warum erfolgt die Verständigung zwischen Zahnarzt und Helferin in dieser eigentümlichen sprachlichen Gestaltung?

   c) Welche Voraussetzungen müssen erfüllt sein, damit die Kommunikation in dieser sprachlichen Form erfolgreich verlaufen kann?

   d) Beurteilen Sie die Verabschiedung der Patientin durch den Zahnarzt.

7. Schildern Sie andere Fälle, in denen die äußere Situation das Sprachverhalten der Kommunikationspartner entscheidend beeinflußt.

8. Diskutieren Sie mit Ihren Mitschülern die Frage, ob man als Helferin Patienten duzen sollte.

9. Zwei Auszubildende Ihrer Klasse spielen die folgende Situation nach:

   Bei der Anmeldung versucht eine ältere Patientin *beharrlich,* die Helferin in ein längeres Gespräch zum Beispiel über ihre persönlichen Sorgen zu verwickeln. Aufgrund starker Arbeitsbelastung kann die Helferin auf dieses Bedürfnis jedoch nicht eingehen. Sie versucht deshalb mehrmals, das Gespräch zu beenden. Die Patientin ignoriert dies jedoch und beginnt immer wieder aufs neue.

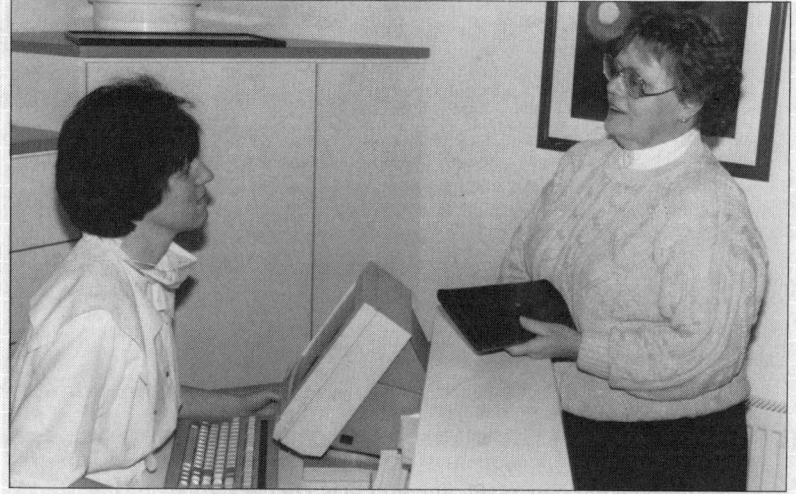

   a) Beurteilen Sie insbesondere das sprachliche Verhalten der Auszubildenden, die die Rolle der Helferin übernommen hat.

   b) Berichten Sie den anderen Auszubildenden Ihrer Klasse von Ihren Erfahrungen im Umgang mit älteren Patienten.

Im Rahmen der Patientenbetreuung und Praxisorganisation führt eine Helferin tagtäglich unzählige Gespräche. Dabei werden hohe Anforderungen an sie gestellt.

Einerseits hat sie bei der Gestaltung ihrer eigenen sprachlichen Äußerungen (schriftlich oder mündlich) eine Vielzahl von Nebenbedingungen zu berücksichtigen. Andererseits muß sie erkennen, daß auch die Aussagen der Gesprächspartner durch verschiedenste Umstände beeinflußt werden. Nur dann kann sie selbst wiederum angemessen reagieren.

Diese außersprachlichen Einflußfaktoren auf die sprachliche Kommunikation bezeichnet man als **Kontextgrößen**.

1. Der psychische Kontext

Patienten, die eine Praxis oder eine Apotheke aufsuchen, befinden sich in einer besonderen Verfassung. Häufig leiden sie unter Schmerzen und Anspannung. Sie sind unsicher, aufgeregt und ängstlich, da sie nicht wissen, was auf sie zukommt. Vielfach sind sie mit Sorge um ihren gesundheitlichen Zustand erfüllt.

> Die seelische Verfassung der Gesprächspartner bezeichnet man als psychischen Kontext. Er beeinflußt entscheidend den Ablauf der Kommunikation.

Diese psychischen Bedingungen muß die Helferin bei ihrem Umgang mit den Patienten beachten. Dies betrifft sowohl ihre sprachlichen Äußerungen als auch den Einsatz der Körpersprache.

> **Berücksichtigung der psychischen Verfassung des Patienten**
>
> 1. Vermeidung von angstauslösenden Reizwörtern
> 2. Verzicht auf medizinische Fachausdrücke (Sie beunruhigen den Patienten als medizinischen Laien.)
> 3. Formulierung von Mitteilungen und Anweisungen in einfachen und verständlichen Sätzen
> 4. Bemühen um eine ruhige und damit beruhigende Klangfärbung der Stimme
> 5. Bemühen um eine deutliche und langsame Aussprache
> 6. Bereitschaft zum Zuhören
> 7. Signalisierung von persönlicher Zuwendung, Hilfsbereitschaft, Verständnis und Geduld mit Worten und mit Zeichen der Körpersprache

2. Der situative Kontext

Nicht selten herrscht in der Praxis eine hektische Atmosphäre. Das Telefon klingelt immer wieder von neuem. Das Wartezimmer ist überfüllt. Die Patienten reagieren reizbar, mißmutig und beschweren sich über die langen Wartezeiten; Kinder weinen. Zu allem Überfluß ist auch noch eine Helferin wegen Krankheit ausgefallen.

> Die äußere Situation, in der die Kommunikation stattfindet, wird als situativer Kontext bezeichnet.

Die Helferin muß ihr sprachliches Handeln und Verhalten der jeweils vorherrschenden Situation anpassen. Gerade in Streßsituationen muß sie durch die Art ihrer Äußerungen Ruhe und Gelassenheit vermitteln.

3. Der soziale Kontext und der Erfahrungshorizont der Gesprächsteilnehmer

Bei ihrer täglichen Arbeit kommt die Helferin mit den verschiedensten Personengruppen in Kontakt. Sie verhandelt zum Beispiel mit Pharmavertretern, tauscht Informationen mit Mitarbeitern der Krankenkassen aus und führt fachbezogene Gespräche mit den anderen Mitgliedern des Praxisteams. Vor allen Dingen betreut sie aber die unterschiedlichsten Arten von Patienten (zum Beispiel Kinder, ältere Menschen, Ausländer). Zu jeder dieser Personengruppen steht die Helferin in einer anderen Beziehung. Außerdem verfügen alle diese Menschen über unterschiedliche Bildungsniveaus, Kenntnisse, Interessen und Lebenserfahrungen.

Die wechselseitige Beziehung der Gesprächspartner wird als sozialer Kontext bezeichnet.

Das persönliche Bildungsniveau, der Beruf, die individuellen Vorkenntnisse oder Lebenserfahrungen eines einzelnen Gesprächspartners bilden den sogenannten Informations- und Erfahrungshorizont.

Bei der Auswahl und Gestaltung ihrer sprachlichen Äußerungen hat sich die Helferin an diesem sozialen Kontext bzw. Erfahrungshorizont zu orientieren.

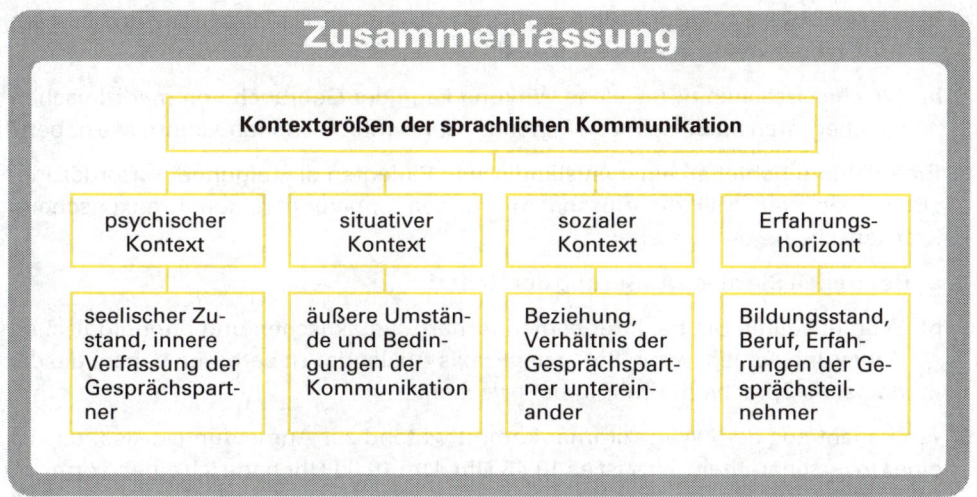

Zusammenfassung

Kontextgrößen der sprachlichen Kommunikation

psychischer Kontext	situativer Kontext	sozialer Kontext	Erfahrungs-horizont
seelischer Zu-stand, innere Verfassung der Gesprächspart-ner	äußere Umstän-de und Bedin-gungen der Kommunikation	Beziehung, Verhältnis der Gesprächspart-ner unterein-ander	Bildungsstand, Beruf, Erfah-rungen der Ge-sprächsteil-nehmer

Übung Übung Übung Übung Übung Übung

1. Erklären Sie vier wichtige Kontextgrößen, die die sprachliche Kommunikation beeinflussen.

2. Ein siebenjähriges Kind kommt in Begleitung der Mutter zur Untersuchung. Es ist behandlungswillig, aufgeschlossen und zeigt keine übergroße Ängstlichkeit.

   Bei einer erforderlichen Vitalitätsprobe stellt die Zahnärztin fest, daß ein Zahn nicht mehr vital reagiert. Beiläufig erklärt die Zahnärztin der anwesenden Mutter: „Ein Zahn ist tot."

   a) Beurteilen Sie diese Äußerung der Zahnärztin, und finden Sie weitere Ausdrücke, die man im Beisein von Kindern unbedingt vermeiden sollte (zum Beispiel „Bohrer").

   b) Erklären Sie allgemein, worauf die Helferin bei ihren Äußerungen und Mitteilungen zu achten hat, wenn sie Kinder betreut bzw. bei der Behandlung von Kindern assistiert.

3. In einer Innenstadtpraxis bemüht sich das Helferinnenteam um eine patienten-orientierte Terminplanung. Am frühen Morgen und vor der allgemeinen Mittagszeit werden schwerpunktmäßig Berufstätige aus den umliegenden Büros und Geschäf-ten behandelt. In der übrigen Zeit wird die Praxis überwiegend von älteren Patien-ten aufgesucht.

   a) Beschreiben Sie den unterschiedlichen situativen und psychischen Kontext bei diesen beiden Patientengruppen.

   b) Erläutern Sie, inwiefern die Helferinnen diese Kontextgrößen bei ihrem sprach-lichen Verhalten im Umgang mit diesen beiden Patientengruppen berücksichti-gen müssen.

4. a) Von welchen Einflußgrößen hängt es ab, ob man als Helferin in Gesprächen am Arbeitsplatz medizinische Fachausdrücke verwendet?

b) Welche Ursachen und welche Wirkung kann der Gebrauch von medizinischen Fachbegriffen im Beisein von Patienten ohne entsprechende Kenntnisse haben?

5. Eine Helferin richtet an einen ausländischen Patienten die folgende Aufforderung: „Beim nächsten Mal du müssen mitbringen unbedingt einen Krankenschein. Krankenschein - du verstehen."

a) Beurteilen Sie diese Äußerung der Helferin.

b) Worauf sollten Sie bei Ihrer semantischen, syntaktischen und phonologischen Kodierung achten, wenn Sie in der Praxis Ausländer zu betreuen haben, die die deutsche Sprache nur mäßig beherrschen.

6. Ein Patient aus dem Wartezimmer kommt wütend zur Anmeldung. „Also, das ist eine Unverschämtheit. Jetzt ist es 10.45 Uhr. Um 10.00 Uhr hatte ich einen Termin." Die Helferin antwortet: „Schon gut mein Herr, jetzt regen Sie sich nur nicht so auf."

a) Welche Wirkung erzielt die Helferin mit dieser Antwort? Welche Wörter rufen diese Wirkung insbesondere hervor?

b) Formulieren Sie eine Antwort an den Patienten, die den besonderen situativen und psychischen Kontext berücksichtigt.

7. a) Schildern Sie Konfliktsituationen mit Patienten, die Sie persönlich in Ihrer Praxis erlebt haben.

b) Beurteilen Sie im nachhinein Ihr damaliges Verhalten.

c) Welche Grundsätze sollte man aufgrund Ihrer Erfahrungen bei der Bewältigung von Konflikten mit Patienten beachten?

8. a) In welchen Situationen kann es angebracht sein, daß man als Helferin in Gesprächen am Arbeitsplatz einen Dialekt benutzt?

b) Welche Wirkung tritt ein, wenn man in einem ungeeigneten situativen oder sozialen Kontext einen Dialekt einsetzt?

9. Im Zusammenhang mit der Durchführung von Prophylaxe-Maßnahmen hat die Zahnarzthelferin die Aufgabe, Patienten über Mundhygiene zu informieren oder zu instruieren sowie zur Mundhygiene zu motivieren.

Bereiten Sie für diese Aufgabe einen kleinen Vortrag vor, der sich

a) an ein 6jähriges Kind
b) an einen 16jährigen Jugendlichen

richtet. Berücksichtigen Sie dabei insbesondere den spezifischen Erfahrungshorizont des jeweiligen Gesprächspartners.

3 Die Grundleistungen der Sprache

Text 1

Was ist AIDS?

AIDS ist die Abkürzung für die englische Bezeichnung „Acquired **I**mmuno **D**eficiency Syndrome" und der medizinische Name für eine neue ansteckende Krankheit. Das Virus, das AIDS auslösen kann, hat die Bezeichnung HIV (**H**umanes **I**mmundefekt-**V**irus).

Die Inkubationszeit von AIDS beträgt bis zu mehreren Jahren, d.h., der Ausbruch der Krankheit kann Jahre nach der Ansteckung erfolgen.

Das Virus schwächt die körpereigene Immunabwehr, so daß der Abwehrmechanismus des Körpers ausfällt und der Organismus verschiedenen – an sich nicht besonders gefährlichen – Erregern hilflos ausgeliefert ist. Dies kann zu Infektionen und Erkrankungen wie Lungenentzündungen oder verschiedenen Formen von Krebs führen, an denen die betroffenen Kranken sterben.

Aber nicht jeder, der sich mit dem Virus infiziert hat, wird an AIDS erkranken; kurz, ein Virus-Träger muß keineswegs ein AIDS-Kranker sein oder werden.

Die Hauptbetroffenengruppen

Nach den bis jetzt vorliegenden Erkenntnissen sind AIDS-Erkrankungen am häufigsten in folgenden Gruppen aufgetreten:

- homo- und bisexuelle Männer
- Personen, die sich intravenöse Drogen spritzen
- Sexualpartner der o.g. Gruppen
- Neugeborene infizierter Mütter

Inzwischen breitet sich AIDS aber über diese Gruppen hinaus aus.

Ansteckung

Zur Übertragung kommt es, wenn die Viren in die Blutbahn gelangen. Der Erreger wird vor allem beim Geschlechtsverkehr übertragen, besonders bei Sexualpraktiken mit erhöhtem Verletzungsrisiko.

Bei Fixern wird das Virus durch gemeinsame Benutzung von Injektionsnadeln übertragen.

Bluterkranke und Empfänger von Bluttransfusionen gelten nicht mehr als gefährdet, da seit Mitte des Jahres 1985 Blutspender routinemäßig auf eine HIV-Infektion untersucht werden.

Ansteckung ist praktisch ausgeschlossen durch Umarmen, Streicheln, Küssen, Anhusten oder Anniesen, ebenso durch alltägliche Kontakte wie Händeschütteln, Benutzen derselben Teller, Gläser oder Bekleidungsstücke.

Weder in der Schule, am Arbeitsplatz, im Restaurant, Schwimmbad, beim Einkaufen, bei geselligen Treffen noch bei Zusammenwohnen und Pflege von AIDS-Kranken oder Personen mit positivem Testergebnis ist bis jetzt eine Ansteckung erfolgt.

(AIDS Info. Herausgegeben von der Deutschen AIDS-Hilfe e.V. Berlin [West], 1988)

Text 2

WEIL ICH DICH LIEBE

Aids macht nicht halt vor Menschen, die einem naheste hen. Es darf nicht dazu kommen, daß sie die infizieren,
die sie am meisten lieben. Fragen Sie sich, ob Sie ein Risi ko eingegangen sind. Eines, das – vielleicht
längst vergessen – heute alles gefährdet, was Ihnen wichtig ist. Wenn Sie nicht sicher sind, lassen Sie sich
beraten und testen. Handeln Sie verantwortlich – das sind Sie Ihrem Partner schuldig. Bitte rufen Sie an.

GIB AIDS KEINE CHANCE

Aids-Telefon, Bundeszentrale für gesundheitliche Aufklärung
☎ 02 21 / 89 20 31
Die Bundesgesund heitsministerin

Text 3

Ein Infizierter schöpft neuen Lebensmut

Gestern hat sich mein Leben verändert. Alles ist anders geworden. Es fing schon morgens an. Eine Stunde unter der Dusche, bis ich ganz durchweicht war. Keine Angst mehr, mich durch die Nässe, gepaart mit Zugluft, zu erkälten. Ich spürte wieder Kraft in mir, war powergeladen, wußte, daß ich standhalten konnte. Zum Frühstück die Appassionata von Beethoven. Ich saß in der Küche und fühlte das Glück in meinen Körper hineinströmen, spürte, wie mein Körper nicht mehr nur Hülle war, sondern lebendig und stark wurde. Ich konnte wieder Gerüche wahrnehmen, roch den Zimt an meinen Fingern, den ich dem Kaffee beigemengt hatte.

(Wolfram Runkel: „Paßt auf, ich überleb' euch alle". In: ZEIT-Magazin Nr. 29. Juli 1988)

Arbeitsauftrag

1. **a)** Geben Sie den Inhalt des Arbeitstextes 1 mit eigenen Worten wieder.
   b) Stellen Sie bezüglich dieses Textes Vermutungen über den Verfasser und den Adressatenkreis an. Welches Ziel verfolgt der Verfasser mit seinem Text?
   c) Wie schlägt sich diese Absicht in der sprachlichen Gestaltung des Textes nieder? Gehen Sie dabei auf die semantische (Wortwahl) und syntaktische (Satzbau) Sprachgestaltung ein.
2. **a)** An welche Zielgruppe wendet sich der Text 2? Begründen Sie Ihre Entscheidung.
   b) Erläutern Sie den inhaltlichen Zusammenhang zwischen Bild und Text.
   c) Welche Empfindungen spricht der Verfasser des Textes 2 beim Leser an? Welche Ausdrücke und Formulierungen zielen in erster Linie auf diese Gefühle?

d) Welche Satzart wird im Text 2 sehr häufig verwendet? Belegen Sie Ihre Antwort mit Zitaten.

e) Der groß- und fettgedruckte Satz ist unvollständig. Der Leser der Anzeige soll ihn in Gedanken selbst ergänzen. Wie würden Sie diesen Satz für sich vervollständigen?

f) Im Gegensatz zum Text 1 enthält der Text 2 keine Fachausdrücke. Welche Begründung kann dafür angeführt werden?

g) Leiten Sie aus Ihren vorangegangenen Überlegungen ab, welches Ziel der Text 2 in erster Linie verfolgt.

3. Welche Absicht verfolgt der Schreiber des Textes 3? An welchen Textstellen kommt dieses Ziel besonders zum Ausdruck?

Bei jeder Kommunikation verfolgt der jeweilige Sender eine bestimmte **Absicht** (Intention). Im Falle der sprachlichen Kommunikation setzt der Sprecher oder Schreiber das Zeichensystem der Sprache ein, um sein Ziel zu erreichen. Die Sprache übernimmt für ihn dann eine ganz bestimmte **Aufgabe** (Funktion).

Diese Intention des Sprechers oder Schreibers bzw. die entsprechende Sprachfunktion prägt entscheidend die sprachliche Gestaltung eines Textes[1]).

Im wesentlichen können drei Sprachfunktionen unterschieden werden.

1. Die Darstellungsfunktion der Sprache

Ein Sprecher oder Schreiber kann das Ziel haben, Gegenstände oder Sachverhalte darzustellen und Wissen oder Erkenntnisse mitzuteilen.

> Erfüllt die Sprache die Aufgabe, sachlich über etwas zu informieren, so liegt die Darstellungsfunktion vor.

Die Darstellungsfunktion der Sprache schlägt sich in den entsprechenden Texten in typischen sprachlichen Merkmalen nieder.

Sprachliche Kennzeichen eines darstellenden Textes

1. Semantische Kodierung (Wortwahl)
   a) Ausschließliche Auswahl sachlicher, treffender und eindeutiger Begriffe
   b) Verzicht auf wertende Ausdrücke
   c) Vermeidung überflüssiger Wörter und Wendungen (zum Beispiel ausschmückende Adjektive)
   d) Gezielter Einsatz von Fachausdrücken

2. Syntaktische Kodierung (Satzbau)
   a) Bevorzugte Verwendung von Aussagesätzen
   b) Verwendung eines möglichst einfachen und verständlichen Satzbaus

---

[1]) Im folgenden wird unter „Text" alles Gesprochene und Geschriebene oder mit anderen Zeichensystemen Dargestellte verstanden, das einen Sinnzusammenhang ergibt.

2. Die Appellfunktion der Sprache

Die Sprache kann auch in der Absicht verwendet werden, den Hörer oder Leser zu be-einflussen. So kann der Sprecher oder Schreiber das Ziel haben, den Kommunikations-partner zu einer bestimmten Handlung zu überreden.

> Übernimmt die Sprache die Aufgabe, beim Hörer oder Leser eine bestimmte Denk-, Handlungs- oder Verhaltensweise zu bewirken, so spricht man von der Appellfunktion.

Auch die Appellfunktion ist an bestimmten sprachlichen Merkmalen erkennbar.

Sprachliche Kennzeichen eines appellativen Textes

1. Bevorzugter Gebrauch von wertenden Ausdrücken
2. Persönliche Ansprache des Lesers oder Hörers
3. Einsatz suggestiver (beeinflussender) Formulierungen
4. Bevorzugte Verwendung von Aufforderungs- und Befehlssätzen

---

3. Die Ausdrucksfunktion der Sprache

Der Sprecher oder Schreiber kann die Sprache auch mit der Absicht einsetzen, eigene Empfindungen, Eindrücke und Auffassungen zu vermitteln.

> Dient die Sprache dazu, persönliche Meinungen und Gefühle des Sprechers oder Schreibers auszudrücken, so ist die Ausdrucksfunktion gegeben.

Die Ausdrucksfunktion ist unter anderem an den folgenden sprachlichen Merkmalen erkennbar.

Sprachliche Merkmale von Ausdruckstexten

1. Bevorzugter Einsatz von gefühlsbetonten Ausdrücken
2. Verwendung von ausschmückenden Adjektiven
3. Gebrauch von Aussage- und Ausrufesätzen

Die drei Sprachfunktionen treten selten isoliert auf. In der Regel vermischen sie sich. Dabei wird jedoch in jeder konkreten Kommunikationssituation eine Absicht des Sprechers oder Schreibers und damit auch eine Sprachfunktion überwiegen.

Zusammenfassung

Funktionen der Sprache

Darstellung	*Appell*	*Ausdruck*
Sprache als Mittel zur sachlichen Darstellung von Gegenständen oder Sachverhalten, Mitteilung von Wissen oder Erkenntnissen	Sprache als Mittel zur Beeinflussung des Lesers oder Hörers entsprechend den Vorstellungen und Wünschen des Schreibers oder Sprechers	Sprache als Mittel zur Mitteilung der eigenen Gefühle, Empfindungen, Eindrücke, Überzeugungen und Ansichten durch den Schreiber oder Sprecher

Übung Übung Übung Übung Übung Übung

1. Erläutern Sie allgemein die drei Sprachfunktionen.

2. Nennen Sie typische sprachliche Merkmale eines darstellenden und appellativen Textes und eines Ausdruckstextes.

3. Erläutern Sie den Zusammenhang zwischen der Redeabsicht des Sprechers oder Schreibers und den Sprachfunktionen.

4. **a)** Ordnen Sie den folgenden Textsorten eine Sprachfunktion zu. Begründen Sie im Zweifelsfalle, warum Sie sich für eine bestimmte Funktion entschieden haben.

   b) Erläutern Sie am Beispiel einer geeigneten Textsorte, was unter der Vermischung der Sprachfunktionen zu verstehen ist.

   Referat, Inhaltsangabe, Werbeanzeige, Protestsong, Gesetzestext, Protokoll, Flugblatt, Leserbrief, Nacherzählung, Bericht, Beschreibung, Roman, Wahlrede, Predigt, Tagebucheintragung, Kommentar.

5. Patienten suchen während der Betreuung in der Praxis nicht selten ein Gespräch mit der Helferin.

   a) Schildern Sie in diesem Zusammenhang ihre persönlichen Erfahrungen.

   b) Welche Absichten können die Patienten mit ihren Gesprächen verfolgen? Gehen Sie von Ihren bisherigen Berufserfahrungen aus.

6. Die Helferin hat auch die Aufgabe, die Patienten über Maßnahmen zur Gesundheitsvorsorge zu informieren. Entwerfen Sie in diesem Zusammenhang einen kurzen Text, in dem alle drei Grundleistungen der Sprache erkennbar sind.

7. **a)** Weisen Sie mit Textstellen nach, daß in dem folgenden Text alle drei Sprachfunktionen vorzufinden sind.

   b) Welche Sprachfunktion überwiegt nach Ihrer Meinung?

Gefühle sind Gefühle, und Liebe ist Liebe; und Liebe gehört zu den schönsten Dingen, die die Menschen kennen. Daran kann niemand rütteln, und niemand will das.

Aber AIDS ist AIDS; eine Virus-Erkrankung, bei der das Immun-System des menschlichen Organismus angegriffen und zerstört wird; eine Krankheit, gegen die es noch keinen Impfstoff und kein durchschlagendes Heilmittel gibt; eine Krankheit mit einer, wie der Mediziner sagt, „schlechten Prognose", was bedeutet: Im Falle einer Erkrankung verläuft die Krankheit tödlich. AIDS ist ansteckend, und meist wird das Virus beim Sex übertragen. Auch daran kann niemand rütteln.

Mit diesem Heft wollen wir informieren: Was AIDS ist, wie ich mich schützen kann und wie ich mit den Betroffenen umgehe.

Nur wer versteht, was AIDS ist, kann sich auch entsprechend verhalten. Wenn jemand etwas nicht versteht, sollte er sagen: „Ich verstehe das nicht!", und jemand anderes sollte sagen können: „Ich erkläre es Dir!" Wir meinen: Man muß darüber reden. AIDS ist ein Gesprächsthema, kein so erfreuliches wie Mode und Musik, doch das sind Ozonloch, Verkehrstote und Gift im Rhein auch nicht. Und wenn niemand zum Erklären da sein sollte, dann ruf einfach das AIDS-Telefon: 0221/892031.

(Boys & Girls. Was du über AIDS wissen solltest. Herausgegeben von der Bundeszentrale für gesundheitliche Aufklärung. Köln)

8. **a)** Erläutern Sie, inwiefern auch mit Hilfe von Zeichnungen eine Kommunikation erfolgen kann.

   b) Welche Absicht verfolgen die beiden Zeichner jeweils mit ihrer Darstellung?

   c) Fassen Sie die inhaltliche Aussage der beiden Zeichnungen in einem kurzen Text zusammen. Welche Sprachfunktion dominiert in Ihrem Text? Begründen Sie Ihre Entscheidung.

(Wochenschau. Sonderausgabe Betrifft: Aids. Dezember 1988)

II Die wichtigsten Regeln der Rechtschreibung

1 Der Sinn der Rechtschreibung

Im Auftrag des Bundesinnenministers und der Kultusminister hat das „Institut für deutsche Sprache" in Mannheim Vorschläge zur Neuregelung der deutschen Rechtschreibung erarbeitet. Die folgende Karikatur und der Leserbrief setzen sich mit diesen Anregungen auseinander.

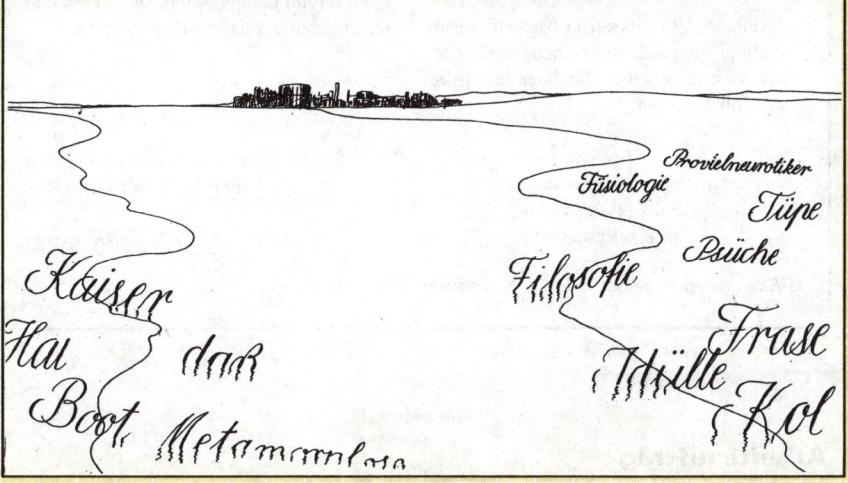

R(h)ein bei Mannheim

(Hans-Georg Rauch. In: Die Zeit vom 18. November 1988)

Wie zu Urgroßvaters Zeiten

Als studentische Vertreter (Fachschaftsrat Nachrichtentechnik an der Fachhochschule Köln) begrüßen wir den Vorschlag vom Institut für deutsche Sprache, die Rechtschreibung zu vereinfachen, da uns immer wieder auffällt, daß die angehenden Ingenieure große Probleme mit der Rechtschreibung haben. Deshalb haben wir uns weitere Gedanken gemacht und haben folgende weitergehende Vereinfachungen vorzuschlagen.

Alles wird rationalisiert, aber die deutsche Rechtschreibung ist heute noch genauso kompliziert wie zu Urgroßvaters Zeiten. Beginnen wir also ohne Verzug, diesen Mißständen abzuhelfen:

Erstens
Wegfall der Großschreibung

einer sofortigen einführung steht nichts im weg, zumal schon viele firmen zur kleinschreibung übergegangen sind.

zweitens
wegfall der dehnungen und
verschärfungen

dise masname eliminirt schon di gröste felerursache in der primarschule, den sin und unsin unserer denungen und konsonantenverdoplungen hat onehin nimand kapirt.

dritens
v und ph ersetzt durch f
z ersetzt durch s
sch ersetzt durch s

das alfabet wird um swei buchstaben redusirt, sreibmasinen und setsmasinen fereinfachen sich, wertfole arbeitskräfte könen der wirtsaft sugeführt werden.

firtens
q, c und ch ersetst durch k
j und y ersetst durch i
pf ersetst durch f

(Rhein-Sieg-Anzeiger vom 27. November 1988)

ietst sind son seks bukstaben ausgesaltet, di sulseit kan sofort fon akt auf swei iare ferkürst werden. anstat aktsig prosent sprakunterikt könen nütslikere fäker wi fisik, kemi, reknen mer geflegt werden.

fünftens
wegfal fon ä, ö, ü seiken

ales uberflusige ist ietst ausgemerst. di ortografi wider slikt und einfak, naturlik benotigt es einige seit, bis dise fereinfakung uberal riktig ferdaut ist, fileikt satsungsweise ein bis swei iare. anslisend durfte als nakstes sil di fereinfakung der nok swirigeren und unsinigeren gramatik anfisirt werden.

mit freundliken grusen
di faksaft nakriktenteknik

j. braun, h. sontag

Arbeitsauftrag

1. Welche vom „Institut für deutsche Sprache" vorgeschlagenen Rechtschreibänderungen lassen sich aus der Karikatur und aus dem Leserbrief ableiten?

2. Wie beurteilen die Leserbriefschreiber und der Karikaturist diese Reformvorschläge? Teilen Sie diese Meinung?

3. Im Zusammenhang mit den Reformbemühungen wird immer wieder die Forderung erhoben, gänzlich auf Rechtschreibregeln zu verzichten. Es solle einfach so geschrieben werden, wie gesprochen wird. Tragen Sie Argumente für und gegen diesen Standpunkt zusammen.

4. Schildern Sie Ihre persönlichen Erfahrungen mit der Rechtschreibung. Berichten Sie zum Beispiel von Situationen, in denen Sie wegen einer fehlerhaften Rechtschreibung korrigiert wurden. Welche Bereiche der Rechtschreibung bereiten Ihnen die größten Schwierigkeiten? Auf welche Ursachen sind diese Probleme Ihrer Auffassung nach zurückzuführen?

5. Sollte Ihrer Meinung nach im Deutschunterricht der Berufsschule auf Rechtschreibübungen verzichtet werden? Begründen Sie Ihren Standpunkt.

6. „Wer ‚nämlich' mit ‚h' schreibt, ist dämlich."

Welche allgemeine Behauptung über den Zusammenhang zwischen Intelligenz und Rechtschreibkenntnissen kommt in diesem Spruch zum Ausdruck? Trifft diese Behauptung Ihrer Meinung nach zu?

Seit vielen Jahren werden Bemühungen angestellt, das komplizierte und teilweise unlogische Regelsystem der deutschen Rechtschreibung zu vereinfachen. Ein völliger Verzicht auf Rechtschreibregeln wird jedoch nicht möglich sein. Allgemein gültige Rechtschreibregeln sind die Grundvoraussetzung für ein **Funktionieren der schriftlichen Kommunikation.**

Festgelegte Schreibweisen sorgen für Eindeutigkeit, sichern ein schnelles Verständnis und erleichtern damit das Lesen. Aber auch dem Schreiber sind sie eine Hilfe. Er braucht nicht lange zu überlegen, wie er denn nun schreiben soll, und greift vielmehr automatisch auf die vereinbarten Schreibmuster zurück. So kann er sich ganz auf seine eigentlichen Gedanken konzentrieren.

2 Die Groß- und Kleinschreibung

2.1 Die Wortartbestimmung als grammatische Grundlage

Neue Erkenntnisse über die Ursachen von Muskelkrämpfen

Viele Menschen leiden unter Muskelkrämpfen, die zumeist in der Nacht auftreten. Dabei kann es sich um Frühsymptome einer neurologischen Erkrankung handeln. In den meisten Fällen liegen jedoch funktionelle, vorübergehende Störungen vor. Dies berichtete ein anerkannter Neurologe auf einem ärztlichen Fortbildungskongreß, der vor einiger Zeit in Berlin stattfand. Eine der Hauptursachen für diese Beschwerden ist die zu geringe Flüssigkeitsaufnahme vor dem Schlafengehen. Insbesondere ältere Patienten müssen am Abend auf eine ausreichende Trinkmenge achten. Weiterhin kommen aber auch Elektrolytverschiebungen und nervöse Ursachen als Auslöser derartiger Muskelkrämpfe in Betracht.

Arbeitsauftrag

Bestimmen Sie im obigen Text die Wortarten. Begründen Sie Ihre Entscheidung, indem Sie jeweils auf die Leistung des Wortes hinweisen. Ziehen Sie bei Bedarf die folgende Information heran.

Die Wörter der deutschen Sprache werden zu Klassen zusammengefaßt. Diese Wortklassen bezeichnet man als Wortarten. Mit ihrer Hilfe wird der Wortschatz übersichtlich geordnet. Die Kenntnis der Wortarten ist aber auch eine Voraussetzung für die Beherrschung der Groß- und Kleinschreibung.

Ein wichtiges Merkmal für die Wortartbestimmung ist die **Leistung** eines Wortes. Die folgende Tabelle gibt einen Überblick über diese Leistungen der einzelnen Wortarten.

Lateinische (deutsche) Bezeichnung	Beispiele	Leistung
Nomen (Hauptwort)	Patient, Assistentin Rezeptblock, Telefon Kurdauer, Schutzfrist	Benennung von Lebewesen, Gegenständen und Begriffen
Verb (Tätigkeitswort)	wachsen, strahlen abrechnen, verordnen stehen, schlafen	Benennung von Vorgängen, Handlungen und Zuständen
Adjektiv (Eigenschaftswort)	hilfsbereit, höflich steril, krank	Benennung von Eigenschaften und Merkmalen
Numerale (Zahlwort) – Grundzahlen – Bruchzahlen – unbestimmte Zahlen – Ordnungszahlen	eins, zwei, drei ein Drittel, Fünftel viele, wenige, alle der erste, zweite	Benennung von Anzahl und Rangfolge
Artikel (Geschlechtswort) – bestimmter – unbestimmter	der, die, das ein, eine, ein dem, den, des einem, einen, eines	Kennzeichnung des grammatischen Geschlechtes und des grammatischen Falles der Nomen
Pronomen (Fürwort) – persönlich – rückbezüglich – bezüglich – unbestimmt – fragend – besitzanzeigend – hinweisend	ich, du, er/sie/es, mich, dich, sich der, die, das man, jemand, alle wer, was, wo mein, dein, sein dieser, jener	Vertretung und Begleitung von Nomen, Hinweis auf Nomen
Konjunktion (Bindewort)	und, oder, aber, weil, als, daß	Verknüpfung von Einzelwörtern, Wortgruppen und Sätzen
Adverb (Umstandswort) – der Zeit – des Ortes – der Art und Weise – des Grundes	morgens, dann, bald hier, dort, oben sehr, so hiermit, deshalb	Genauere Kennzeichnung der Umstände eines Geschehens oder eines Zustandes
Präposition (Verhältniswort)	mit, durch, für, ohne, auf, in, unter	Angabe von Beziehungen zwischen Lebewesen, Gegenständen und Begriffen

2.2 Das Regelsystem der Groß- und Kleinschreibung

Wer in der Groß- und Kleinschreibung sicher sein will, muß einen Überblick über das System der wichtigsten Regeln haben. Die **Grundregel** ist einfach. Im Deutschen wird grundsätzlich klein geschrieben. Diesen **Grundsatz der Kleinschreibung** kann jeder leicht behalten. Doch auch in diesem Zusammenhang bestätigen **Ausnahmen** die Regel. Unproblematisch ist zunächst die **Großschreibung des Satzanfanges.** Niemand hat Schwierigkeiten, nach einem Punkt, Fragezeichen oder Ausrufezeichen mit großem Anfangsbuchstaben weiterzuschreiben. Schwieriger ist da schon die **Großschreibung der Nomen.** Doch in den meisten Fällen muß gerade deshalb groß geschrieben werden, weil das entsprechende Wort dieser Wortart angehört. Des weiteren ist in bestimmten Situationen auf die **Großschreibung der Anredepronomen** zu achten. Dieser Fall ist zum Beispiel für jeden Briefschreiber wichtig. Und letztlich sind bestimmte **Sonderfälle der Großschreibung** immer wieder eine Fehlerquelle. So unterlaufen zum Beispiel bei der Schreibweise der **Eigennamen,** der **Wochentage und Tageszeiten** und der **geographischen Adjektive** immer wieder Fehler.

Arbeitsauftrag

Erstellen Sie nach dem folgenden Muster ein Schaubild. Tragen Sie in dieses Schaubild die fettgedruckten Begriffe des obigen Textes ein, so daß sich eine Übersicht über das Regelsystem der Groß- und Kleinschreibung ergibt. Notieren Sie sich außerdem für jede Ausnahme von der Grundregel zwei Beispiele.

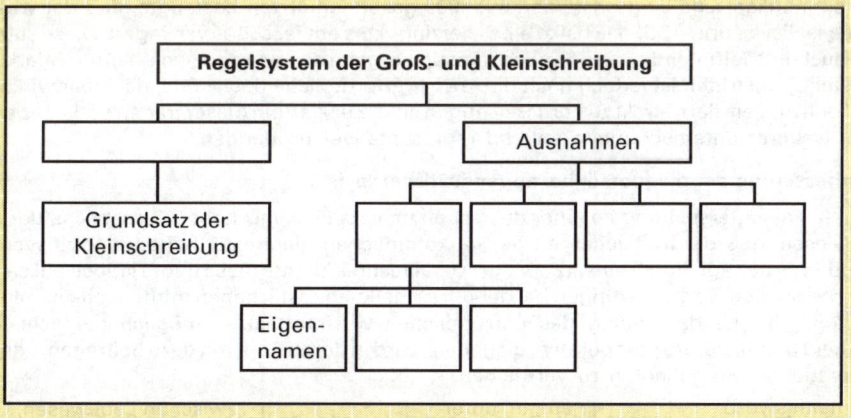

2.3 Die Großschreibung der Nomen

2.3.1 Die ursprünglichen Nomen

Die meisten Nomen sind aufgrund ihrer inhaltlichen Leistung leicht zu erkennen. Sie benennen **Lebewesen, Gegenstände** oder **Begriffe,** zum Beispiel *Helferin, Röntgengerät, Behandlung* usw. Diese ursprünglichen Nomen bereiten bezüglich der Großschreibung keine Schwierigkeiten.

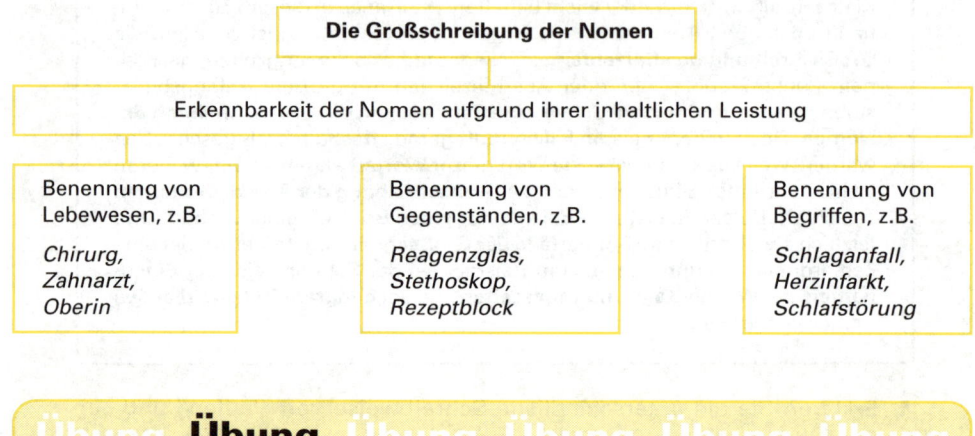

1. Erläutern Sie mit eigenen Worten das Regelsystem der Groß- und Kleinschreibung.

2. **a)** Schreiben Sie die folgenden Texte ab. Achten Sie dabei auf die Großschreibung der Nomen, und geben Sie hinter jedem Nomen in Klammern seine inhaltliche Leistung an.

   b) Klären Sie im Gespräch mit Ihren Mitschülern unbekannte Begriffe.

   Verringerung des infarktrisikos durch ASS

   eine amerikanische langzeitstudie an 22.000 gesunden ärzten bestätigte, daß der wirkstoff acetylsalicylsäure (ASS) das risiko eines herzinfarktes um fast 50 % verringert. Diese substanz ist auch in aspirin enthalten. Ähnlich günstige ergebnisse wurden auch beim reinfarkt festgestellt. Umstritten ist jedoch noch die jeweils erforderliche dosishöhe, da nebenwirkungen auf den magen-darm-trakt zu berücksichtigen sind. Zur klärung dieser fragen bedarf es sicherlich weiterer untersuchungen anhand repräsentativer probanden.

   Verbesserung der diagnostik bei appendizitisverdacht

   durch eine untersuchung an einer deutschen universitätsklinik haben wissenschaftler nachgewiesen, daß die treffsicherheit der herkömmlichen diagnostik bei appendizitisverdacht rund 75 % beträgt. durch einsatz der ultraschalltechnik könnte diese quote jedoch auf ca. 95 % erhöht werden. verbesserungen bei der ultraschalldiagnostik haben mittlerweile nämlich die sonographische darstellung des entzündlichen wurmfortsatzes möglich gemacht. diese frühere und sicherere präoperative diagnostik wird in der zukunft mit dazu beitragen, unnötige operationen bei patienten zu vermeiden.

3. Bestimmen Sie in einem beliebigen Text die ursprünglichen Nomen. Geben Sie bei jedem Nomen die jeweilige inhaltliche Leistung an.

2.3.2 Der Wortartwechsel zum Nomen

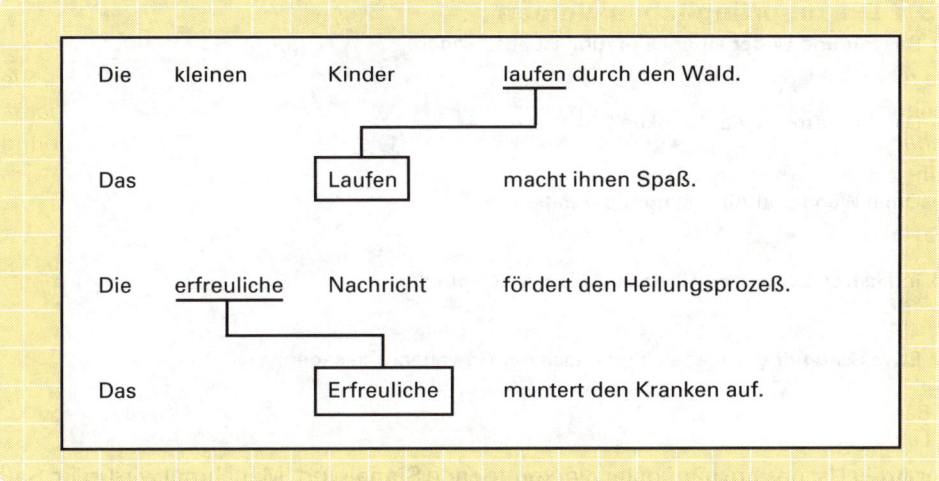

Arbeitsauftrag

1. Erklären Sie die unterschiedliche Schreibweise von „laufen" und „erfreuliche" in den obigen Sätzen.

2. Bilden Sie drei einfache Sätze mit beliebigem Inhalt, und tauschen Sie diese Sätze dann mit einem Mitschüler aus. Formulieren Sie nun zu den Sätzen Ihres Mitschülers je einen sinnverwandten Satz, in dem jedoch wie in den obigen Beispielen ein Wechsel in der Großschreibung stattfindet.

1. Die Unterscheidung zwischen ursprünglichen und abgeleiteten Nomen

Neben den ursprünglichen Nomen kann jede andere Wortart im Satzzusammenhang als Nomen verwendet werden. Man spricht dann vom Wortartwechsel zum Nomen. Auch diese abgeleiteten Nomen sind groß zu schreiben.

2. Die Signalisierung des Wortartwechsels zum Nomen

Der Wortartwechsel zum Nomen wird im Satz durch Signalwörter angezeigt. Bei einem Wort, das unmittelbar auf eines dieser Signalwörter folgt, findet in der Regel ein Wortartwechsel zum Nomen statt.

1. Artikel	3. Präpositionen	5. Numeralia
2. Pronomen	4. gebeugte Adjektive	

(1) Das **Für** und **Wider** einer Operation ist abzuwägen.

(2) Dieses **Auftreten** der Krankheit ist selten.

(3) Ohne **Wenn** und **Aber** stimmt der Patient zu.

(4) Intensives **Schwitzen** ist ein wirksames Heilmittel.

(5) Etwas **Endgültiges** läßt sich erst nach der Gewebeprobe sagen.

Der Artikel ist das am häufigsten vorkommende Signalwort. Manchmal wird er im Satz nicht ausdrücklich aufgeführt. Es liegt aber dennoch ein Wortartwechsel zum Nomen vor, wenn der Artikel sinngemäß ergänzt werden kann.

Beispiel

Im Wartezimmer ist ... **Rauchen** verboten.

Im Wartezimmer ist das **Rauchen** verboten.

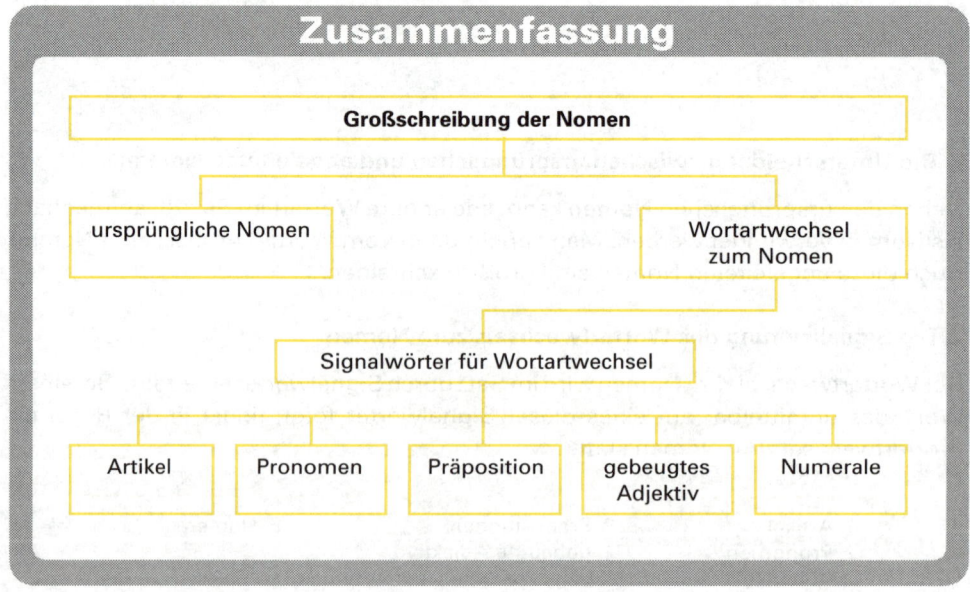

Zusammenfassung

Großschreibung der Nomen

ursprüngliche Nomen

Wortartwechsel zum Nomen

Signalwörter für Wortartwechsel

Artikel | Pronomen | Präposition | gebeugtes Adjektiv | Numerale

1. Erklären Sie, was unter einem Wortartwechsel zum Nomen zu verstehen ist.

2. Nennen Sie die Wortarten, die einen Wortartwechsel zum Nomen signalisieren können.

3. **a)** Schreiben Sie die folgenden Texte unter Beachtung einer fehlerfreien Groß- und Kleinschreibung ab.

   b) Begründen Sie jede Großschreibung eines eingeklammerten Buchstabens durch Hinweis auf das Signalwort. Bestimmen Sie auch die ursprüngliche Wortart eines als Nomen gebrauchten Wortes.

Text 1

Der Mutterschutz

(1) Nach (b)ekanntwerden einer Schwangerschaft sollen werdende Mütter ihrem Arbeitgeber eine entsprechende Mitteilung machen.

(2) Auf (v)erlangen des Arbeitgebers ist das Zeugnis eines Arztes oder einer Hebamme (v)orzulegen.

(3) Der Arbeitgeber ist gesetzlich verpflichtet, Vorkehrungen zu (t)reffen, die ständiges (s)tehen, (g)ehen oder (s)itzen der Schwangeren am Arbeitsplatz (v)ermeiden.

(4) Generell verboten ist das (a)rbeiten am Fließband.

(5) Nicht erlaubt sind auch (a)rbeiten, die ein (e)inatmen gesundheitsgefährdender Stoffe bedingen.

(6) Auch Tätigkeiten, die das (h)eben schwerer Gegenstände (b)einhalten, dürfen von der Schwangeren nicht (v)erlangt werden.

(7) Aufgrund der Strahlengefahr ist das (b)edienen von Röntgengeräten in der Schwangerschaft nicht mehr erlaubt.

(8) Auf keinen Fall zulässig ist ein (v)erlängern der täglichen Arbeitszeit über die Höchstgrenze von 10 Stunden hinaus.

(9) Sechs Wochen vor der Entbindung (d)arf die werdende Mutter nicht (b)eschäftigt (w)erden.

(10) Wöchnerinnen (d)ürfen bis zum Ablauf von acht Wochen nach der Entbindung nicht (b)eschäftigt werden.

(11) Bei (v)orliegen einer Früh- oder Mehrlingsgeburt erhöht sich diese Frist auf zwölf Wochen.

(12) Während der Schwangerschaft und bis zum Ablauf von vier Monaten nach der Entbindung ist ein (k)ündigen des Arbeitsverhältnisses durch den Arbeitgeber nicht möglich.

Text 2

Erfolge bei der Kariesprophylaxe

(1) Ein erfreuliches (z)urückgehen von (k)arieserkrankungen in Europa konnte vor kurzem ein (z)ahnmedizinischer Pressedienst (v)ermelden.

(2) Das (t)raurige ist jedoch, daß die Bundesrepublik Deutschland im (i)nternationalen Vergleich dabei immer noch das Schlußlicht darstellt.

(3) Auf dem Gebiet der (j)ugendzahnpflege (g)ibt es jedoch auch im eigenen Land (e)rmutigendes zu berichten.

(4) Es zeigt sich, daß enges (z)usammenarbeiten von Gesundheitsämtern, Krankenkassen und niedergelassenen Zahnärzten (b)eachtliches (b)ewirken kann.

(5) Beim (d)urchsehen der Untersuchungsergebnisse konnte bei Kindergartenkindern ein Rückgang des Anteils der behandlungsbedürftigen Zähne von 61 % (1976) auf 34,3 % (1988) ermittelt werden.

(6) Andererseits war ein (a)nsteigen des Anteils der naturgesunden Zähne von 28,6 % auf 52,6 % (f)estzustellen.

(7) Auch aus den Grundschulen gab es (e)rfreuliches zu berichten.

(8) Regelmäßiges (b)emühen um Kariesprophylaxe führte hier zu einem (z)unehmen des Anteils der naturgesunden Zähne von 7,6 % auf 20,9 %.

(9) Um diese Erfolge zu verbessern, muß sich die Jugendzahnpflege weiterhin um ein anschauliches (b)ewußtmachen der Bedeutsamkeit der Zahnpflege bemühen.

(10) Den jungen Menschen muß deutlich werden, daß sich sorgfältiges (p)flegen der Zähne im späteren Leben in jeder Hinsicht auszahlt.

2.3.3 Die Sonderfälle beim Wortartwechsel zum Nomen

Falsche Ernährung als Ursache von Herz-Kreislauf-Erkrankungen

Ein (j)eder sollte sich darüber im (k)laren sein, daß Herz- und Kreislauferkrankungen die (h)äufigste Todesursache darstellen. Am (w)ichtigsten ist deshalb ein Umstellen der Ernährung auf fett- und cholesterinarme Nahrung. Denn zwischen der Ernährung mit gesättigten Fetten und cholesterinreicher Nahrung und dem Auftreten von Herzerkrankungen besteht ein unmittelbarer Zusammenhang, der wissenschaftlich bis ins (k)leinste untersucht worden ist. Durch eine richtige Ernährung ist ein Vorbeugen vor koronarer Herzkrankheit möglich. In vielen Familien mangelt es in diesem Zusammenhang jedoch am (w)ichtigsten.

Die (m)eisten sind auf das (ä)ußerste erschreckt, wenn sie sich über die Cholesterin- und Fettwerte verschiedener Nahrungsmittel informieren. Sahne, Eier, Eiskrem, Butter und fette Käsearten weisen einen hohen Cholesterin- und Fettgehalt auf, Fische, Magerquark, Nudeln und alle Gemüse dagegen einen (n)iedrigen.

Man sollte es also nicht aufs (ä)ußerste ankommen lassen und durch eine Ernährungsumstellung einer Herz-Kreislauf-Erkrankung vorbeugen. Sinnvoll ist es auch, sich durch regelmäßige Kontrollen über seine Cholesterinwerte auf dem (l)aufenden zu halten.

Arbeitsauftrag

Entscheiden Sie, ob die im obigen Text eingeklammerten Buchstaben groß oder klein zu schreiben sind. Begründen Sie Ihre jeweilige Entscheidung. Ziehen Sie dabei gegebenenfalls die folgende Information heran.

In fünf Fällen kommt es trotz Signalwort zu *keinem* Wortartwechsel zum Nomen. Es ist dann **klein** zu schreiben.

1. Der Bezug des Signalwortes auf ein anderes Nomen

Häufig bezieht sich das Signalwort nicht auf das unmittelbar folgende Wort, sondern auf ein anderes Nomen. In der Regel steht dieses Nomen in direkter Nähe zum Signalwort.

Beispiel

Die ungesättigten **Fettsäuren** sind wichtiger Bestandteil einer gesunden Ernährung.

Es reicht aber auch aus, wenn das Nomen im größeren Textzusammenhang vorkommt. Es kann dann sinngemäß hinter dem Signalwort ergänzt werden.

Beispiel

In der Vergangenheit hat er viele schwere **Krankheiten** überstehen

müssen, die schwerste . . . war eine Herzmuskelentzündung.

2. Die Bildung des Superlativs (2. Steigerungsstufe eines Adjektives) mit einem Signalwort

Es besteht die Gefahr, den Superlativ eines Adjektives mit einem Wortartwechsel zum Nomen zu verwechseln.

Die Unterscheidung ist im Zweifelsfall mit der **Ersatzprobe** möglich. Wenn die Grundform des Adjektives einsetzbar ist, handelt es sich um den Superlativ und nicht um einen Wortartwechsel. In diesem Falle ist also trotz vorangehendem Signalwort klein zu schreiben.

Beispiel

(1) Superlativ des Adjektives
Für ihn ist es das **wichtigste,** Streßsituationen aus dem Wege zu gehen.

Ersatzprobe:
Für ihn ist es **wichtig,** Streßsituationen aus dem Wege zu gehen.

(2) Wortartwechsel zum Nomen
In der gesundheitlichen Versorgung vieler Entwicklungsländer mangelt es am **Wichtigsten.**

Ersatzprobe:
*In der gesundheitlichen Versorgung vieler Entwicklungsländer mangelt es **wichtig.**

3. Die Abgrenzung adverbialer Bestimmungen (Umstandsbestimmungen) vom Wortartwechsel zum Nomen

Adjektive übernehmen im Satz häufig die Aufgabe der adverbialen Bestimmung. Nicht selten folgt das Adjektiv dann auf eine Wortart, die in anderem Zusammenhang Signalwort sein kann. In diesem Fall kann es aufgrund des angeblichen Signalwortes zu einer Verwechselung von adverbialer Bestimmung und Wortartwechsel kommen.

Ein Auseinanderhalten dieser beiden Fälle ist mittels der **Frageprobe** möglich. Adverbiale Bestimmungen sind mit der *Wie*-Frage zu ermitteln. Bei jedem anderen Fragewort (zum Beispiel *was, wofür, worauf* usw.) liegt ein Wortartwechsel zum Nomen mit entsprechender Großschreibung vor.

Beispiel

(1) adverbiale Bestimmung

Der Patient befolgt die Anweisungen des Arztes aufs **genaueste**.

Frage:	*Antwort:*
Wie befolgt er die Anweisungen?	aufs genaueste.

(2) Wortartwechsel zum Nomen

Der leichtsinnige Patient ließ es aufs **Äußerste** ankommen.

Frage:	*Antwort:*
Worauf ließ er es ankommen?	aufs **Äußerste**

4. Die unbestimmten Pronomen und Numeralia

Unbestimmte Pronomen und Numeralia werden immer klein geschrieben. Dies gilt auch dann, wenn ihnen ein Signalwort für den Wortartwechsel zum Nomen vorausgeht.

Beispiele dafür sind: die beiden, das wenige, ein jeder, die anderen, die übrigen, die meisten usw.

Beispiel

Ein **jeder** sollte an den Vorsorgeuntersuchungen teilnehmen.

5. Die (Rede-)Wendungen im übertragenen Sinne

Ebenfalls grundsätzlich **klein** zu schreiben sind (Rede-)Wendungen, die in einem übertragenen Sinn gebraucht werden.

Beispiele dafür sind: *den kürzeren ziehen, ins reine bringen, auf dem laufenden bleiben, im dunkeln tappen, im argen liegen, im großen und ganzen* usw.

Im Einzelfall hängt die Groß- oder Kleinschreibung davon ab, ob eine wörtliche oder übertragene Bedeutung vorliegt.

Beispiel:

Bei der Diagnose tappten die Ärzte im **dunkeln**.

(Übertragene Bedeutung von *im dunkeln tappen,* deshalb Kleinschreibung trotz der Präposition *im*)

aber:

Im **Dunkeln** haben kleine Kinder Angst.

(Wörtliche Bedeutung und Wortartwechsel zum Nomen, signalisiert durch die Präposition *im*)

Diese feststehenden Wendungen beinhalten manchmal die Gegenüberstellung von Gegensätzen. In diesem Falle ist **groß** zu schreiben, wenn die Wortpaare eine **Endung** aufweisen.

Beispiele dafür sind: *Große und Kleine, Arme und Reiche* usw.
aber: *groß und klein, arm und reich* usw.

Zusammenfassung

Kein Wortartwechsel zum Nomen

Kleinschreibung trotz Signalwort

Bezug des Signalwortes auf ein anderes Nomen im Satz oder Textzusammenhang	Adjektive in der Form des Superlativs	Adjektive als adverbiale Bestimmung	unbestimmte Numeralia oder Pronomen	Redewendungen im übertragenen Sinn
Ergänzungsprobe	Ersatzprobe mit der Grundform	Frageprobe / *Wie*-Frage		

Übung Übung Übung Übung Übung Übung

1. **a)** Bilden Sie drei Sätze, die jeweils ein Adjektiv in der Superlativform enthalten, und drei Sätze, in denen diese Adjektive als Nomen verwendet werden.

   b) Weisen Sie in allen sechs Sätzen mit der entsprechenden Probe nach, daß es sich um ein gesteigertes Adjektiv bzw. um einen Wortartwechsel handelt.

2. **a)** Mit welcher Probe ist zu entscheiden, ob ein Adjektiv als adverbiale Bestimmung oder als Nomen gebraucht wird?

   b) Bilden Sie für diese beiden Fälle Beispielsätze.

3. Nennen Sie sechs unbestimmte Numeralia bzw. Pronomen. Bilden Sie mit diesen Wörtern je einen Satz, in dem den unbestimmten Numeralia bzw. Pronomen ein typisches Signalwort für einen Wortartwechsel vorausgeht.

4. Zählen Sie (Rede-)Wendungen auf, die in einem übertragenen Sinn gebraucht werden, und bilden Sie mit diesen (Rede-)Wendungen je einen Beispielsatz.

5. Schreiben Sie die folgenden Sätze ab. Begründen Sie dabei die Groß- und Kleinschreibung der eingeklammerten Buchstaben. Notieren Sie Ihre Begründung stichwortartig in Klammern hinter jedem Satz.

Text 1

(1) Die Praxis hat zwei Sprechzimmer, ein (g)roßes und ein (k)leines.

(2) Jede Operation muß bis ins (k)leinste vorbereitet werden.

(3) Für den Patienten ist es am (b)esten, wenn er nach der (s)chweren Operation keinen Besuch empfängt.

(4) Diese Ärztin war bei (a)lt und (j)ung beliebt. Ihre Helferinnen gingen für sie durch (d)ick und (d)ünn. Über 25 Jahre haben (g)roße und (k)leine in ihrer Sprechstunde Rat und Hilfe gesucht.

(5) Auch in der Medizin muß das (n)eue nicht immer das (r)ichtige sein.

(6) Die Angehörigen waren auf das (ä)ußerste bestürzt, als sie von der (s)chwere der Krankheit erfuhren.

(7) Man sollte sich darüber im (k)laren sein, daß Kreislauferkrankungen in der Bundesrepublik Deutschland die (h)äufigste Todesursache sind.

(8) Viel (n)eues war auf dem letzten Kongreß nicht zu erfahren.

(9) Im (g)roßen und (g)anzen kann man mit den Fortschritten zufrieden sein.

(10) Das (t)euerste Röntgengerät muß nicht immer das (b)este sein.

(11) Ein (d)rittel der angehenden Helferinnen bestand die Prüfung nicht, die (ü)brigen erreichten als Gesamtnote mindestens eine (v)ier.

(12) Es ist zu befürchten, daß er bei seiner ungesunden Lebensweise über (k)urz oder (l)ang den zweiten Infarkt erleidet.

(13) Die Entwicklung des (n)euen Impfstoffes rettete (v)ielen das Leben.

(14) Es ist das (b)este, wenn der Patient die Medikamente sofort einnimmt.

(15) Der Bluthochdruck tritt anfangs im (a)llgemeinen ohne typische Krankheitszeichen auf.

(16) Wir müssen von (n)euem versuchen, die Blutzuckerwerte zu senken.

(17) Trotz der vielen Komplikationen wandte sich schließlich doch noch alles zum (g)uten.

(18) Der Arzt kann es dem Patienten nur im (g)uten sagen, daß er auch selbst für seine Gesundheit verantwortlich ist.

Text 2

Die Nothilfepflicht

(1) Ein (j)eder, der in einem Heilberuf tätig ist, (u)nterliegt einem (d)ichten Netz von Gesetzen und Verordnungen.

(2) In diesen Verordnungen sind zahlreiche verbindliche Bestimmungen enthalten; zwei (w)ichtige sind die Nothilfepflicht und die Schweigepflicht.

(3) Eine (a)llgemeine Behandlungspflicht für Ärzte und Zahnärzte ist in unserer (r)echtsordnung nicht (e)nthalten.

(4) Das (a)blehnen der (b)ehandlung eines (k)ranken ist jedoch ohne (w)eiteres nicht möglich.

(5) Nur im (f)all des (v)orliegens besonderer Gründe, zum Beispiel beim (f)ehlen einer Vertrauensbasis zwischen Arzt und Patient, ist ein (v)erweigern der (m)edizinischen Betreuung zulässig.

(6) Dies gilt jedoch nicht in Notfällen; in derartigen Situationen ist ein (j)edermann zur Hilfeleistung verpflichtet, was (v)ielen nicht bekannt ist.

(7) Ein (u)nterlassen der Hilfeleistung bei Unglücksfällen oder in Notfällen wird gemäß § 323 StGB (s)trafrechtlich verfolgt.

(8) Unabhängig von diesen strafrechtlichen (f)olgen ist der Vorwurf der (u)nterlassenen Hilfeleistung sicherlich mit der (s)chwerste, der einem Arzt- oder Zahnarzt gemacht werden kann.

(9) Wenn die Pflicht zur Hilfeleistung auch für (a)lle besteht, so wird von einem Mediziner und von seinem Hilfspersonal im (a)llgemeinen in dieser Hinsicht (b)esonderes verlangt.

(10) Eine Nothilfesituation besteht im (w)esentlichen dann, wenn es ums (b)eseitigen von Schmerzen oder um das (v)erhüten von Verschlimmerungen geht.

(11) Das (a)bweisen von Patienten in eigener Entscheidung kann deshalb von (k)einem, der zum Hilfspersonal einer Praxis gehört, verantwortet werden.

2.4 Die Großschreibung der Anredepronomen

„Liebe Anke,
ich gratuliere (d)ir zu
(d)einer guten Prüfung . . ."

Arbeitsauftrag

Entscheiden Sie, ob die Anredepronomen in den obigen Aussagen groß oder klein zu schreiben sind. Begründen Sie Ihre Entscheidung. Beziehen Sie sich dabei gegebenenfalls auf die Informationen aus der folgenden Übersicht.

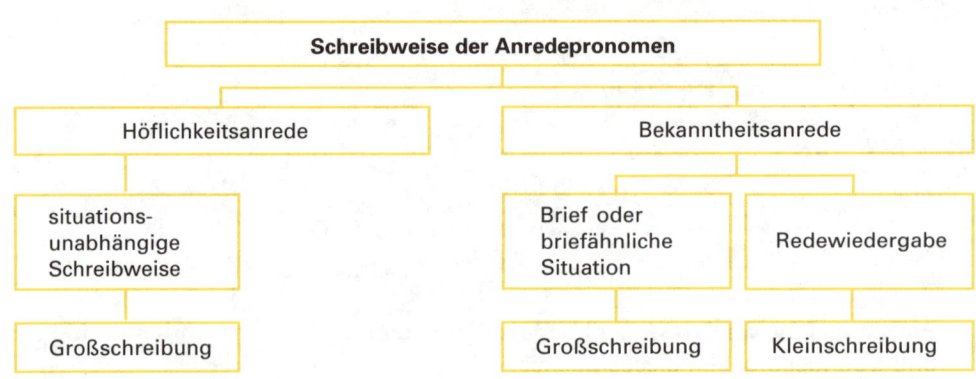

1. a) Geben Sie an, welche Pronomen in dem folgenden Brieftext groß geschrieben werden müssen. Begründen Sie jeweils Ihre Entscheidung.

b) Gehen Sie davon aus, daß sich Absender und Empfängerin des Briefes sehr gut kennen, und ändern Sie die Anrede entsprechend ab. Wie müssen die Pronomen in diesem Fall geschrieben werden?

```
Sehr verehrte Frau Kollegin,

auf (i)hre Anfrage über meine Erfahrungen mit der Elekom GmbH
kann ich (i)hnen mitteilen, daß ich mit (i)hrer Software sehr
zufrieden bin.

Wie (s)ie sicherlich wissen, ist die Elekom GmbH eine Gesell-
schaft, die sich mit (i)hren Programmen auf den Gesundheits-
bereich spezialisiert hat. Ich setze (s)ie seit 13 Monaten
ein und kann (i)hnen versichern, daß ich mit (i)hnen meine
Praxisorganisation wesentlich rationalisieren konnte.

Es wird (i)hnen bekannt sein, daß die Elekom GmbH in (i)hrem
Sortiment verschiedene Software-Pakete führt. Aber insbeson-
dere (i)hr Abrechnungsprogramm dürfte auch auf (i)hre Bedürf-
nisse zugeschnitten sein. Ich bin der festen Überzeugung,
daß auch (s)ie (i)hre Abrechnungsarbeiten mit dieser Software
wesentlich rationalisieren können.

Besonders wichtig wird auch für (s)ie sein, daß die Software
der Elekom GmbH sehr benutzerfreundlich ist. Alle Program-
me verfügen über eine leicht verständliche Oberfläche, so
daß (i)hre Mitarbeiterinnen sich schnell mit (i)hnen ver-
traut machen und (s)ie effektiv einsetzen können. Selbst-
verständlich werden (s)ie auch ständig weiterentwickelt,
so daß (s)ie sicher sein können, immer auf dem neuesten
Stand der Softwaretechnik zu sein.

Ich hoffe, daß ich (i)hnen mit diesen Auskünften eine Ent-
scheidungshilfe geben konnte.

Mit kollegialem Gruß

Hofmann
```

2. Begründen Sie die Großschreibung der Anredepronomen in den Arbeitsaufträgen und Übungsaufgaben dieses Buches.

2.5 Die Sonderfälle der Groß- und Kleinschreibung

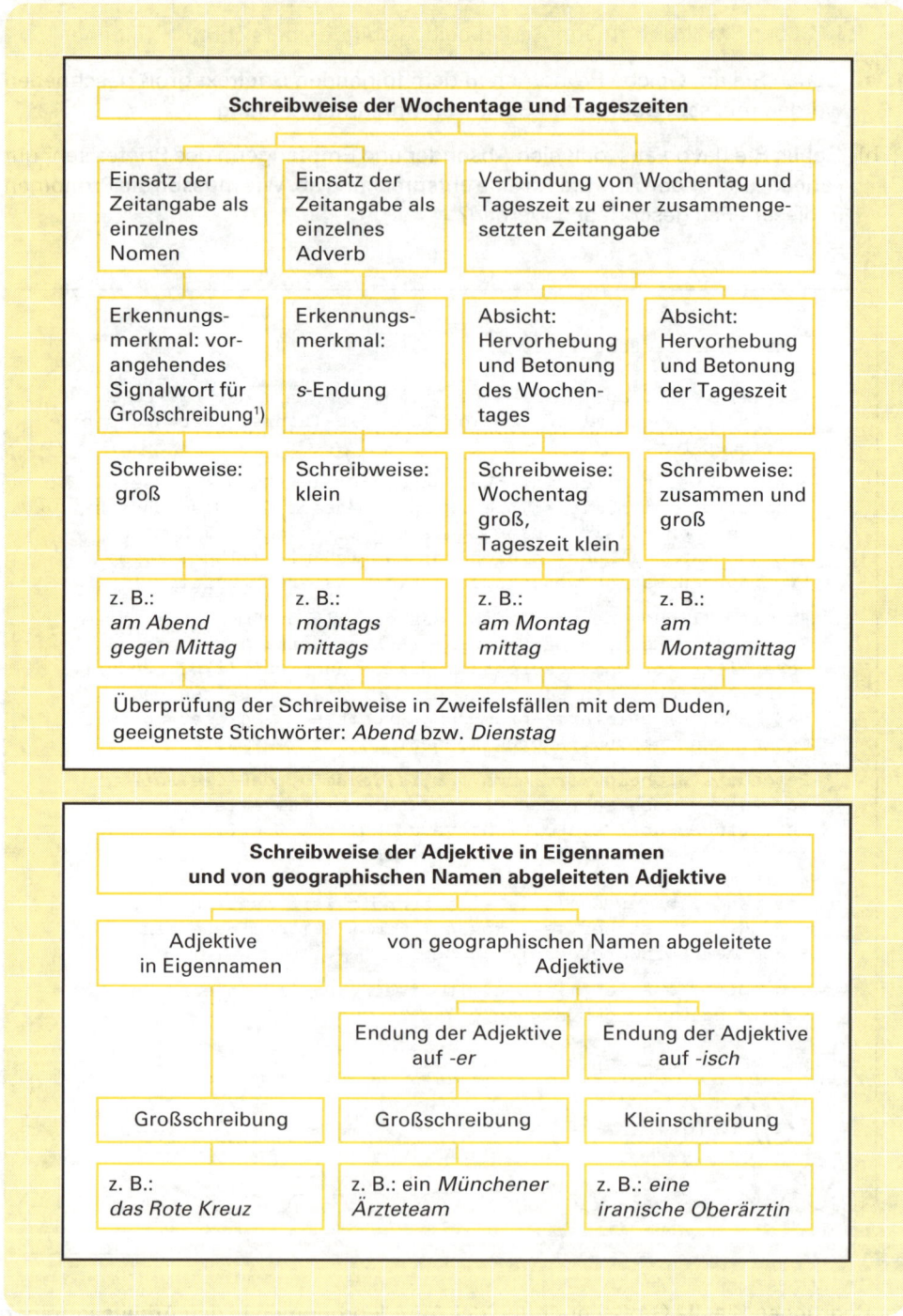

Schreibweise der Wochentage und Tageszeiten

Einsatz der Zeitangabe als einzelnes Nomen	Einsatz der Zeitangabe als einzelnes Adverb	Verbindung von Wochentag und Tageszeit zu einer zusammengesetzten Zeitangabe	
Erkennungsmerkmal: vorangehendes Signalwort für Großschreibung[1]	Erkennungsmerkmal: s-Endung	Absicht: Hervorhebung und Betonung des Wochentages	Absicht: Hervorhebung und Betonung der Tageszeit
Schreibweise: groß	Schreibweise: klein	Schreibweise: Wochentag groß, Tageszeit klein	Schreibweise: zusammen und groß
z. B.: *am Abend gegen Mittag*	z. B.: *montags mittags*	z. B.: *am Montag mittag*	z. B.: *am Montagmittag*

Überprüfung der Schreibweise in Zweifelsfällen mit dem Duden, geeignetste Stichwörter: *Abend* bzw. *Dienstag*

**Schreibweise der Adjektive in Eigennamen
und von geographischen Namen abgeleiteten Adjektive**

Adjektive in Eigennamen	von geographischen Namen abgeleitete Adjektive	
	Endung der Adjektive auf *-er*	Endung der Adjektive auf *-isch*
Großschreibung	Großschreibung	Kleinschreibung
z. B.: *das Rote Kreuz*	z. B.: ein *Münchener Ärzteteam*	z. B.: *eine iranische Oberärztin*

---

[1] Vergleiche 2.3.2 Der Wortartwechsel zum Nomen S. 31

Arbeitsauftrag

1. Geben Sie die Informationen der beiden obigen Übersichten mit eigenen Worten wieder.

2. Nehmen Sie Stellung zu folgender Behauptung:

   Bei der Krankheitsbezeichnung „die asiatische Grippe" muß das Adjektiv „asiatisch" klein geschrieben werden. Denn dieses Adjektiv wird von einem geographischen Begriff abgeleitet und endet gleichzeitig auf -isch.

Übung Übung Übung Übung Übung Übung

1. Geben Sie an, ob die eingeklammerten Buchstaben in dem folgenden Brief groß oder klein zu schreiben sind. Begründen Sie Ihre Entscheidung.

Bornheim, 11. Juni 19..

Lieber Thomas,

[1] Viele Grüße sendet (d)ir (d)eine Susanne. [2] Ich habe (d)ich sehr lieb und denke oft an (d)ich.

[3] Obwohl heute (s)onntag ist, habe ich von (m)orgens bis (a)bends für die Fachkundearbeit gelernt, die wir am (m)ittwoch schreiben.

[4] Normalerweise habe ich am (m)ittwoch/(n)achmittag frei. [5] Aber am nächsten (m)ittwoch/(n)achmittag beginnt der (e)rste-Hilfe-Kurs, von dem ich (d)ir bereits erzählte. [6] Er wird vom (r)oten Kreuz in unserer Berufsschule, der (k)aufmännischen Bildungsanstalt I, veranstaltet. [7] Am (a)bend werde ich dann bestimmt todmüde ins Bett fallen.

[8] Habe ich (d)ir übrigens schon berichtet, daß wir in der Praxis zwei neue Mitarbeiter haben? [9] Es handelt sich um einen (o)stfriesischen Assistenzarzt und um einen (m)ünchener Zahntechniker.

[10] Und die beiden treffen ausgerechnet in einer (r)heinischen Zahnarztpraxis aufeinander. [11] (d)u kannst (d)ir nicht vorstellen, was wir in den ersten Tagen schon zu lachen bekommen haben.

[12] Doch nun will ich Schluß machen, denn es ist schon spät, und ich muß (m)orgen bereits um 6.00 Uhr aufstehen.

(d)eine Susanne

---

2. Bilden Sie mit den folgenden Zeitangaben je einen Satz mit berufsbezogenem Inhalt. Begründen Sie hinter jedem Satz stichwortartig in Klammern die Groß- und Kleinschreibung der Zeitangaben.

gegen (m)orgen, am (a)bend, am (m)ittwoch?(n)achmittag, (f)reitags (a)bends, eines (m)orgens, (h)eute (m)ittag, diesen (m)ontag, der (h)eutige (m)orgen, (s)amstag (a)bends, des (m)ittags, den (m)orgen über, guten (m)orgen sagen, von (m)orgens bis (a)bends, spät?(a)bends, gestern (m)orgen, um sieben Uhr (m)orgens

3. Bestimmen Sie in dem folgenden Text die Groß- und Kleinschreibung der Wochentage und Tageszeiten. Begründen Sie jeweils Ihre Entscheidung.

Die Arbeitswoche einer Helferin

Ich stehe (w)ochentags jeden (m)orgen um sechs Uhr auf, denn am (m)ontag und von (m)ittwochs bis (f)reitags muß ich um sieben Uhr in der Praxis sein. Am (d)ienstag?(v)ormittag und (s)amstags?(m)orgens findet dagegen der Berufsschulunterricht statt. An diesen beiden Wochentagen bin ich dann schon gegen (m)ittag zu Hause, ansonsten komme ich erst am (a)bend heim. In der Praxis haben wir von (m)orgens bis (a)bends viel zu tun. Besonders hektisch ist es am (m)ontag?(m)orgen. An diesem (m)orgen will das Wartezimmer nicht leer werden. Den ganzen (v)ormittag über kommen ständig neue Patienten. Aber am nächsten (m)ontag?(m)orgen geht es uns allen ausnahmsweise einmal gut, denn an einem (f)eiertag brauchen auch wir nicht zur Arbeit. Wenn man auf diese Weise die ganze Woche über auf den Beinen gewesen ist, freut man sich so richtig auf den freien (s)onntag.

4. Entscheiden Sie, ob die eingeklammerten Buchstaben in den folgenden Sätzen groß oder klein zu schreiben sind. Begründen Sie jeweils Ihre Entscheidung.

(1) Bei der (b)asedowschen Krankheit handelt es sich um eine Hyperthyreose, das heißt um eine Schilddrüsenüberfunktion, aufgrund von Immunvorgängen.

(2) Die neue Chefarztstelle wurde mit einer (a)merikanischen Medizinerin besetzt.

(3) Auch eine Helferin muß bestimmte Paragraphen aus dem (b)ürgerlichen Gesetzbuch kennen, um sich zum Beispiel bei mangelhafter Lieferung von Labormaterialien richtig verhalten zu können.

(4) An dem Ärztekongreß nahmen nach langer Zeit auch wieder (r)ussische Wissenschaftler teil.

(5) Eine bekannte (s)chweizer Chemieunternehmung stellt den Grundstoff für dieses Präparat her.

(6) Dem (s)üdafrikanischen Herzspezialisten Professor Barnard gelang die erste erfolgreiche Herztransplantation.

(7) Dr. Maier verfaßt ein zweites Gutachten, um bei dem Sozialversicherungsträger für seine Patientin eine Kur im (b)ayerischen Wald durchzusetzen.

(8) Wichtige Eintragungen auf der Karteikarte des Patienten werden in unserer Praxis mit einem (r)oten Kreuz gekennzeichnet.

(9) Das (r)ote Kreuz ist eine wichtige Institution in unserem Gesundheitswesen.

(10) Im Rahmen (i)hrer dualen Ausbildung besuchen die Helferinnen (m)ittwochs und (s)amstags die (s)tädtische Berufsschule.

5. Erklären Sie, wie man sich am besten mit Hilfe des Wörterverzeichnisses des Dudens über die Schreibweise der Wochentage und Tageszeiten informieren kann.

3 Die Getrennt- und Zusammenschreibung

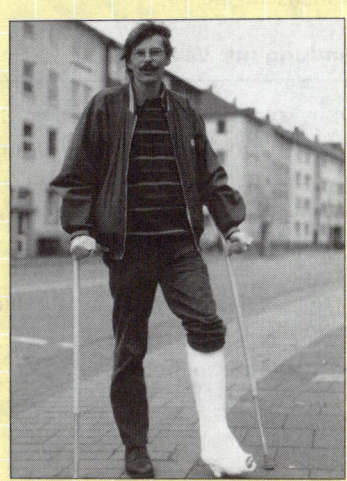

Mit entsprechenden Hilfsmitteln kann der Patient wieder **sicher gehen**.

Der Arzt führt eine zweite Messung durch; er will **sichergehen**.

Arbeitsauftrag

Erläutern Sie anhand des obigen Beispiels den grundsätzlichen Zusammenhang zwischen der Wortbedeutung und der Zusammen- und Getrenntschreibung.

Wichtige Hinweise auf eine richtige Getrennt- und Zusammenschreibung können entweder von der Wortbedeutung oder von der Wortbetonung abgeleitet werden.

1. Die Wortbedeutung als Entscheidungshilfe

a) Der grundsätzliche Zusammenhang zwischen Wortbedeutung und Zusammen- und Getrenntschreibung

> Zusammen schreibt man, wenn durch die Verbindung zweier Wörter ein Begriff mit neuer Bedeutung entsteht.
>
> Getrennt schreibt man, wenn beide Einzelwörter ihren ursprünglichen Sinn beibehalten.

Beispiel

Wir müssen es dem Patienten **vorher sagen,** daß ein hohes Operationsrisiko besteht.
Ursprüngliche zeitliche Bedeutung: „Es vor der Operation sagen", deshalb Getrenntschreibung.

Der Erfolg der Operation läßt sich nicht **vorhersagen**.
Neue Bedeutung: „Den Erfolg voraussagen", deshalb Zusammenschreibung.

Es fällt ihm noch schwer, mit der neuen Armprothese **gut zu schreiben.**
Ursprüngliche Bedeutung: „Schön, richtig schreiben", deshalb Getrenntschreibung

Die Abrechnungsstelle hat vergessen, uns den Betrag **gutzuschreiben.**
Neue Bedeutung: „Den Betrag anrechnen", deshalb Zusammenschreibung

b) Die Schreibweise des Wortes *zusammen* in Verbindung mit Verben

> Das Wort *zusammen* wird von einem unmittelbar folgenden Verb getrennt geschrieben, wenn es in der ursprünglichen Bedeutung von „gemeinsam" oder „gleichzeitig" verwendet wird. Ansonsten ist zusammenzuschreiben.

Beispiel

Damit es schneller geht, werden die beiden Helferinnen die Patientenkarten **zusammen zählen.**
Bedeutung: „Gemeinsam zählen", deshalb Getrenntschreibung

Bei der Abrechnung muß man zuvor die Beträge der dritten Spalte **zusammenzählen.**
Bedeutung: „Aufaddieren", deshalb Zusammenschreibung

2. Die Wortbetonung als Entscheidungshilfe

> Wird nur ein Wort einer Zusammensetzung stark betont, so ist zusammenzuschreiben.
>
> Werden beide Wörter mit einer kurzen Sprechpause gleichmäßig betont, so ist getrennt zu schreiben.

Beispiel

Diese wichtige Gesprächsnotiz ist an die Karteikarte des Patienten **zu kleben.**
Gleichmäßige Betonung beider Wörter mit einer kurzen Sprechpause: Getrenntschreibung

Du mußt den Umschlag mit den vertraulichen Informationen **zukleben.**
Starke Betonung des *zu:* Zusammenschreibung

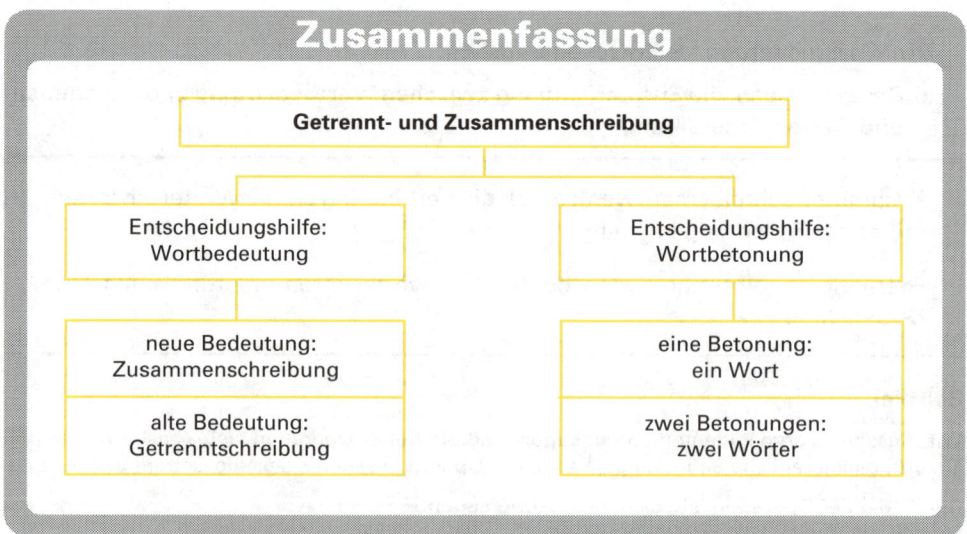

Zusammenfassung

Getrennt- und Zusammenschreibung

Entscheidungshilfe: Wortbedeutung	Entscheidungshilfe: Wortbetonung
neue Bedeutung: Zusammenschreibung	eine Betonung: ein Wort
alte Bedeutung: Getrenntschreibung	zwei Betonungen: zwei Wörter

1. Entscheiden Sie, ob in den beiden folgenden Sätzen getrennt oder zusammengeschrieben werden muß. Begründen Sie Ihre Entscheidung. Schlagen Sie dazu gegebenenfalls im Duden unter dem Stichwort *schwerverletzt* nach.

   a) Der Notfallpatient ist *schwer/verletzt* und muß sofort operiert werden.

   b) Der *schwer/verletzte* Notfallpatient mußte mit dem Rettungshubschrauber in die Klinik gebracht werden.

2. Erklären Sie mit Hilfe des Wörterverzeichnisses des Dudens, in welchen Bedeutungen die folgenden Wortkombinationen getrennt bzw. zusammengeschrieben werden müssen.

   a) wieder/holen   b) wieder/bringen
   c) weiter/verbreiten   d) weiter/gehen
   e) frei/stellen   f) frei/halten

3. Beschreiben Sie allgemein die Vorgehensweise, wenn man mit Hilfe des Wörterverzeichnisses des Dudens Zweifelsfälle der Getrennt- und Zusammenschreibung klären will.

4. Bilden Sie zu jeder der folgenden Wortkombinationen zwei Sätze. Im ersten Satz soll die Wortfolge getrennt, im zweiten Satz zusammengeschrieben werden müssen.

   a) richtig/stellen   b) breit/treten   c) zu/gehen
   d) frei/halten   e) frei/machen   f) zu/sichern
   g) auseinander/setzen   h) kalt/stellen   i) zusammen/halten
   j) zusammen/ziehen   k) zusammen/fahren   l) zusammen/suchen

5. Schreiben Sie den folgenden Text unter Beachtung einer richtigen Getrennt- und Zusammenschreibung ab. Überprüfen Sie die Schreibweise gegebenenfalls mit Hilfe des Wörterverzeichnisses des Dudens.

   Knochenbrüche (Frakturen)

   (1) Im Fachkundeunterricht muß sich die angehende Helferin auch mit Frakturen (Knochenbrüchen) *auseinander/setzen.*

   (2) *Leicht/erkennbare* Symptome, wie Schmerz, Schwellung oder eine Funktionsstörung, können bereits auf eine Fraktur hinweisen.

   (3) Um *sicher/zu/gehen,* sollte bei dem Verdacht auf eine Fraktur eine Röntgenaufnahme durchgeführt werden.

   (4) Bei einer Fehlstellung der Bruchenden muß man die ursprüngliche Lage der Knochenenden durch eine Reposition *wieder/herstellen.*

   (5) Danach ist die Fraktur *ruhig/zu/stellen,* um die Bildung von neuem Knochen im Frakturspalt *sicher/zu/stellen.*

   (6) Für einen Gipsverband muß man mit Gipspulver bestreute Gazebinden *zu/bereiten.*

   (7) Die Ruhigstellung bewirkt in der Regel auch, daß die Schwellung im Frakturbereich rasch *zurück/geht.*

   (8) In komplizierten Fällen muß man dem Patienten allerdings eine operative Frakturbehandlung *zu/muten.*

   (9) Dabei kann zum Beispiel ein ins Knochenmark geschlagener Nagel (Marknagelung) *sicher/stellen,* daß die Knochenenden *zusammen/wachsen.*

4 Die Schreibweise der Straßennamen

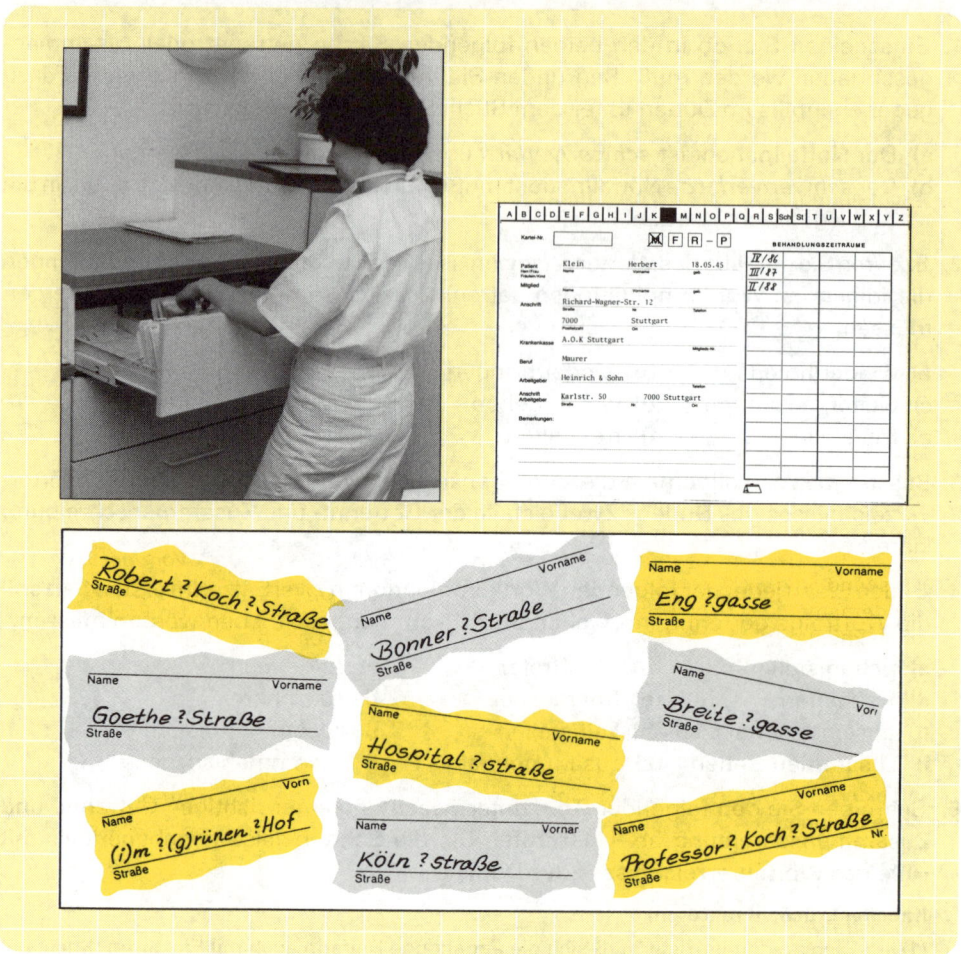

Arbeitsauftrag

Bestimmen Sie mit Hilfe der folgenden Informationen die richtige Schreibweise der obigen Straßennamen.

In der Regel besteht ein Straßenname aus einem **Grundwort** und einem **Bestimmungswort**. Als Grundwort werden in Straßennamen vor allem folgende Begriffe verwendet: *Straße, Platz, Allee, Ring, Gasse*. Das vorangestellte Bestimmungswort bestimmt genau, um welche Straße, Gasse, Allee usw. es sich handelt.

Die Getrennt- und Zusammenschreibung von Bestimmungs- und Grundwort hängt von der Art des Bestimmungswortes ab. Für Straßennamen ohne typisches Grundwort gelten besondere Rechtschreibregeln.

Schreibweise der Straßennamen

Straßennamen mit Bestimmungs- und Grundwort			Straßennamen ohne typisches Grundwort
Zusammen-schreibung	Getrennt-schreibung	Schreibung mit Bindestrich	besondere Regeln
1. Nomen als Bestimmungs-wort *Klinikweg*	1. Orts- und Ländername mit Endung als Bestim-mungswort *Kölner Straße*	1. Vor- und Zuname als Bestim-mungswort *Sigmund-Freud-Straße*	1. Getrennt-schreibung der einzelnen Bestandteile *Im Tal*
2. Personenname als Bestim-mungswort *Mozartgasse*	2. Adjektiv mit Endung als Bestim-mungswort *Hohe Straße*	2. Titel und Name als Bestim-mungswort *Professor-Pasteur-Allee*	2. Großschrei-bung des er-sten Wortes *Vor dem Tal*
3. Orts- und Ländername ohne Endung als Bestim-mungswort *Kölnstraße*			3. Großschrei-bung der im Straßen-namen vor-kommenden Adjektive *Im Grünen Tal*
4. Adjektiv ohne Endung als Bestim-mungswort *Hochstraße*			

Übung Übung Übung Übung Übung Übung

1. Schreiben Sie aus dem Gedächtnis die Arten von Bestimmungswörtern auf, bei denen Bestimmungs- und Grundwort

a) getrennt,

b) zusammen,

c) durch Bindestrich getrennt

geschrieben werden müsssen.

2. Auf welche Besonderheiten ist bei der Schreibweise von Straßennamen ohne typi-sches Grundwort zu achten?

3. Suchen Sie aus der Patientenkartei Ihrer Praxis bzw. aus der Lieferantenkartei Ihrer Apotheke willkürlich 20 Karteikarten heraus, und notieren Sie sich die entsprechenden Straßennamen untereinander. Schreiben Sie hinter jeden Straßennamen die Art des Bestimmungswortes.

4. Bilden Sie aus den folgenden Bestandteilen Straßennamen, und ordnen Sie sie nach der Art des Bestimmungswortes.

goethe platz, große freiheit, professor huber straße, martin luther platz, enge lang gasse, neu markt, im stillen Winkel, habsburger ring, königs allee, am rathaus platz, englischer garten, römer weg, alter markt, hinter den alten Bäumen, brunnen straße, aachener straße, wien allee, breit gasse, großer platz, münster platz

5. In seltenen Fällen erfordert die richtige Schreibweise der Straßennamen detailliertere Hintergrundinformationen. Belegen Sie diese Aussage, indem Sie die verschiedenen möglichen Schreibweisen der „adenauer allee" erläutern.

5 Die Silbentrennung

In einer Praxis wird ein Textverarbeitungsprogramm eingesetzt. Bei diesem Programm ist der Text zunächst fortlaufend einzugeben. Der Zeilenumbruch erfolgt automatisch. Nach Beendigung der Eingabe macht das Programm Trennvorschläge und fordert den Anwender zur Bestätigung oder Korrektur dieser Vorschläge auf.

Nach Eingabe eines medizinischen Fachtextes schlägt das Programm folgende Trennungen vor.

(1) Fie/ber	Le/ber	Nie/re	Ma/gen	Kie/fer	
(2) Mus/kel	Ra/chen	Sprit/ze	Lip/pe	Zun/ge	Zäh/ne
(3) Bec/ken	Blutzuc/ker	Eierstöc/ke	Rüc/kenmark		
(4) fa/sten	hu/sten	te/sten			
(5) A/der	a/kut	E/pilepsie			
(6) Kehl/kopf	Zwerch/fell	Zahn/fleisch	Mahl/zahn		
(7) Ver/band	Ge/burt	Ge/lenk			
(8) Luft/röh/re	Harn/bla/se	Lymph/kno/ten	In/nen/ohr		
(9) Inkubation/stabelle		Geburt/stermin	Alter/stumor		
(10) Diag/nose	Anä/mie	Mikro/skop	Kat/heder		

Arbeitsauftrag

Stellen Sie mit Hilfe der Informationen aus der folgenden Übersicht fest, ob die obigen Trennvorschläge richtig sind. Begründen Sie jeweils Ihre Entscheidung. Führen Sie bei falschen Trennungen die Berichtigung durch.

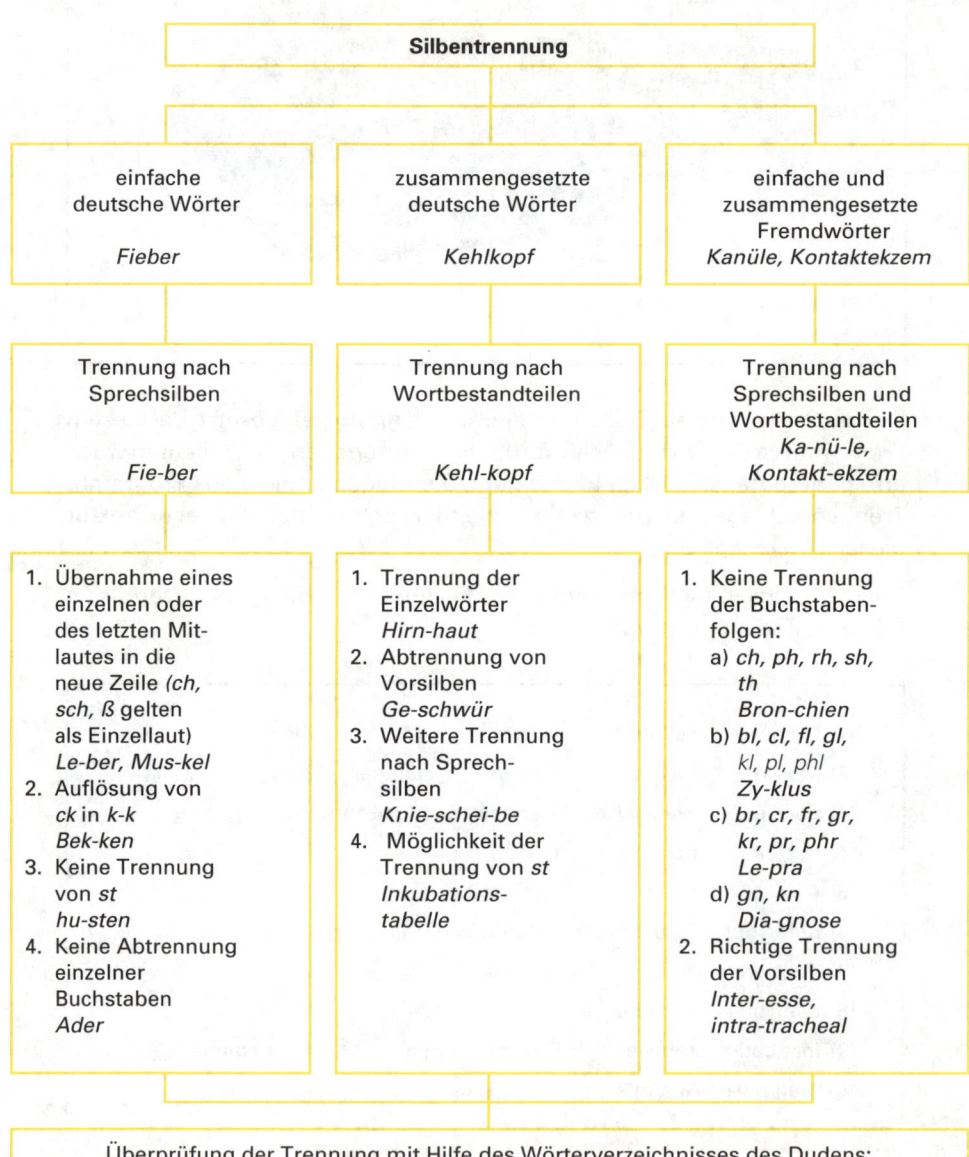

1. Die Trennung erfolgt entweder nach Sprechsilben oder nach Wortbestandteilen. Erklären Sie allgemein diese beiden Grundsätze der Silbentrennung.

2. Erläutern Sie, warum folgender Merksatz problematisch ist:

   „Trenne nie *st*."

3. Erklären Sie allgemein, wie man mit Hilfe des Dudens in Zweifelsfällen die Trennung überprüfen kann.

4. Ein Textverarbeitungsprogramm mit automatischer Trennhilfe macht folgende Trennvorschläge:

   Ra/tionalisierung, Ef/fekte, For/tentwicklung, kostengün/stiger, Si/gnale, detail/liert, Wachs/tumshormon, Sy/stem, entwic-kelt, zuei/nander, ex/emplarisch, Per/spektive, Wachstum/sindikator, sozi/al, Inter/esse, En/ergie, Schreit/herapie, Imp/fung, Verlet/zung, her/aus, Zivilisati/onskrankheit, Sym/ptome, men/schlich, Blutdruc/kerniedrigung, zurüc/kerwarten, Diag/nose, beo/bachten, bekanntes/ten, Vertrau/en, Übungsz/wecke, assi/stieren, Anä/mie, Mikros/kop, De/sin/fektion/stuch, pyk/nisch

   a) Schreiben Sie die Begriffe heraus, bei denen ein fehlerhafter Trennvorschlag erfolgt. Korrigieren Sie dabei die Trennung. Klären Sie Zweifelsfälle gegebenenfalls mit dem Duden.

   b) Erklären Sie schriftlich die vorkommenden Fremdwörter. Schlagen Sie unter Umständen im Duden nach.

5. Begründen Sie, warum der Computer die folgenden fehlerhaften Trennvorschläge unterbreitet.

   a) Blutdruc/kamplitude
   b) Mump/simpfung
   c) Gewicht/stabelle

6 Die Arbeit mit dem Duden[1]

lum|becken [*Trenn.*: ...bek|ken] | Lun|ge *di*- ... Lun-
(nach dem dt. Erfinder E. Lum- ...sterr.
beck) (Bücher durch das ... |zün-
anderkleben der einzeln... |gel,
ter binden); gelumbeckt ...un-
Lum|ber|jack [*lamb'rdsche...* ...m-,
-s, -s ⟨engl.⟩ (eine Art Jack... n-,
Lu|men *das*; -s, - u. ...mina ...a-
(„Licht"; Physik: Einheit... -
Lichtstromes [Zeichen:
Biol., Med.: innerer Durchr...
ser [lichte Weite] oder Hohlra...
von Zellen od. Organen); Lu...
nes|zenz *die*; -, -en (jede Licht
erscheinung, die nicht durch ei...
höhte Temperatur bewirkt ist)
lu|mi|nes|zie|ren
Lum|me *die*; -, -n ⟨nord.⟩ (ein ark-
tischer Seevogel)
Lum|mel *der*; -s, - (südd. für: Len-
denfleisch, -braten)
Lüm|mel *der*; -s, -; Lüm|me|lei
lüm|mel|haft; lüm|meln, sich
(ugs.); ich ...[e]le mich (↑ R 22)
Lump *der*; -en, -en; ↑ R 197
(schlechter Mensch; verächtl.
für: Kerl); Lum|pa|zi|us *der*; -,

Lu|sche *die*; -, -n (mdal. für: Spiel-
karte [von geringem Wert])
lu|sen vgl. [1]losen; Lu|ser vgl. Lo-
ser
Lu|sia|den *Plur.*; ↑R 180 (port.
Heldengedicht von Camões [*ka-
mongisch*]); Lu|si|ta|ner, Lu|si|ta-
ni|er *der*; -s, - (Angehöriger eines
iber. Volksstammes); Lu|si|ta|ni-
en [...i'n] (röm. Provinz, das heu-
tige Portugal); Lu|si|ta|ni|er vgl.
Lusitaner; lu|si|ta|nisch
Lust *die*; -, Lüste; - haben; Lust-
bar|keit (veraltend); lust|be|tont;
Lüst|chen, Lüst|lein
...ü|ster *der*; -s, - ⟨franz.⟩ (österr.
... ür: Kronleuchter); Lü|ster *der*;
..., - (Kronleuchter; Glanzüber-
...g auf Glas-, Ton-, Porzellan-
...ren; glänzendes Gewebe);
...ster–far|be, ...glas (*Plur.*
...ser)
...uistern; er hat -e Augen; der
Mann ist -; Lü|stern|heit
Lust–gar|ten (hist.), ...ge|fühl,
...ge|winn, ...greis (ugs. abwer-
tend); lu|stig; vgl. Bruder Lu-

Arbeitsauftrag

1. Lesen Sie das Inhaltsverzeichnis des Dudens. Welche Kapitel sind Ihrer
   Meinung nach besonders wichtig?

2. Ordnen Sie die folgenden Begriffe alphabetisch. Erklären Sie die Bedeutung dieser medizinischen Fachausdrücke. Schlagen Sie dazu bei Bedarf
   im Duden nach.

   Tuberkulin, Zyste, Thrombose, Tetanus, Rachitis, Tumor, Amalgam, Lymphe,
   Typhus, Dentition, Tuberkulose, Neutralbiß, Extraktion, therapeutisch, Paradontose,
   Herpes, Tonsille, Tablette, Fluor, Therapie

3. Nach welcher Regel werden die Umlaute *ä, ö, ü, äu* und der Buchstabe
   ß im Wörterverzeichnis des Dudens eingeordnet? Informieren Sie sich
   gegebenenfalls im Dudenkapitel „Hinweise für die Wörterbuchbenutzung".

4. Suchen Sie im Duden die folgenden Stichwörter auf, und klären Sie die
   Bedeutung der jeweils verwendeten besonderen Zeichen.

   Dialyse, Dialysestation, Dialysezentrum, Diaphragma

---

[1] Wenn in diesem Kapitel vom Duden die Rede ist, ist der Band 1 (Rechtschreibung) gemeint.

5. Finden Sie mit Hilfe des Wörterverzeichnisses des Dudens die richtige grammatische Form in den folgenden Sätzen.

   a) Meß?Miß?Messe bitte den Blutdruck.
   b) Die Diät ist für Sie gesunder?gesünder.
   c) Im Fachkundeunterricht setzen wir Gesundheitsatlasse?-atlanten ein.

6. Suchen Sie das Stichwort *dichthalten* auf, und erklären Sie, wann getrennt bzw. zusammengeschrieben werden muß. Erläutern Sie auch die Bedeutung des Hinweises „↑ R 205" bei diesem Stichwort.

7. Beschreiben Sie den Aufbau des Dudenkapitels „Richtlinien zur Rechtschreibung, Zeichensetzung und Formenlehre". Wie können Sie mit Hilfe dieses Kapitels klären, in welchen Fällen nach einem Doppelpunkt groß zu schreiben ist?

Der Duden ist ein wichtiges **Nachschlagewerk**. Er sollte in keiner Praxis oder Apotheke fehlen. Drei Dudenkapitel sind für jeden Benutzer von Bedeutung.

1. Das Kapitel „Hinweise für die Wörterbuchbenutzung"

Dieses erste Kapitel kann als „Bedienungsanleitung" bezeichnet werden. Es enthält unter anderem Informationen über:

Beispiele:

(1) Die Bedeutung besonderer Zeichen im Wörterverzeichnis, wie

   I = Silbentrennung   Ho I möo I pa I thie

(2) Die Anordnung der Stichwörter, wie

   – Einordnung der Umlaute   Einordnung des Begriffes
     ä, äu, ö, ü wie die   *Anämie* als *Anamie*

     Vokale *a, au, o, u*

   – Einordnung des Buchstabens *ß* wie *ss*   Einordnung von *Abszeß* als
                           Abszess

(3) Die im Wörterverzeichnis verwendeten Abkürzungen   *med.* = *medizinisch*

2. Das Kapitel „Wörterverzeichnis"

Das Wörterverzeichnis des Dudens hilft nicht nur in Fragen der Rechtschreibung. Es enthält auch eine Vielzahl von Informationen hinsichtlich der richtigen Aussprache und Verwendung der Stichwörter.

Beispiel für die Behandlung eines Nomens

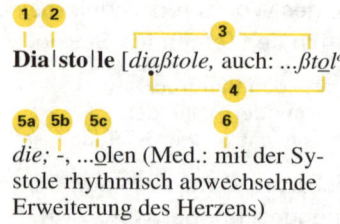

Dia|sto|le [diaßtole, auch: ...ßtol^e]

die; -, ...olen (Med.: mit der Sy-
stole rhythmisch abwechselnde
Erweiterung des Herzens)

Schreiben	Sprechen	Verwenden
1 Rechtschreibung	**3** Aussprache	**5** Grammatische Form[1)] **a** Artikel „die" **b** Genitiv Singular: der Diastole **c** Plural: die Diastolen
2 Silbentrennung	**4** Betonung kurze Betonung des *a* oder lange Betonung des *o*	**6** Worterklärung

Bei Verben, die sich bei der Konjugation (Beugung) stark oder unregelmäßig verändern, werden ebenfalls bestimmte grammatische Formen angeführt (zum Beispiel Konjunktiv und Imperativ). Bei Adjektiven sind Besonderheiten bei der Bildung der Steigerungsformen vermerkt.

Bei zahlreichen Stichwörtern erfolgen auch Hinweise darauf, in welchen Zusammenhängen und mit welchen Bedeutungen diese Begriffe Verwendung finden. Diese Angaben klären dann oft auch Fragen der Groß- und Kleinschreibung, der Getrennt- und Zusammenschreibung oder der Zeichensetzung, die ja häufig vom Textzusammenhang abhängen.

Beispiel

Angst, die; -, Ängste; in Angst, in
[tausend] Ängsten sein; Angst
haben; aber (↑ R 64): jmdm.
angst [und bange] machen; mir
ist, wird angst [und bange]

3. Das Kapitel „Richtlinien zur Rechtschreibung, Zeichensetzung und Formenlehre in alphabetischer Reihenfolge"

In den Erläuterungen des Wörterverzeichnisses finden sich oft auch Hinweise auf allgemeine Regeln (zum Beispiel „R 205"). Diese Regeln sind vor dem Wörterverzeichnis in alphabetischer Reihenfolge aufgelistet. In Verbindung mit zahlreichen Beispielen helfen sie bei der Klärung von Fragen zur Rechtschreibung, Zeichensetzung und Grammatik.

[1)] Diese grammatischen Formen werden grundsätzlich bei allen Nomen in der gleichen Reihenfolge aufgeführt.

krank|ma|chen; ↑ R 205 (*svw.* krankfeiern); er hat krankgemacht; aber: die Angst hat ihn krank gemacht

R 205 Verbindungen mit einem Verb als zweitem Glied schreibt man in der Regel dann zusammen, wenn durch die Verbindung ein **neuer Begriff** entsteht, den die bloße Nebeneinanderstellung nicht ausdrückt.

(Vgl. im Zweifelsfall das Wörterverzeichnis.)

Wenn du nicht fleißiger bist, wirst du sitzenbleiben (nicht versetzt werden). *Du sollst dich nicht gehenlassen* (nicht nachlässig sein). *Er wird uns bei diesem Fest freihalten* (für uns bezahlen).

Wir werden Ihnen die Summe gutschreiben (anrechnen). *Wie die Tage dahinfliegen* (vergehen)! *Diese Arbeit ist ihm schwergefallen* (sie war schwierig für ihn).

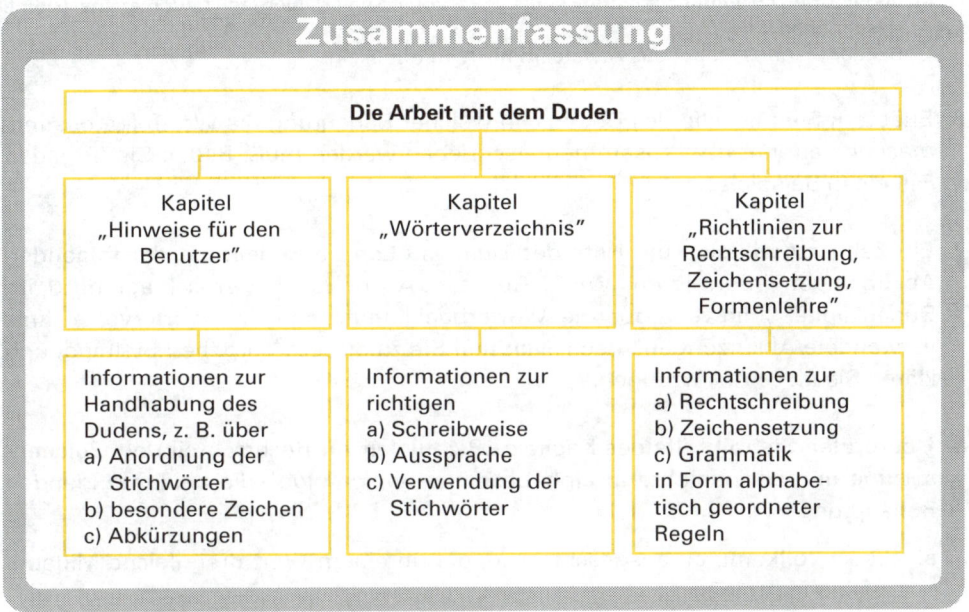

Zusammenfassung

Die Arbeit mit dem Duden

Kapitel „Hinweise für den Benutzer"	Kapitel „Wörterverzeichnis"	Kapitel „Richtlinien zur Rechtschreibung, Zeichensetzung, Formenlehre"
Informationen zur Handhabung des Dudens, z. B. über a) Anordnung der Stichwörter b) besondere Zeichen c) Abkürzungen	Informationen zur richtigen a) Schreibweise b) Aussprache c) Verwendung der Stichwörter	Informationen zur a) Rechtschreibung b) Zeichensetzung c) Grammatik in Form alphabetisch geordneter Regeln

Übung Übung Übung Übung Übung Übung

1. Erklären Sie die Bedeutung der folgenden Zeichen, die aus Abkürzungsgründen im Wörterverzeichnis des Dudens verwendet werden: . _ | – ... ⌣ () [] < > R

2. Ordnen Sie die folgenden Begriffe alphabetisch. Schlagen Sie sie dann im Wörterverzeichnis auf, und erläutern Sie die jeweils angeführten Informationen.

Extrakt	Diagnose	Tonsille
Formaldehyd	Klinik	Analgetikum
recipe	Toxikum	Legierung
ätherisch	Sterilisator	Retraktion
Antiseptikum	Prophylaxe	Pulpitis

3. Stellen Sie mit Hilfe des Dudens fest, welche Betonungsmöglichkeiten es bei der Aussprache der Begriffe *Tumor* und *Polio* gibt.

4. Sie wollen sich über die Konjunktivform des Verbs *verbinden* informieren. Unter welchem Stichwort sollten Sie von vornherein nachschlagen? Bestimmen Sie alle grammatischen Formen, die unter diesem Stichwort aufgelistet sind.

5. Klären Sie mit Hilfe des Wörterverzeichnisses, welche grammatische Form oder Schreibweise in den folgenden Sätzen richtig ist.

   a) Wenn er seine Lebensweise nicht bald ändert, wird er noch kranker?kränker werden.
   b) Die Ärztin wird ihn nach dreiwöchiger Arbeitsunfähigkeit gesund?schreiben.
   c) Um auf dem (I)aufenden zu bleiben, muß sich jeder Arzt fortbilden.
   d) Im Gesundheitswesen der meisten Entwicklungsländer liegt vieles im (a)rgen.
   e) Jeder Brief an einen Patienten sollte kurz vorkonzipiert werden, bevor er ins (r)eine geschrieben wird.
   f) Bei der Diagnose tappt das Ärzteteam noch im (d)unkeln.

6. Erläutern Sie mit Hilfe des Dudens, in welcher Bedeutung die Wortfolge *gesund/ machen* getrennt bzw. zusammengeschrieben werden muß. Bilden Sie für jeden Fall einen Beispielsatz.

7. Ein Zahnarzt will sich mit Hilfe des Dudens über die Bedeutung der folgenden Abkürzungen informieren: WHO, Rp., z. d. A., u. U., UV. Er schlägt dazu im Dudenkapitel „Hinweise für die Wörterbuchbenutzung - Im Wörterverzeichnis verwendete Abkürzungen" nach. Nehmen Sie zu diesem Vorgehen Stellung, und klären Sie diese Abkürzungen.

8. Überprüfen Sie mit Hilfe des Kapitels „Richtlinien zur Rechtschreibung, Zeichensetzung und Formenlehre in alphabetischer Reihenfolge" die beiden folgenden Behauptungen.

   a) „Es ist vollkommen ausgeschlossen, daß in einem Wort drei gleiche Mitlaute aufeinanderfolgen."

   b) „In einem Brief muß die Anrede mit einem Ausrufezeichen abgeschlossen werden."

III Die wichtigsten Regeln der Zeichensetzung

1 Die Notwendigkeit der Zeichensetzung

Die Auszubildende Marianne Klein ist eine hoffnungsvolle Tennis-nachwuchsspielerin. Mit der 1. Mannschaft ihres Vereins soll sie am nächsten Wochenende ein entscheidendes Meisterschaftsspiel um den Aufstieg in die Tennis-Oberliga bestreiten.

Unglücklicherweise finden an diesem Wochenende aber auch die nationalen Jugendmeisterschaften statt. Zu diesem Tunier ist Marianne Klein als aussichtsreiche Teilnehmerin bereits vor einigen Wochen gemeldet worden.

Die Vereinsmannschaft will in dem wichtigen Aufstiegsspiel nicht auf Marianne verzichten. Deshalb beantragt der Vereinsvorstand eine Verschiebung des Meisterschaftsspieles um eine Woche. Dabei bezieht er sich auf folgende Bestimmung aus den Statuten des zuständigen Tennisverbandes:

„Nimmt ein Spieler an einer repräsentativen, nationalen oder internationalen Veranstaltung teil, so sind gleichzeitig stattfindende Meisterschaftsspiele auf Antrag zu verlegen."

Der Tennisverband lehnt eine Verschiebung des Meisterschaftsspieles jedoch ab. Die Jugendmeisterschaften seien zwar eine nationale, aber keine repräsentative Veranstaltung. Nur wenn eine Veranstaltung gleichzeitig national und repräsentativ sei, käme eine Verlegung von Meister-schaftsspielen in Betracht.

Die Satzzeichen übernehmen verschiedene Aufgaben. Sie **gliedern** einen Text in übersichtliche Einheiten und erleichtern somit das Verständnis. Nicht selten wird der Sinn eines Satzes sogar entscheidend von der Zeichensetzung beeinflußt, so daß es bei Fehlern zu Mißverständnissen kommen kann.

Neben dieser grammatischen Aufgabe kommt den Satzzeichen noch eine **rhetorische Funktion** zu. Sie kennzeichnen die Sprechpausen und geben Hinweise auf die Betonung.[1]

Deshalb ist es erforderlich, die wichtigsten Regeln der Zeichensetzung zu beherrschen. Dabei ist das Komma das Satzzeichen, das die meisten Schwierigkeiten bereitet.

Übung **Übung** Übung Übung Übung Übung

1. Ein Urlauber schickt folgendes Telegramm nach Hause: „Freue dich nicht unser Flugzeug ist abgestürzt Karl lebt nicht mehr länger sollst du trauern"

   Ergänzen Sie in diesem Text die Satzzeichen, so daß sich einmal eine gute und einmal eine schlechte Nachricht ergibt.

2. „Die Regierung behauptet die Opposition sei unfähig."
   Erläutern Sie, inwiefern der Sinn dieses Satzes durch unterschiedliche Kommasetzung grundlegend verändert werden kann.

3. Nicht selten werden Menschen danach beurteilt, ob Sie die Zeichensetzung und Rechtschreibung beherrschen. So führen viele Arbeitgeber vor der Einstellung eines Bewerbers entsprechende Tests durch.

   Diskutieren Sie mit Ihren Mitschülerinnen und Mitschülern die Frage, ob man die Qualifikation und Intelligenz einer Person nach ihren Zeichensetzungs- und Rechtschreibkenntnissen beurteilen kann.

---

[1] Manchmal kommt es zwischen diesen beiden Aufgaben zu Konflikten. Aus grammatischen Gründen kann zum Beispiel ein Komma erforderlich sein, obwohl beim Sprechen keine Pause gemacht wird. Natürlich kann auch der umgekehrte Fall eintreten.

4. Die richtige Antwort

In einer Bar saßen zwei Männer fragte der eine den andern magst du die Amerikaner und der andere antwortete nachdrücklich nein magst du die Franzosen fragte der erste nein war die ebenso nachdrückliche Antwort die Engländer nein die Russen nein die Deutschen nein es entstand eine Pause dann fragte der erste indem er sein Glas ergriff wen magst du denn eigentlich meine Freunde sagte der andere wie selbstverständlich.

a) Ergänzen Sie im obigen Text die Satzeichen. Erläutern Sie an diesem Beispiel die Notwendigkeit der Zeichensetzung.

b) Warum wählt der Verfasser für seinen Text die Überschrift „Die richtige Antwort"? Welche allgemeine Aussage will er mit seinem Text verdeutlichen?

5. *Franz Mon:* **Man muß was tun**

man muß was tun
muß man was tun
was muß man tun
tun muß man was

man hätte was getan
hätte man was getan
was hätte man getan
hätte man was getan

tun was man muß
was man tun muß
tun muß man was
was muß man tun

a) Ergänzen Sie im obigen Gedicht die Satzeichen, so daß man deutlich Aussage-, Frage- und Aufforderungssätze als Haupt- und Nebensätze erkennt. Warum verzichtet der Verfasser Ihrer Meinung nach auf die Satzzeichen?

b) Welche allgemeine Aussage will der Autor mit seinem Gedicht deutlich machen?

2 Die Kommasetzung

2.1 Die Satzlehre als grammatische Grundlage

James Krüss: **Erbsensuppe**

„In der deutschen Sprache ist das Dichten ein bißchen leichter als in anderen Sprachen", sagte mein Urgroßvater.

„Wieso?" fragte die Ober-Großmutter.

„Weil man im Deutschen die Wörter dauernd umstellen kann."

„Verstehe ich nicht", brummte die Ober-Großmutter.

„Dann wollen wir es mal ausprobieren, Margaretha. Nehmen wir zum Beispiel den Satz: Erbsensuppe ist ein nahrhaftes Essen für die Familie."

„Ein sehr wahrer Satz!" sagte die Ober-Großmutter und sah mich schräg von der Seite an. Da aß ich schnell mit Schlucken und Drucken drei Löffel Suppe.

Mein Urgroßvater aber sagte: „Wir wollen den Satz verändern, indem wir die Wörter umstellen. Versuch es mal, Boy!"

Während mein Urgroßvater und meine Ober-Großmutter sich einen zweiten Teller Erbsensuppe nahmen, legte ich aufatmend den Löffel hin und begann, den Satz umzubauen:

„Erbsensuppe ist ein nahrhaftes Essen für die Familie.
Erbsensuppe ist für die Familie ein nahrhaftes Essen.
Erbsensuppe ist ein nahrhaftes Familien-Essen.
Ein nahrhaftes Essen für die Familie ist Erbsensuppe.
Für die Familie ist Erbsensuppe ein nahrhaftes Essen.
Für die Familie ..."

„Hör auf, du verdirbst mir den Appetit an Erbsensuppe!" rief meine Ober-Großmutter. „Da dreht sich einem ja das Essen im Magen herum! Überhaupt will ich bei Tisch nichts mehr vom Dichten hören! Iß deinen Teller leer, Boy, sonst kriegst du keine Rote Grütze!"

(Krüss, James: Mein Urgroßvater und ich. Verlag Friedrich Oetinger; Hamburg, 1970.)

Arbeitsauftrag

1. Warum ist der Urgroßvater der Meinung, daß das Dichten in der deutschen Sprache einfacher ist als in anderen Sprachen?

2. Führen Sie mit dem ersten Satz des Textes „In der deutschen Sprache..." ein ähnliches Sprachspiel durch. Ändert sich durch die Umstellungen die Bedeutung des Satzes? Achten Sie dabei auch auf die Betonung.

3. Eine Auszubildende soll in einem Text die Wortarten bestimmen. Sie verwendet dabei die Begriffe „Subjekt", „Prädikat" und „Objekt". Welcher grundsätzliche Fehler unterläuft dieser Auszubildenden?

1. Der Satz als gegliederte Einheit

> Ein Satz besteht nicht aus willkürlich aneinandergereihten Einzelwörtern, sondern er wird systematisch aus Satzgliedern zusammengesetzt.

Diese Satzglieder sind relativ leicht durch die sogenannte **Umstellprobe** zu ermitteln. Einzelwörter oder Wortgruppen, die als festgefügte Einheiten untereinander verschoben werden können, bilden die Glieder eines Satzes. Selbstverständlich darf durch die Umstellung keine Sinnänderung (zum Beispiel Entstehen eines Fragesatzes) verursacht werden.

Beispiel

Ausgangssatz:

| Der Arzt | kontrolliert | bei der Unter-suchung | ständig | die Eisenwerte. |

Varianten:

Bei der Unter-suchung	kontrolliert	der Arzt	ständig	die Eisenwerte.
Ständig	kontrolliert	der Arzt	bei der Unter-suchung	die Eisenwerte.
Die Eisenwerte	kontrolliert	der Arzt	bei der Unter-suchung	ständig.

Der obige Satz weist somit folgende Satzglieder auf:

1. Satzglied: *der Arzt*
2. Satzglied: *kontrolliert*
3. Satzglied: *bei der Untersuchung*
4. Satzglied: *ständig*
5. Satzglied: *die Eisenwerte*

2. Die Aufgaben der Satzglieder

Die einzelnen Satzglieder haben innerhalb des Satzes verschiedene Aufgaben.

a) Das Subjekt (Satzgegenstand)

> Ein Satzglied übernimmt die Aufgabe des Subjektes. Es weist auf das Lebewesen oder auf den Gegenstand oder Sachverhalt hin, von dem im Satz etwas ausgesagt wird.

Das Subjekt ist mit *wer?* (bei Lebewesen) oder *was?* (bei Gegenständen oder Sachverhalten) zu erfragen. Es muß nicht zwingend am Satzanfang stehen.

b) Das Prädikat (Satzaussage)

> Das Prädikat ist das Satzglied, das das zum Subjekt gehörige Verb (Tätigkeitswort) enthält. Es beinhaltet damit die Aussage, die über das Subjekt gemacht wird.

Häufig besteht auch das Prädikat aus einer Gruppe von Wörtern. Dabei kann es sich aber nur um verschiedene Formen von Verben und um Verbzusätze handeln. In diesem Fall bildet das Prädikat als einziges Satzglied keinen zusammenhängenden Wortblock, sondern umklammert ein oder mehrere andere Satzglieder.

Beispiel

Eine bewußte Ernährung **kann** einer Mangelanämie **vorbeugen**.

Durch eine Blutuntersuchung **stellt** der Arzt eine Mangelanämie **fest**.

c) Die Sinnergänzungen

> Subjekt und Prädikat sind die beiden zwingend notwendigen Satzglieder. In vielen Fällen sind aber weitere Satzglieder zur Sinnergänzung erforderlich. Objekte und Umstandsbestimmungen (adverbiale Bestimmungen) übernehmen diese Aufgabe der Sinnergänzung.

Beispiel

Der Arzt	verordnet	der Patientin	in der 30. Schwangerschaftswoche	ein Eisenpräparat.
Subjekt	Prädikat	Objekt als 1.Sinnergänzung	Umstandsbestimmung der Zeit als 2. Sinnergänzung	Objekt als 3. Sinnergänzung

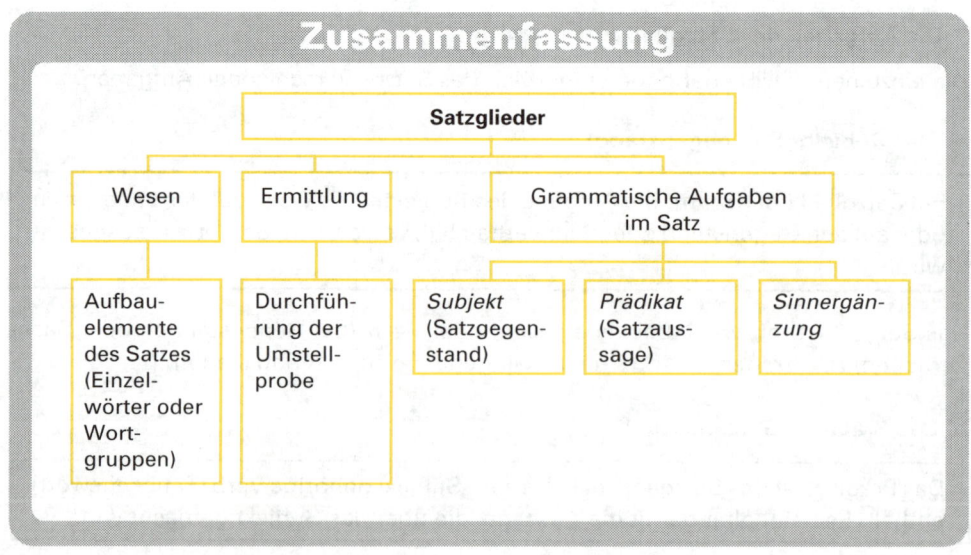

Zusammenfassung

Satzglieder

- Wesen
  - Aufbauelemente des Satzes (Einzelwörter oder Wortgruppen)
- Ermittlung
  - Durchführung der Umstellprobe
- Grammatische Aufgaben im Satz
  - *Subjekt* (Satzgegenstand)
  - *Prädikat* (Satzaussage)
  - *Sinnergänzung*

1. Verfallsdatum bei Arzneimitteln

Beim Verbrauch fertig verpackter Lebensmittel achtet man wie selbstverständlich auf das Haltbarkeitsdatum. Genauso wichtig ist das Verfallsdatum bei Arzneimitteln. Der Gesetzgeber schreibt diese Angabe seit 1987 vor. Nach Ablauf einer Übergangsfrist von fünf Jahren müssen Medikamente ab 1992 ohne jede Ausnahme mit dem Vermerk „Verwendbar bis ..." versehen sein.

Natürlich wird die Haltbarkeitsdauer einer Arznei in erster Linie durch ihre Inhaltsstoffe und durch ihr Herstellverfahren beeinflußt. Außerdem können äußere Einflüsse (zum Beispiel Temperatur, Feuchtigkeit, Licht) chemische Veränderungsprozesse auslösen. Bei äußerlich feststellbaren Veränderungen sollte man deshalb vor einer Weiterverwendung des Mittels unbedingt einen Apotheker fragen.

Aus diesem Grunde sind Küche und Bad keine besonders geeigneten Aufbewahrungsräume. Besser ist die Hausapotheke in einem verschlossenen Schrank im Schlafzimmer untergebracht. Vor allem sollten Arzneimittel vor Kindern gesichert werden.

Einmal im Jahr ist der Medikamentenvorrat zu überprüfen. Bei dieser Kontrolle sortiert man unter anderem veraltete Arzneien aus. Sie müssen auf umweltverträgliche Art und Weise entsorgt werden. Spezielle Sammelstellen und jede Apotheke nehmen alte Arzneimittel entgegen.

a) Ermitteln Sie in den Sätzen des obigen Textes mit Hilfe der Umstellprobe die Satzglieder. Bestimmen Sie die grammatische Aufgabe, die diese Satzglieder in ihren Sätzen jeweils übernehmen. Unterscheiden Sie dabei zwischen Subjekt, Prädikat und Sinnergänzung.

b) In welchen Sätzen übernimmt ein einzelnes Wort die Aufgabe des Prädikates? In welchen Sätzen bildet eine Gruppe von Wörtern das Prädikat?

2. Beseitigung des Schielens ohne Operation

Eine neuartige Behandlungsmethode zur Beseitigung bestimmter Formen des Schielens entwickelten Schweizer Ärzte. Die Spezialisten von der Universitätsklinik Zürich spritzen winzige Dosen des hochgiftigen Botulinustoxin A in die Augenmuskeln. Das Gift verhindert die Kontraktion der Augenmuskeln. Auf diese Weise bewirkt die Injektion ein normales Zusammenspiel der Muskeln. Das Verfahren soll unschädlich und komplikationslos sein.

a) Bestimmen Sie in jedem Satz das Satzglied, das die Aufgabe des Subjektes übernimmt.

b) Bilden Sie zu jedem Subjekt einen beliebigen Satz, in dem dieses Satzglied dann aber die Aufgabe einer Sinnergänzung übernimmt.

Beispiel:

Die schwierige Operation führte *ein amerikanisches Team durch.* →
Die Kommission verlieh *dem amerikanischen Team* die Auszeichnung.

3. a) Bilden Sie zu einem beliebigen Themenbereich aus der Fachkunde (zum Beispiel Atmungsorgane) Sätze, in denen das Prädikat aus mehreren Wörtern (Verben, Verbzusätze) besteht.

b) Erläutern Sie anhand dieser Sätze die folgende Aussage:

„Beim mehrteiligen Prädikat umrahmen die verbalen Teile die übrigen Satzglieder mit Ausnahme des ersten Satzgliedes."

2.2 Die verschiedenen Formen des Verbs

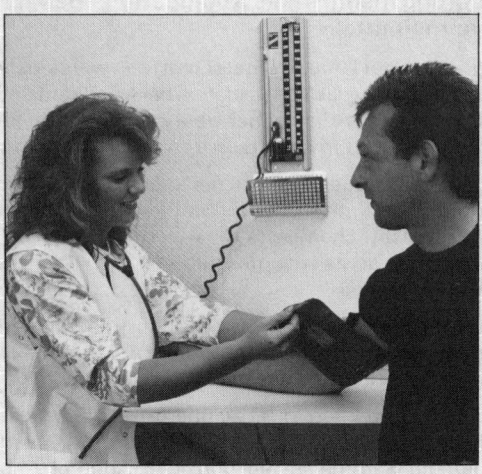

Kochsalzaufnahme durch das Grundnahrungsmittel Brot

Viele Patienten leiden an Hypertonie (Bluthochdruck). Namhafte Ernährungs-
wissenschaftler machen dafür auch die übermäßige Aufnahme von Kochsalz
verantwortlich. Dieser Würzstoff wird dem Körper nämlich mit vielen Nah-
rungsmitteln zugeführt. Das Grundnahrungsmittel Brot muß zu den Haupt-
lieferanten von Kochsalz gezählt werden. Salz wird dem Brotteig nicht nur
deshalb beigegeben, weil es den Geschmack positiv beeinflußt, sondern weil
es beim Backvorgang die Quellung der Eiweißstoffe fördert. Gerade die heute
übliche maschinelle Teigzubereitung kann daher auf den Zusatz von Salz
nicht verzichten. Kochsalzarmes Diätbrot wird daher in der Regel mit einem
Teig gebacken, der manuell hergestellt wurde.

Arbeitsauftrag

1. Schreiben Sie aus dem obigen Arbeitstext alle Verben heraus, und
   ordnen Sie sie dabei in eine Tabelle der folgenden Art ein. Ziehen Sie
   bezüglich der Unterscheidung der verschiedenen Verbformen
   gegebenenfalls die folgenden Informationen heran.

finite Verbformen	infinite Verbformen		
	Infinitiv	Partizip I	Partizip II

2. Bilden Sie zu allen im Text vorkommenden finiten Verben die drei
   infiniten Formen.

1. Die finiten (veränderlichen) Verbformen

Neben anderen Wortarten verändern vor allem Verben im Satzzusammenhang ihre Form. Diese Formänderung nennt man **Konjugation** (Beugung). Dabei wird dem Wortstamm des Verbs eine Endung angefügt. Sie hängt in erster Linie von der grammatischen Person und von der Zahl des Subjektes ab.

> Diese konjugierten Verben werden als finite (veränderliche) Verbformen bezeichnet.

Grundsätzlich enthält jeder Satz genau *eine* finite Verbform. Dies gilt sowohl für den Hauptsatz als auch für den Nebensatz.

Beispiel

Singular (Einzahl)

1. Person: **Ich** diagnostiziere eine Hypertonie.
2. Person: **Du** diagnostizierst eine Hypertonie.
3. Person: **Er** diagnostiziert eine Hypertonie.

Plural (Mehrzahl)

1. Person: **Wir** diagnostizieren eine Hypertonie.
2. Person: **Ihr** diagnostiziert eine Hypertonie.
3. Person: **Sie** diagnostizieren eine Hypertonie.

2. Die infiniten (unveränderlichen) Verbformen

Häufig enthält das Prädikat eines Satzes zwei oder sogar drei Verben. In der Regel tritt aber nur eines dieser Verben in einer finiten (veränderlichen) Verbform auf. Jedes weitere Verb erscheint in einer infiniten (unveränderlichen) Form.

> Infinite Verben sind unabhängig von der grammatischen Person und Zahl des Subjektes.

Es müssen drei Arten infiniter Verbformen unterschieden werden.

a) Der Infinitiv (Grundform)

Der Infinitiv ist die Grundform, in der die Verben in Wörterbüchern aufgeführt werden (zum Beispiel *messen, diagnostizieren*).

b) Das Partizip I (Mittelwort der Gegenwart)

Beim Partizip I wird an den Stamm des Verbs die Endung *-end* angehängt (zum Beispiel *messend, diagnostizierend*).

c) Das Partizip II (Mittelwort der Vergangenheit)

Bei den meisten Verben wird das Partizip II mit der Vorsilbe *ge-* gebildet. Es wird vor allem bei der Bildung des Perfekts (vollendete Gegenwart) und des Plusquamperfekts (vollendete Vergangenheit) verwendet (zum Beispiel *Er hat gemessen. Er hatte diagnostiziert.*).

Beispiel

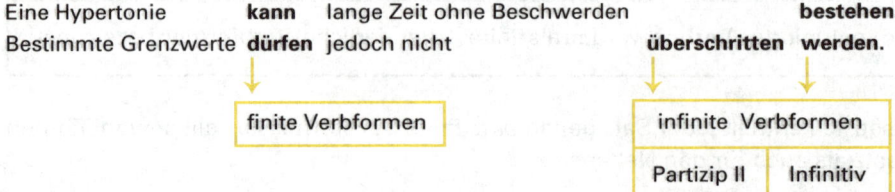

Eine Hypertonie	**kann**	lange Zeit ohne Beschwerden		**bestehen**.
Bestimmte Grenzwerte	**dürfen**	jedoch nicht	**überschritten**	**werden**.

finite Verbformen

infinite Verbformen	
Partizip II	Infinitiv

3. Die Ermittlung der finiten Verbform mit Hilfe der Ersatzprobe

Kommen im Prädikat eines Satzes zwei oder sogar drei Verben vor, so ist die finite Form im Zweifelsfall leicht mittels der **Ersatzprobe** auszumachen. Dabei wird in Gedanken das Subjekt des Satzes abgeändert. Ein in der Einzahl stehendes Subjekt kann man zum Beispiel in die Mehrzahl übertragen oder umgekehrt. Das finite Verb verändert dann ebenfalls seine Form.

Beispiel

Der Blutdruckwert	**kann**	im Alter leicht	**zunehmen**.
Die Blutdruckwerte	**können**	im Alter leicht	**zunehmen**.

finite Form

infinite Form

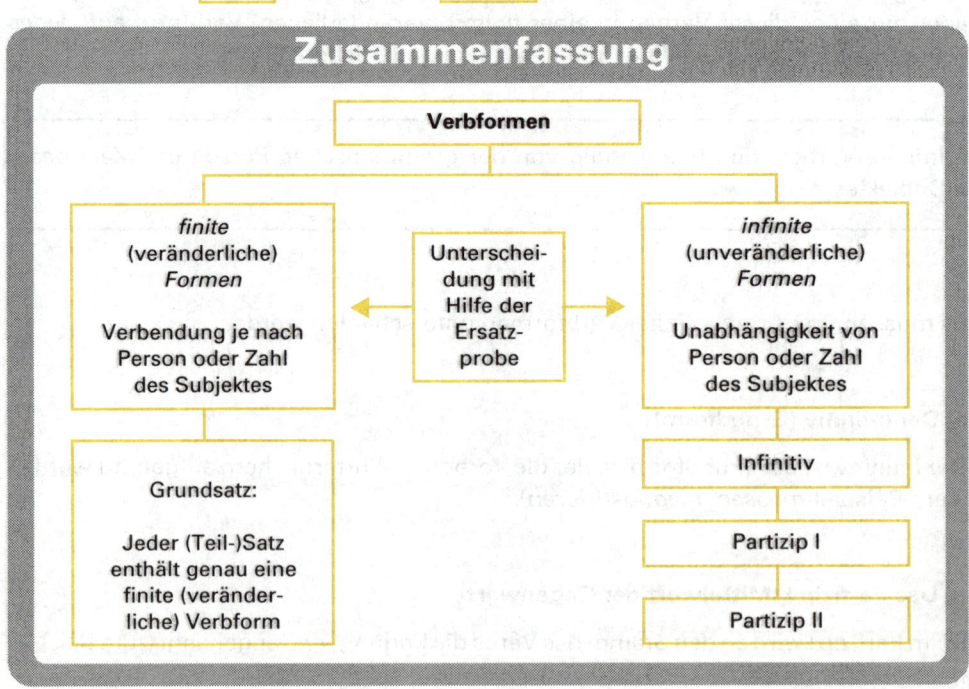

Zusammenfassung

Verbformen

finite (veränderliche) *Formen*

Verbendung je nach Person oder Zahl des Subjektes

Unterscheidung mit Hilfe der Ersatzprobe

infinite (unveränderliche) *Formen*

Unabhängigkeit von Person oder Zahl des Subjektes

Grundsatz:

Jeder (Teil-)Satz enthält genau eine finite (veränderliche) Verbform

Infinitiv

Partizip I

Partizip II

1. Erklären Sie den Begriff „Konjugation".

2. Erläutern Sie den Unterschied zwischen finiten und infiniten Verbformen, und beschreiben Sie die verschiedenen Arten infiniter Verbformen.

3. Beschreiben Sie, auf welche Weise beim mehrteiligen Prädikat finite und infinite Verbformen voneinander unterschieden werden können.

4. Ermitteln Sie im folgenden Text alle Verben. Geben Sie dabei jeweils an, um welche Verbform es sich handelt.

Die Hypotonie

Von der Hypertonie (Bluthochdruck) muß die Hypotonie (Blutdruckerniedrigung) unterschieden werden. Eine Hypotonie liegt bei systolischen Blutdruckwerten unter 110 mmHg beim Mann und unter 100 mmHg bei der Frau sowie bei diastolischen Werten unter 60 mmHg vor. Von einer Krankheit kann man bei einer Hypotonie jedoch erst sprechen, wenn Kreislaufstörungen auftreten und die ausreichende Durchblutung der Organe nicht mehr gewährleistet ist. Schwindelzustände mit Schwarzsehen vor den Augen nach dem Aufstehen deuten auf eine orthostatische Hypotonie hin (Orthostase = aufrechte Körperhaltung). Hypotonien treten häufig bei jungen Frauen und bei körperlich untrainierten Patienten auf. In diesen Fällen kann also für die Hypotonie keine besondere Ursache beobachtet werden. Andere Hypotonien werden dagegen durch bestimmte anderweitige Einflüsse auf das Kreislaufsystem (zum Beispiel Blutvolumenmangel, Hormonstörungen) verursacht. Eine orthostatische Hypotonie kann durch sportliche Betätigung und gezielte Massage wirksam behandelt werden. Bei Bedarf ergänzt der Arzt diese Allgemeinmaßnahmen durch Verordnung blutdrucksteigernder Medikamente.

2.3 Der Aufbau eines Hauptsatzes

Die Zytologie (Zellehre)

(1) Als Zellen bezeichnet man die kleinsten selbständigen Funktionseinheiten des Organismus.

(2) Die Zytologie untersucht den Aufbau und die Eigenschaften der Zellen.

(3) Bei Zellen kann ein eigener Stoffwechsel nachgewiesen werden.

(4) Eine Zelle nimmt Stoffe auf, verarbeitet sie und gibt Endprodukte ab.

(5) Zellen können auf verschiedene Aufgaben spezialisiert sein.

(6) Während Drüsenzellen selbstproduzierte Stoffe absondern, verrichten Muskelzellen mechanische Arbeit.

1. Die Zweitstellung der finiten Verbform als grammatisches Merkmal des Hauptsatzes

In der Regel enthält jeder Satz genau *eine* finite (veränderliche) Verbform. In einem Hauptsatz nimmt diese Verbform grundsätzlich die zweite Satzgliedstelle ein.

Sie ist als einziger Bestandteil des Satzes unverschiebbar. Um diesen Mittelpunkt können die anderen Satzglieder gegeneinander ausgetauscht werden. Vor der finiten Verbform steht jedoch immer nur *ein* Satzglied.

Beispiel

1. Satzglied	2. Satzglied	3. Satzglied	4. Satzglied
In einem Organismus	**besteht**	jede Zelle	aus Zelleib und Zellkern.
Jede Zelle	**besteht**	in einem Organismus	aus Zelleib und Zellkern.
Aus Zelleib und Zellkern	**besteht**	jede Zelle	in einem Organismus.

2. Ausnahmefälle

Bezüglich des gerade erläuterten Grundsatzes über Anzahl und Stellung der finiten Verbform sind drei Ausnahmen zu beachten:

a) Die aufzählende Zuordnung mehrerer finiter Verbformen zu einem Subjekt

Manchmal enthält ein Hauptsatz mehrere finite Verbformen. Sie werden dem Subjekt des Satzes in Form einer Aufzählung zugeordnet. Wie die Glieder einer jeden Aufzählung sind die einzelnen Verben dann durch Kommata voneinander zu trennen, es sei denn, zwei aufeinanderfolgende finite Verbformen sind durch *und* bzw. *oder* verbunden.[1]

---

[1] Vergleiche zur Kommasetzung zwischen den Gliedern einer Aufzählung S. 88.

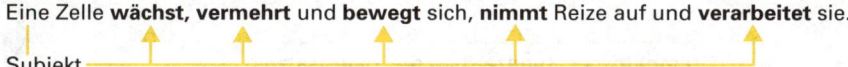

Eine Zelle **wächst, vermehrt** und **bewegt** sich, **nimmt** Reize auf und **verarbeitet** sie.

Subjekt

b) Die Eingangsstellung der finiten Verbform bei vorangehendem Nebensatz

Viele Sätze entstehen durch die Zusammenfügung von Haupt- und Nebensätzen. Steht in einem derartigen Gesamtsatz vor einem Hauptsatz ein Nebensatz, dann verschiebt sich im Hauptsatz die finite Verbform an die erste Satzgliedstelle. Bei vorangehendem Nebensatz erkennt man einen Hauptsatz also an der Eingangsstellung der finiten Form.

Beispiel

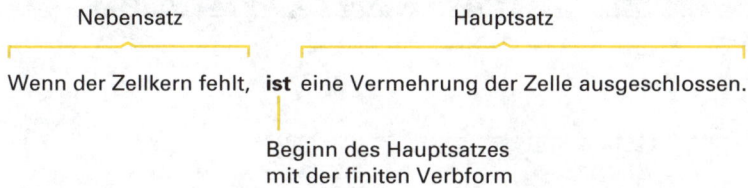

Nebensatz · Hauptsatz

Wenn der Zellkern fehlt, **ist** eine Vermehrung der Zelle ausgeschlossen.

Beginn des Hauptsatzes
mit der finiten Verbform

c) Die Eingangsstellung der finiten Verbform im Aufforderungssatz und in der Entscheidungsfrage

Neben dem Aussagesatz sind vor allem noch zwei andere Hauptsatzarten zu unterscheiden:

● Der Aufforderungssatz

Manche Hauptsätze stellen eine Aufforderung an den Angesprochenen dar. In diesen Sätzen steht die finite Verbform ebenfalls am Satzanfang.

Beispiel

Schreiben Sie bitte einen Fachaufsatz über die Zellehre.

● Der Fragesatz ohne einleitendes Fragewort (Entscheidungsfrage)

Hauptsätze können auch eine Frage an den Gesprächspartner enthalten. Werden diese Fragesätze nicht mit einem typischen Fragewort (zum Beispiel *wie, was, warum*) eingeleitet, beginnen sie mit der finiten Verbform.

Beispiel

Hast du schon für die Klassenarbeit über die Zytologie gelernt?

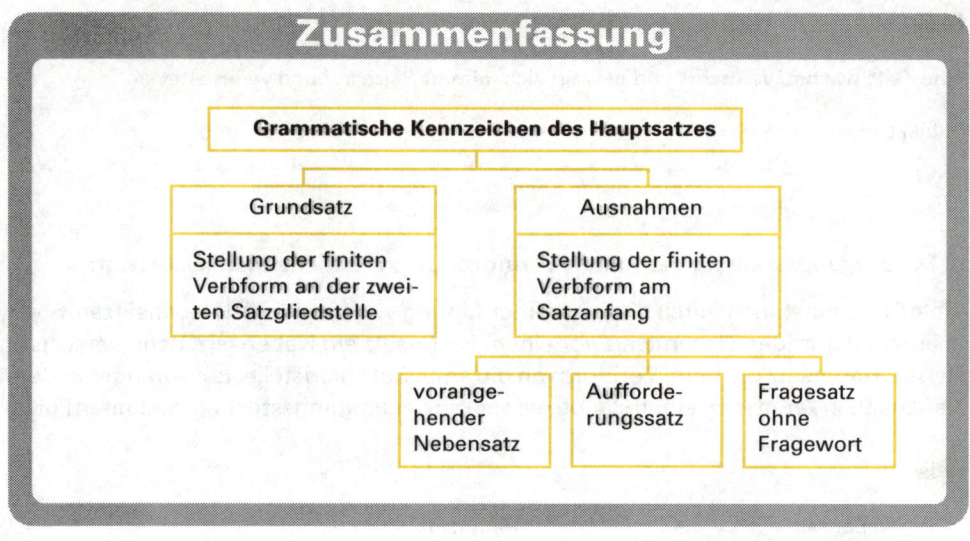

Zusammenfassung

Grammatische Kennzeichen des Hauptsatzes

Grundsatz

Stellung der finiten Verbform an der zweiten Satzgliedstelle

Ausnahmen

Stellung der finiten Verbform am Satzanfang

- vorangehender Nebensatz
- Aufforderungssatz
- Fragesatz ohne Fragewort

Übung Übung Übung Übung Übung Übung

1. Erläutern Sie das grundsätzliche grammatische Kennzeichen eines Hauptsatzes.

2. Unter welchen Voraussetzungen steht in einem Hauptsatz die finite Verbform am Satzanfang?

3. Bilden Sie fünf Aufforderungssätze und fünf Fragesätze ohne Fragewort.

4. Bestimmen Sie in den Sätzen des folgenden Textes die finiten Verbformen, und überprüfen Sie, ob es sich bei diesen Sätzen um Hauptsätze handelt.

   Die Zelle

   Alle Zellen eines Organismus bestehen aus einem Zelleib und einem Zellkern. Der Zelleib heißt Zytoplasma. Für den Zellkern verwendet man das Fremdwort Nukleus. Zytoplasma und Nukleus bilden eine Einheit. Diese Einheit gewährleistet die volle Funktionsfähigkeit der Zelle. Bei fehlendem Zellkern kann sich die Zelle nicht mehr vermehren. Dies ist zum Beispiel in den roten Blutkörperchen der Fall.

5. Schreiben Sie aus ihrem Fachkundelehrbuch einen beliebigen Text zu einem bereits besprochenen Thema ab. Unterstreichen Sie in diesem Text alle vorkommenden finiten Verbformen. Bestimmen Sie aufgrund der Stellung der finiten Verbform die Hauptsätze, die in dem von Ihnen ausgewählten Text enthalten sind.

2.4 Der Aufbau eines Nebensatzes

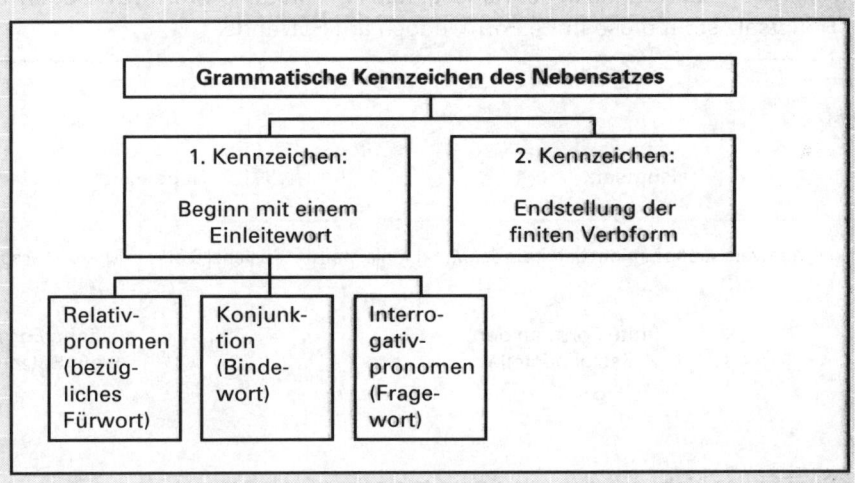

Arbeitsauftrag

1. Geben Sie mit eigenen Worten den Inhalt der obigen Übersicht wieder.

2. Ermitteln Sie im folgenden Text die Nebensätze. Begründen Sie jeweils Ihre Entscheidung. Beziehen Sie sich dabei auch auf die anschließenden Informationen.

Die Mundhöhle

(1) Die Mundhöhle zählt zu den Verdauungsorganen, weil sie die Eintrittspforte des Verdauungssystems darstellt.

(2) Jede Helferin muß wissen, wie dieses Organ abgegrenzt ist.

(3) Vorne wird die Mundhöhle von den Lippen abgeschlossen, die zusammen mit den Zähnen die aufzunehmende Nahrung erfassen.

(4) Das Dach der Mundhöhle bildet der Gaumen, der sich in einen harten vorderen und weichen hinteren Bereich aufteilt.

(5) Mundboden und Wangen sind die Grenzen, die die Mundhöhle nach unten bzw. zur Seite abschließen.

3. Spielen Sie in Ihrer Klasse folgendes Sprachspiel.

Ein erster Mitspieler gibt einen einfachen Hauptsatz mit beliebigem Inhalt vor und bittet eine zweite Person, zu diesem Hauptsatz einen sinnvollen Nebensatz zu ergänzen. Nach Erfüllung seiner Aufgabe formuliert der zweite Mitspieler seinerseits einen Hauptsatz zu derselben Thematik und fordert einen dritten zur Ergänzung eines sinnvollen Nebensatzes auf usw.

1. Die Endstellung der finiten Verbform als grammatisches Merkmal des Nebensatzes

Auch ein Nebensatz enthält in der Regel genau *eine* finite Verbform. Im Gegensatz zum Hauptsatz steht diese finite Form jedoch am Satzende.

Beispiel

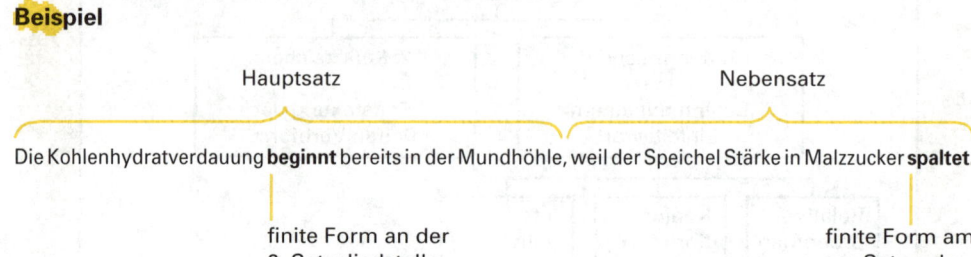

Hauptsatz   Nebensatz

Die Kohlenhydratverdauung **beginnt** bereits in der Mundhöhle, weil der Speichel Stärke in Malzzucker **spaltet**.

finite Form an der   finite Form am
2. Satzgliedstelle   am Satzende

2. Der Beginn des Nebensatzes mit einem typischen Einleitewort als grammatisches Merkmal des Nebensatzes

Für die Kommasetzung ist es wichtig, auch den Beginn eines Nebensatzes eindeutig zu erkennen. Dies ermöglicht das zweite grammatische Kennzeichen eines Nebensatzes.

Jeder Nebensatz beginnt in der Regel mit einem typischen Einleitewort.

Manchmal fehlt in einem Nebensatz das Einleitewort.Es kann dann aber in Gedanken ersetzt werden.

Beispiel

Erfolgt in der Mundhöhle die Zerkleinerung der Speise, kontrolliert der Geschmackssinn die Nahrung.

Wenn in der Mundhöhle die Zerkleinerung der Speise erfolgt, kontrolliert der Geschmackssinn die Nahrung.

Nebensatz   Hauptsatz

Drei Arten von Einleitewörtern sind zu unterscheiden.

a) Die Relativpronomen (bezügliche Fürwörter)

Ein einleitendes Relativpronomen nimmt Bezug auf ein Nomen im Hauptsatz und stellt so die Verknüpfung von Haupt- und Nebensatz her.

Die Relativpronomen sind leicht zu erkennen. Die am häufigsten gebrauchten Relativpronomen stimmen nämlich mit den bestimmten Artikeln *(der, die, das)* überein. Dabei ist noch zu berücksichtigen, daß sie wie die Artikel im Satzzusammenhang ihre Form ändern können, zum Beispiel *den, dem, denen, dessen.*

Beispiel

Hauptsatz	Nebensatz

In die Mundhöhle münden Speicheldrüsen, **die** täglich ca. 1,5 Liter Speichel produzieren.

Einleitewort:
Relativpronomen (Bezug auf das
Nomen *Speicheldrüsen)*

Oft steht vor dem einleitenden Relativpronomen noch eine Präposition.

Beispiel

Die Drüsen produzieren täglich ca. 1,5 Liter Speichel, **mit** dem die gekaute Nahrung angefeuchtet wird.

b) Die Konjunktionen (Bindewörter)

Häufig wird die Verbindung zwischen Haupt- und Nebensatz durch eine den Nebensatz einleitende Konjunktion hergestellt. Die wichtigsten Konjunktionen sind: *als, wenn, weil, indem, da, daß, so daß, bis, ob, damit, während, nachdem, sobald, falls* u.a.

Diese Konjunktionen sollte man sich einprägen, damit man sie als Einleitewörter von Nebensätzen unmittelbar erkennt.

Beispiel

Hauptsatz	Nebensatz

Der Speichel ermöglicht den Schluckvorgang, **weil** er die zerkleinerte Nahrung verflüssigt.

Einleitewort:
Konjunktion

c) Die Interrogativpronomen (Fragewörter)

Manche Nebensätze sind indirekte Fragesätze. Sie werden dann durch ein Interrogativpronomen eingeleitet.

Diese Fragewörter sind leicht auszumachen. Sie beginnen alle mit dem Buchstaben *w*, zum Beispiel *wie, wo, wann, warum, wer*.

Beispiel

Hauptsatz	Nebensatz

In der Klassenarbeit überlegt die Auszubildende, **welche** Aufgaben die Mundhöhle hat.

Einleitewort:
Interrogativpronomen

1. Erläutern Sie die grammatischen Merkmale eines Nebensatzes.

2. Welche Wortarten können als Einleitewort eines Nebensatzes Verwendung finden? Nennen Sie für jede Art von Einleitewort sechs Beispiele.

3. Bilden Sie zu einem beliebigen Themenbereich neun Sätze. Jeder dieser Sätze soll einen Hauptsatz und einen Nebensatz enthalten. Drei Nebensätze sollen dabei mit einem Relativpronomen, drei mit einer Konjunktion und drei mit einem Interrogativpronomen (Fragewort) beginnen.

4. **Die Krampfaderbildung (Varikose)**

Krampfadern können als Volkskrankheit bezeichnet werden, weil in der Bundesrepublik Deutschland etwa 25 % der Männer und 50 % der Frauen darunter leiden. Viele Patienten stellen in der Sprechstunde deshalb die Frage, wie Krampfadern hervorgerufen werden.

Krampfadern entstehen in den unteren Extremitäten aufgrund einer Stauung des Blutrücklaufs, die durch eine krankhafte Erweiterung der Venen verursacht wird. Die Kontraktion bzw. Ausdehnung der Muskeln drückt die Wände der in der Nähe liegenden Venen zusammen, so daß das in den Venen enthaltene Blut weitergedrängt wird. Im Inneren der Venen befinden sich die Venenklappen, die als Ventile ein Zurückfließen des Blutes in Richtung der Erdanziehungskraft verhindern. Bei einer Varikose erweitert ein ererbter oder altersbedingter Elastizitätsschwund der Venenwände die Venen, so daß die Venenklappen nicht mehr schließen können.

Ernste Begleiterscheinungen von Krampfadern sind vor allem Entzündungen der Venenwände und die Thrombose, die sogar zur Lungenembolie führen kann.

Es gibt zwar einige Medikamente, die durch eine Stärkung der Venenspannkraft einen gleichmäßigeren und zügigeren Blutrückstrom fördern. Diese Arzneimittel helfen dem Patienten, weil sie durch Abbau der Schwellungen die Schmerzen lindern. Die medikamentöse Behandlung kann jedoch nur Teil einer Gesamttherapie sein, die verschiedenste Maßnahmen (zum Beispiel Kompressionsverbände) umfaßt.

Gerade bei der Krampfaderbildung kann aber auch die Vorsorge schon früh einsetzen, da häufig eine anlagebedingte Bindegewebsschwäche auf das Risiko hinweist. Zu den wichtigsten Vorbeugemaßnahmen zählt jede sportliche Betätigung, die die Bein- und Fußmuskulatur trainiert.

a) Ermitteln Sie in den Sätzen des obigen Textes alle finiten Verben.

b) Bestimmen Sie anhand der Stellung der finiten Verbform die Haupt- und Nebensätze.

c) Ermitteln Sie in jedem vorkommenden Nebensatz das Einleitewort, und entscheiden Sie, welche Art von Einleitewort jeweils vorliegt.

2.5 Die Infinitiv- und Partizipialsätze als besondere Nebensatzformen

Mutprobe   *(Zeichnung: Gabor Benedek)*

Der Staat hat die Aufgabe, daß er dafür sorgt, daß zwischen den berechtigten Interessen der Ärzteschaft und dem Wunsch der Versicherten, daß die Beitragssätze der gesetzlichen Krankenversicherung stabil bleiben, ein Ausgleich erzielt wird.

Arbeitsauftrag

1. Erläutern Sie, was der Karikaturist mit seiner Zeichnung zum Ausdruck bringen will. Welcher inhaltliche Zusammenhang besteht zwischen der Karikatur und dem darunterstehenden Satz?

2. Beurteilen Sie die Formulierung in diesem Satz.

3. Verbessern Sie mit den folgenden Informationen den sprachlichen Ausdruck im obigen Satz.

1. Die Infinitivkonstruktionen

a) Der erweiterte Infinitiv mit *zu* als verkürzter Nebensatz

Nebensätze können auch in der Form eines Infinitivsatzes gestaltet werden.

> Im Gegensatz zum gewöhnlichen Nebensatz enden Infinitivsätze nicht mit einer finiten (veränderlichen) Verbform, sondern das Verb erscheint am Satzende im Infinitiv. Ein weiterer deutlicher Hinweis ist die Konjunktion *zu* unmittelbar vor dem Infinitiv. Die übrigen Bestandteile des Infinitivsatzes werden als Erweiterung bezeichnet.

Man spricht auch von verkürzten Nebensätzen, weil in diesen Sätzen auf die ausdrückliche Nennung des Subjektes verzichtet wird.

Infinitivsätze sind eine besondere Nebensatzform. Jeder Infinitivsatz kann aber in der Regel in einen gewöhnlichen Nebensatz umformuliert werden. Deshalb ist es auch folgerichtig, wenn für Infinitivsätze dieselben Kommaregeln gelten.

Beispiel

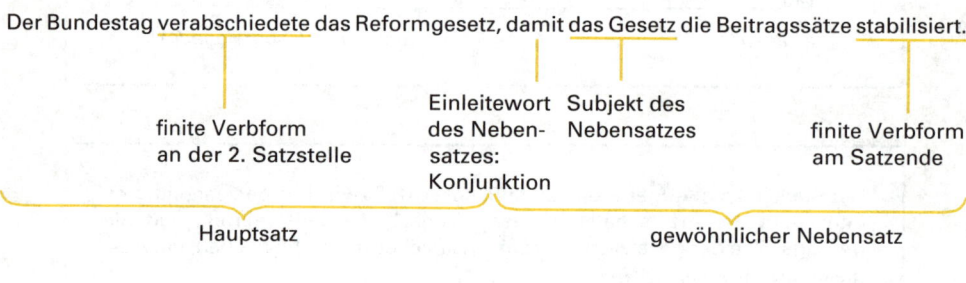

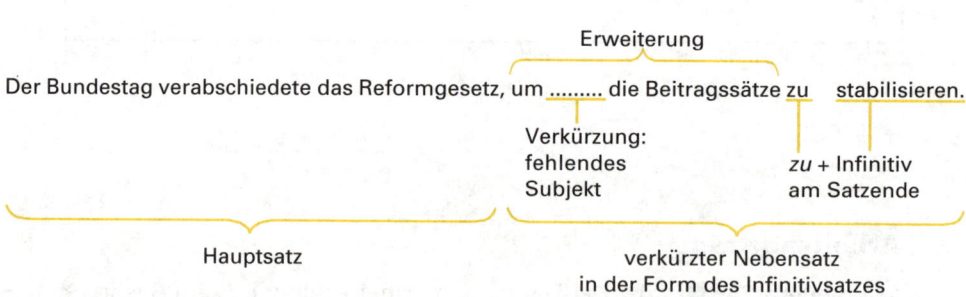

Beachte:

Bei zusammengesetzten Verben verschmilzt die Konjunktion *zu* mit dem Verb.

Beispiel

Der Minister fordert die Selbstverwaltung der Ärzte auf, die Gesundheitsreform in die Praxis **umzusetzen**.

b) Der einfache Infinitiv mit *zu*

Infinitive mit *zu* gelten aber nur dann als eigenständige Nebensätze, wenn mindestens noch ein Wort oder Satzglied vor der Wortfolge *zu* + Infinitiv steht. Fehlt diese Erweiterung liegt ein **einfacher Infinitiv ohne Nebensatzcharakter** vor. Der einfache Infinitiv wird folglich auch nicht durch Komma vom Hauptsatz getrennt.

Beispiel

fehlende Erweiterung

Die stark angestiegenen Ausgaben machten es erforderlich .... zu handeln.

Hauptsatz

aber:

Erweiterung

Die stark angestiegenen Ausgaben machten es erforderlich, schnellstens zu handeln.

Hauptsatz

verkürzter Nebensatz
in der Form des Infinitivsatzes

2. Die Partizipialkonstruktionen

Eine zweite besondere Nebensatzform ist der Partizipialsatz. Auch bei diesem verkürzten Nebensatz fehlen die sonst üblichen grammatischen Kennzeichen eines Nebensatzes (Einleitewort, finite Verbform am Satzende).

> Grammatisches Merkmal eines Partizipialsatzes ist vielmehr, daß das Verb am Satzende in der Form des Partizips I oder des Partizips II erscheint.

Wie beim Infinitivsatz wird jedoch nur das erweiterte Partizip als eigenständiger Nebensatz aufgefaßt und durch Komma vom Hauptsatz getrennt.

Beispiel

Indem er die Einsparungen erläuterte, rechtfertigte der Minister das Gesundheitsreformgesetz.

Einleitewort: finite Verbform   finite Verbform
Konjunktion   am Satzende   am Satzanfang aufgrund des
                                            vorstehenden Nebensatzes

gewöhnlicher Nebensatz   Hauptsatz

.... Die Einsparungen erläuternd, rechtfertigte der Minister das Gesundheitsreformgesetz.

Verkürzung   Erweiterung   Partizip I

verkürzter Nebensatz   Hauptsatz
in der Form des Partizipialsatzes

aber:

.... Erläuternd rechtfertigte der Minister das Gesundheitsreformgesetz.

fehlende Erweiterung   Hauptsatz

79

Besondere Nebensatzformen

Infinitivsatz	Partizipialsatz
Aufbau: Erweiterung / zu / Infinitiv	Aufbau: Erweiterung / Partizip I/II
Satzcharakter: eigenständiger Nebensatz	Satzcharakter: eigenständiger Nebensatz

Kommasetzung
wie bei
gewöhnlichen
Nebensätzen

aber:

kein Komma bei:

einfachem Infinitiv ohne Erweiterung	einfachem Partizip ohne Erweiterung

Übung Übung Übung Übung Übung Übung

1. Erläutern Sie den Aufbau eines Infinitivsatzes und eines Partizipialsatzes. Begründen Sie dabei auch, warum es sich um verkürzte Nebensätze handelt.

2. Erklären Sie den Unterschied zwischen dem sogenannten erweiterten Infinitiv mit *zu* und dem einfachen Infinitiv mit *zu*.

3. Schreiben Sie aus einem beliebigen Kapitel Ihres Lieblingsbuches einige Sätze heraus, die aus einem Hauptsatz mit sich anschließendem Infinitivsatz bestehen. Formulieren Sie die Infinitivsätze dann in gewöhnliche Nebensätze (Einleitewort, Endstellung der finiten Verbform) um.

4. a) Schreiben Sie die folgenden Sätze ab. Rahmen Sie dabei die finiten (veränderlichen) Verbformen ein, und unterstreichen Sie alle Einleitewörter der
Nebensätze.

b) Formulieren Sie die vorgegebenen Sätze um, indem Sie jeweils den gewöhnlichen
Nebensatz in einen Partizipialsatz übertragen.

(1) Weil er die Diätvorschriften des Arztes mißachtete, zog sich der Patient eine chronische
Magenschleimhautentzündung zu.

(2) Da er von starken Schmerzen heimgesucht wurde, mußte der Patient den Notdienst
noch spät am Abend in Anspruch nehmen.

(3) Indem er für die erhaltene Hilfe noch einmal herzlich dankte, verabschiedete sich der
genesene Patient von der Zahnärztin.

(5) Die Krampfaderbildung, die wissenschaftlich auch als Varikose bezeichnet wird, ist
eine weitverbreitete Volkskrankheit.

2.6 Das Komma zwischen Sätzen

Mama . . .
Alkohol macht mich krank

Alkohol gefährdet Babys

(1) Störungen während der vorgeburtlichen Entwicklung verursachen beim
Ungeborenen häufig Fehl- und Mißbildungen.

(2) Diese Entwicklungsstörungen muß man teilweise auf Erbanlagen zu-
rückführen, häufig verursachen jedoch äußere Einflüsse während der
Schwangerschaft die Schädigungen.

(3) Bei den erworbenen Störungen der Organbildung des Embryos innerhalb der ersten drei Schwangerschaftsmonate spricht man von Em-
bryopathien, und Störungen nach dem dritten Schwangerschaftsmonat
bezeichnet man als Fetopathien.

(4) Eine wichtige Ursache für erworbene Mißbildungen stellt, dies berichten
immer mehr Ärzte, der Alkoholkonsum der werdenden Mütter dar.

(5) Schwangere sollten während der Schwangerschaft am besten überhaupt keinen Alkohol zu sich nehmen, weil sie ansonsten die Gesundheit
ihres Kindes gefährden.

(6) Da sogenannte Alkoholbabys bei der Geburt durchschnittlich 1200 Gramm weniger als gesunde Kinder wiegen, sind sie ganz allgemein einem höheren Risiko ausgesetzt.

(7) Nur ein Fünftel der Kinder, die eine Alkohol-Embryopathie aufweisen, kommt im Säuglingsalter ohne Krankenhausbehandlung aus.

(8) In der Regel erkennt man eine Alkohol-Embryopathie auch an der Kopf- und Gesichtsbildung, weil viele alkoholgeschädigte Babys einen auffällig kleinen Schädel haben, der ihnen ein greisenhaftes Aussehen verleiht.

(9) Zahlreiche wissenschaftliche Untersuchungen konnten letztlich nachweisen, daß der Alkohol die geistige Entwicklung beeinträchtigt und daß nur wenige Kinder mit einer Alkohol-Embryopathie später Normalschulen besuchen können.

(10) Wenn diese Schäden auch nur bei Kindern von Frauen mit regelmäßigem hohem Alkoholkonsum beobachtet worden sind, sollte werdenden Müttern generell empfohlen werden, während der Schwangerschaft am besten überhaupt keinen Alkohol zu trinken.

Arbeitsauftrag

1. Kennzeichnen Sie mit Hilfe der Abkürzungen HS (= Hauptsatz) und NS (= Nebensatz) die Struktur (den Aufbau) der obigen Sätze. Notieren Sie sich diese Satzstrukturen auf einem Arbeitsblatt. Berücksichtigen Sie dabei auch die erforderlichen Satzzeichen. Im Zweifelsfalle informieren Sie sich in den vorangegangenen Kapiteln noch einmal über die grammatischen Kennzeichen von Haupt- und Nebensätzen.

Beispiel

1. Satz: HS.
2. Satz: HS, HS.
3. Satz: ...

2. Überprüfen Sie in den obigen Sätzen die Kommasetzung. Ordnen Sie dazu jedem dieser Sätze einen Beispielsatz aus der folgenden Übersicht zu, der denselben Aufbau aufweist.

Nicht jeder einzelne Hauptsatz muß zwingend durch einen Punkt abgeschlossen werden. Häufig werden mehrere Sätze zu einem **Gesamtsatz** zusammengefaßt. Bei dieser Verknüpfung von Teilsätzen sind zahlreiche Kombinationen denkbar.

Die Teilsätze innerhalb eines durch Punkt abgeschlossenen Gesamtsatzes werden durch Komma getrennt. Nur wenn zwei Nebensätze aufeinanderfolgen, die zusätzlich auch noch durch *und* oder *oder* miteinander verbunden sind, steht kein Komma.

1. Das Komma in der Satzreihe (Kombination von Hauptsätzen zu einem Gesamtsatz)

a) HS, HS.

Bei vielen Alkoholbabys werden Herzfehler festgestellt,

Hauptsatz (HS)

in anderen Fällen diagnostizieren die Ärzte Mißbildungen der Geschlechtsorgane.

Hauptsatz (HS)

b) HS, und/oder HS.[1])

Manche Frauen ruinieren durch Alkohol ihre eigene Gesundheit,

Hauptsatz (HS)

und sie gefährden auch noch ihr ungeborenes Kind.

und   Hauptsatz (HS)

c) 1/2 HS, HS, 1/2 HS.[2])

Auf Flaschen mit Alkoholika sollte,

1/2 Hauptsatz (1/2 HS)

dies fordern immer mehr Ärzte und Ärztinnen,

Hauptsatz (HS)

ein entsprechender Warnhinweis für werdende Mütter aufgedruckt werden.

1/2 Hauptsatz (1/2 HS)

2. Das Komma im Satzgefüge (Kombination von Haupt- und Nebensätzen[3]) zu einem Gesamtsatz)

a) HS, NS.

Alkohol geht in fast derselben Konzentration auf das Kind über,

Hauptsatz (HS)   in der er bei der Mutter vorhanden ist.

b) NS, HS.

Wenn eine Schwangere betrunken ist,   Nebensatz (NS)

Nebensatz (NS)   befindet sich auch das Ungeborene in einem Alkoholrausch.

c) 1/2 HS, NS, 1/2 HS.[4])

Die Gehirnzellen des Kindes,   Hauptsatz (HS)

1/2 Hauptsatz (1/2 HS)

die wesentlich anfälliger als die der Mutter sind,

Nebensatz (NS)   werden schwer geschädigt.

1/2 Hauptsatz (1/2 HS)

---

[1]) Die Konjunktion gehört zu keinem der beiden Sätze. Als Einzelwort ist sie ein alleinstehendes Bindeglied zwischen den beiden Sätzen.

[2]) Die Angabe „1/2 HS" ist nicht im mathematischen Sinne zu verstehen. Das heißt, die Unterbrechung eines Hauptsatzes durch einen eingeschobenen zweiten Hauptsatz muß nicht genau nach der Hälfte des ersten Satzes erfolgen. Es soll nur zum Ausdruck gebracht werden, daß der Satz unterbrochen und später weitergeführt wird.

[3]) Auch im Hinblick auf die Kommasetzung ist es dabei unerheblich, ob es sich um gewöhnliche Nebensätze oder um verkürzte Nebensätze (Infinitiv- bzw. Partizipialsätze) handelt.

[4]) Außerdem ist es möglich, daß ein Nebensatz in einen anderen Nebensatz eingeschoben wird. Auch in diesem Fall ist die Einfügung durch zwei Kommata deutlich zu machen. Der Aufbau eines solchen Satzgefüges wäre wie folgt darzustellen: HS, 1/2 NS, NS, 1/2 NS.

d) HS, NS, NS.

Ärzte weisen darauf hin,

Hauptsatz (HS)

daß jährlich 1.800 geschädigte Kinder geboren werden,

Nebensatz (NS)

weil die Mütter Alkohol tranken.

Nebensatz (NS)

e) HS, NS und/oder NS.

> Ausnahme: Nur zwischen zwei durch *und* bzw. *oder* verbundenen Nebensätzen steht kein Komma.

Schwangere sollten auf Alkohol verzichten,

Hauptsatz (HS)

weil er Mißbildungen auslösen kann und

Nebensatz (NS)

weil die geistige Entwicklung beeinträchtigt wird.

Nebensatz (NS)

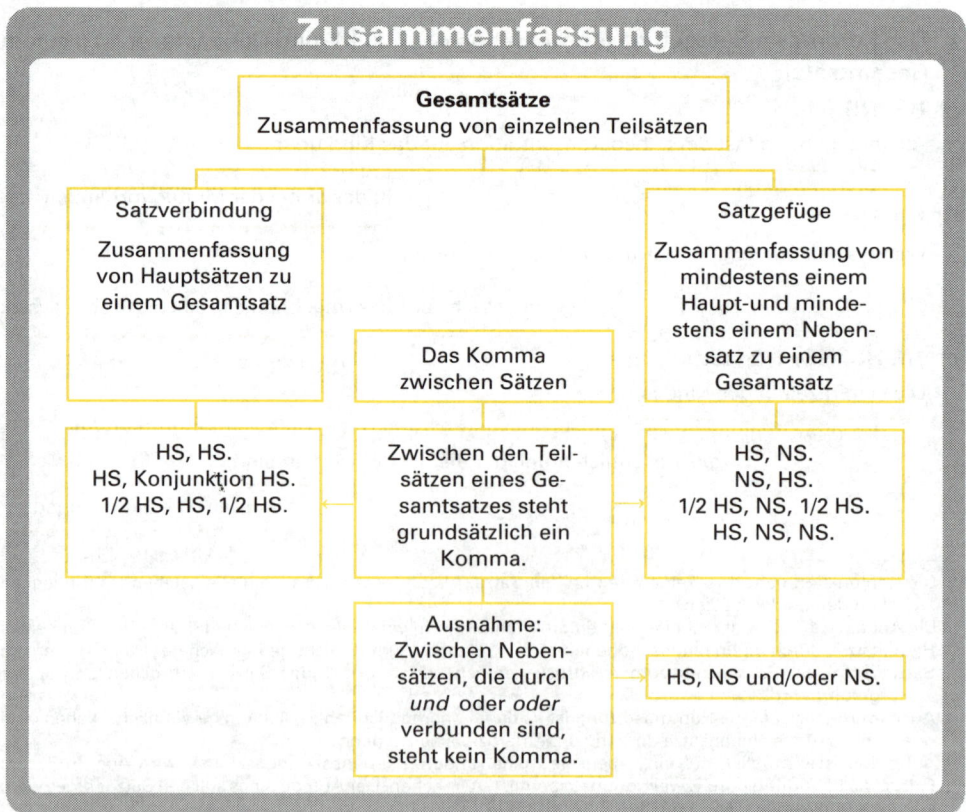

Zusammenfassung

Gesamtsätze
Zusammenfassung von einzelnen Teilsätzen

Satzverbindung
Zusammenfassung von Hauptsätzen zu einem Gesamtsatz

Satzgefüge
Zusammenfassung von mindestens einem Haupt- und mindestens einem Nebensatz zu einem Gesamtsatz

Das Komma zwischen Sätzen

HS, HS.
HS, Konjunktion HS.
1/2 HS, HS, 1/2 HS.

Zwischen den Teilsätzen eines Gesamtsatzes steht grundsätzlich ein Komma.

HS, NS.
NS, HS.
1/2 HS, NS, 1/2 HS.
HS, NS, NS.

Ausnahme: Zwischen Nebensätzen, die durch *und* oder *oder* verbunden sind, steht kein Komma.

HS, NS und/oder NS.

1. Wie lautet die Regel, nach der die Teilsätze eines Gesamtsatzes durch Komma voneinander getrennt werden?

2. Erklären Sie den Unterschied zwischen einer Satzreihe und einem Satzgefüge.

3. In einer Satzreihe können die Teilsätze verschiedenartig miteinander kombiniert werden. Bilden Sie für jede Kombinationsmöglichkeit fünf Beispielsätze.

4. In welcher Anordnung können in einem Satzgefüge die Teilsätze aufeinander folgen? Bilden Sie für jede Möglichkeit mehrere Beispielsätze.

5. Nehmen Sie Stellung zu folgender Behauptung.

   „Verbindet die Konjunktion *und* zwei Teilsätze innerhalb eines Gesamtsatzes, so werden diese beiden Teilsätze nicht durch Komma voneinander getrennt."

6. Schreiben Sie die folgenden Texte ab, und ergänzen Sie dabei die fehlenden Kommata. Begründen Sie Ihre Kommasetzung, indem Sie hinter jedem Satz in Klammern den Satzaufbau mit den Abkürzungen HS (Hauptsatz) und NS (Nebensatz) angeben.

Aids - Infektionsgefahr bei Erster Hilfe?

(1) Die bedrohlich schnelle Ausbreitung von Aids macht es für jeden erforderlich sich mit dieser tödlichen Erkrankung auseinanderzusetzen.

(2) Es besteht allerdings kein Anlaß in Hysterie zu verfallen und sogar von einer neuen Pest zu sprechen.

(3) Eine übertriebene Angst sich mit dem Virus zu infizieren mag vielleicht auch viele Personen davon abhalten in Notsituationen wirksame Erste Hilfe zu leisten.

(4) Um das Virus zu übertragen muß jedoch ein Sexual- oder ein Blutkontakt mit einem bereits Infizierten erfolgen.

(5) Es ist praktisch ausgeschlossen sich durch Tröpfchen (Husten, Speichel) oder andere Körperflüssigkeiten anzustecken.

(6) Bei Erster Hilfe besteht für einen Ersthelfer aber durchaus die Gefahr mit dem Blut einer möglicherweise HIV-positiven Person in Berührung zu kommen.

(7) Um eine Virusinfektion auszulösen muß jedoch auch beim Helfer eine Eintrittsmöglichkeit in die Blutbahn vorhanden sein.

(8) Bei blutigem Mund eines zu Beatmenden sollte deshalb bei einer Atemspende zumindest ein Taschentuch dazwischen gelegt werden um sich vor einer Infektion zu schützen.

(9) Es ist allerdings unangebracht bei dieser Methode von einem wirksamen Schutz zu sprechen.

(10) Daher kann sicherlich niemand gezwungen werden dieses Risiko auf sich zu nehmen.

(11) Insbesondere bei sicheren Verdachtshinweisen auf eine HIV-Infektion des Notfallpatienten ist es im Zweifelsfalle angebracht von einer Atemspende in Form der „Mund-zu-Mund"-Beatmung Abstand zu nehmen und auf das Eintreffen von speziellen Hilfsmitteln (zum Beispiel Atemmaske oder -beutel) zu warten.

(12) In der Zwischenzeit muß der Patient jedoch sachgerecht gelagert werden um das Freihalten der Atemwege zu garantieren.

(13) Im allgemeinen ist es wichtig sich als Ersthelfer bei seinen Sofortmaßnahmen an die normalen hygienischen Maßstäbe anzupassen.

(14) Dazu gehört das Bemühen des Helfers nicht mit dem Blut des Notfallpatienten direkt in Kontakt zu kommen.

(15) Auch andere Körperflüssigkeiten des Patienten sollten nicht mit frischen Wunden des Erste-Hilfe-Leistenden in Berührung kommen um auch das kleinste Risiko auszuschließen.

(16) Um diese Schutzmaßnahmen sicherzustellen besteht seit einiger Zeit die Pflicht in den Verbandskästen mehrere Paare Einmalhandschuhe mitzuführen um sich in der Nothilfesituation schützen zu können.

(17) Letztlich ist es wichtig nach Beendigung der Hilfsmaßnahmen eine sorgfältige Händedesinfektion mit handelsüblichen Desinfektionsmitteln durchzuführen.

(18) Bei Beachtung dieser Hygienemaßnahmen besteht selbst bei einer Atemspende nur ein minimales Restrisiko eine HIV-Infektion zu erwerben.

(19) Lassen Sie sich deshalb durch übertriebene Angst vor einer Infektion nicht davon abhalten an einem Unfallort lebensrettende Hilfsmaßnahmen durchzuführen.

(20) Nehmen Sie gegebenenfalls an einem Erste-Hilfe-Kursus teil um Ihre Kenntnisse aufzufrischen und um die Atemspende mit entsprechendem Hilfsmaterial zu üben.

(21) Der Fall selbst einmal Notfallpatient zu sein kann nämlich von niemandem ausgeschlossen werden.

(22) Dann erhoffen Sie von anderen auch die Bereitschaft zu aktiver Hilfe um Ihr Leben zu retten.

Gefahren des Rauchens während einer Schwangerschaft

(1) Daß das Rauchen gesundheitsschädlich ist kann von niemandem mehr bestritten werden.

(2) Selbst das passive Rauchen darunter versteht man das Einatmen von Tabakrauch durch einen Nichtraucher der sich zusammen mit Rauchern in einem geschlossenen Raum befindet kann nach neuesten wissenschaftlichen Untersuchungen nicht länger als ungefährlich bezeichnet werden.

(3) Während einer Schwangerschaft wird der Organismus der in dieser Zeit ohnehin einer stärkeren Belastung ausgesetzt ist durch die gefäßverengende Wirkung des Nikotins zusätzlich belastet.

(4) Vor allem geht aber während einer Schwangerschaft die schädigende Wirkung des Nikotins ungefiltert auf das Kind über da es ja durch ein Netz von Blutgefäßen ernährt wird durch das die Giftstoffe ungehindert in den Körper des Kindes gelangen.

(5) Raucherbabys wiegen in der Regel weniger als Babys von Nichtraucherinnen und kommen häufig vor dem eigentlichen Geburtstermin auf die Welt.

(6) Letzteres ist sehr problematisch weil gerade die letzten Wochen der Schwangerschaft für die Entwicklung des Kindes besonders wichtig sind.

(7) Da das Nikotin vom Blut der Mutter unmittelbar in die Muttermilch übergeht kann das Rauchen auch während der Stillzeit noch schwere gesundheitliche Störungen beim Säugling verursachen.

(8) Vielen starken Raucherinnen fällt das Nichtrauchen jedoch sehr schwer wenn sie erfahren daß sie schwanger sind.

(9) Man sollte auch bedenken daß ein plötzlicher Entzug des Nikotins erhebliche körperliche Störungen bei der Schwangeren auslösen kann die für das Kind schädlicher als eine langsame Entwöhnung sein können.

(10) In jedem Fall sollte eine Schwangere jedoch ihren Arzt darüber informieren daß sie Raucherin ist damit er gegebenenfalls eine Therapie einleiten kann.

2.7 Das Komma zwischen Wörtern und Satzteilen

Tourismus und Tropenkrankheiten

(1) Bei Reisen in tropische und subtropische Länder ist der Tourist durch Malaria Gelbsucht Gelbfieber Typhus und Cholera besonders gefährdet.

(2) Einer schweren Erkrankung kann man jedoch durch eine aktive passive oder simultane Schutzimpfung vorbeugen.

(3) Vor Reisen in ferne exotische Länder sollte deshalb der Hausarzt konsultiert werden.

(4) Er berät über Infektionsgefahren im Reiseland überprüft einen eventuell noch vorhandenen Impfschutz und führt gegebenenfalls die Impfung durch.

(5) Diese Vorbeugemaßnahmen sind sicherlich unbequem aber lebenswichtig.

(6) Denn nicht nur die typischen Tropenkrankheiten sondern auch als besiegt geltende Krankheiten stellen in vielen unterentwickelten Ländern noch eine große Gefahr dar.

(7) Dies ist teils auf die klimatischen Bedingungen teils auf die hygienischen Verhältnisse in den Entwicklungsländern zurückzuführen.

(8) So sind in vielen Ländern der Dritten Welt weder die Poliomyelitis[1] noch die Tuberkulose überwunden.

(9) Einige Staaten verlangen bei der Einreise von Touristen sowohl Gelbfieber- als auch Choleraimpfzeugnisse.

(10) Aufgrund der besonderen Anforderungen an die Aufbewahrung des Impfstoffes werden Gelbfieberimpfungen in der Bundesrepublik Deutschland entweder von Gesundheitsämtern oder von Tropeninstituten durchgeführt.

(11) Gegen Typhus kann man sich ohne großen Aufwand schützen und zwar durch eine Schluckimpfung.

(12) Einer weit verbreiteten Form der Gelbsucht der Hepatitis A kann durch Injektion von Abwehrstoffen vorgebeugt werden.

(13) Aufgrund von erforderlichen Sicherheitsabständen zwischen einzelnen Impfungen ist frühzeitig das heißt mindestens fünf Wochen vor Reiseantritt mit den Schutzimpfungen zu beginnen.

Arbeitsauftrag

1. Ergänzen Sie in den Sätzen des obigen Arbeitstextes die notwendigen Kommata. Begründen Sie jeweils Ihre Entscheidung mit Hilfe der Informationen aus der folgenden Übersicht.

2. Schlagen Sie im Rechtschreibduden die Stichwörter *sondern* und *weder* auf. Erläutern Sie, inwiefern die Ausführungen zu diesen Stichwörtern auch Hinweise auf die Kommasetzung enthalten.

[1] Kinderlähmung

Das Komma trennt nicht nur die Teilsätze eines durch Punkt abgeschlossenen Gesamtsatzes. Auch innerhalb eines einzelnen Satzes sind Wörter und Satzteile durch Komma zu trennen, wenn der ungehemmte Redefluß des Satzes unterbrochen wird. Die folgende Übersicht enthält dazu die wichtigsten Regeln:

Regeln	Beispiele
1. Zwischen den Gliedern einer Aufzählung steht ein Komma, z. B. a) bei einer Aufzählung von Adjektiven, b) bei einer Aufzählung von Nomen, c) bei einer Aufzählung von Satzteilen[1]). **aber:** Kein Komma steht bei einer scheinbaren Aufzählung von Adjektiven. Die aufeinanderfolgenden Adjektive können dann nicht sinngemäß durch *und* oder *oder* verbunden werden.	Der Wundstarrkrampf ist eine **altersunabhängige, schwere, akute** Infektionskrankheit. **Tetanus, Tuberkulose, Typhus, Cholera** sind bakterielle Infektionskrankheiten. Der Typhuspatient **empfindet starke Gliederschmerzen, weist hohes Fieber auf** und **erleidet erbsbreiähnliche Durchfälle.** Bei einem Malariarisiko ist eine **vorbeugende medikamentöse** Behandlung erforderlich.
2. Zwischen den Gliedern einer Aufzählung steht **kein Komma,** wenn Sie durch folgende Konjunktionen verbunden sind: *und, oder, wie, sowie, beziehungsweise, sowohl...als auch, weder...noch, entweder...oder* u. a.	Einer Typhuserkrankung kann man **mit hygienischen Maßnahmen** sowie **mit einer Schutzimpfung** vorbeugen. Sowohl bei Reisen in **afrikanische** als auch in **asiatische** Länder sind Schutzimpfungen erforderlich.
3. Folgende entgegengesetzte Konjunktionen und Doppelbindewörter erfordern jedoch ein Komma: *aber, allein, jedoch, doch, nicht... sondern, je...desto, nicht nur... sondern auch, teils... teils, bald... bald, einerseits...andererseits* u. a.	Nicht nur **Kinder**, sondern auch **Erwachsene** können an Poliomyelitis erkranken.
4. Das Komma trennt folgende außerhalb des eigentlichen Satzverbandes stehende Ergänzungen: a) Interjektionen (Ausrufe), b) Anreden, c) Appositionen, d) nachgestellte nähere Bestimmungen (häufig eingeleitet mit: *zum Beispiel, und zwar, das heißt, insbesondere, vor allem, nämlich* u. a.).	 **Ach,** wie viele Schutzimpfungen sind denn noch erforderlich? **Frau Dr. Müller,** halten Sie bei dieser Reise eine Malariavorbeugung für erforderlich? Einer häufigen Form der Gelbsucht, **der Hepatitis A,** kann durch Injektion von Abwehrstoffen vorgebeugt werden. Bei einer Typhuserkrankung kommen häufig Komplikationen hinzu, **zum Beispiel Darmblutungen und Darmperforationen.** Zahlreiche Viruserkrankungen, **zum Beispiel die Virushepatitis,** gefährden die Touristen in Entwicklungsländern.

[1]) Vergleiche zur Struktur (Aufbau) dieses Satzes S. 70 f.

1. Erläutern Sie, inwiefern auch innerhalb eines einzelnen Teilsatzes Kommata erforderlich sein können.

2. Erklären Sie den Unterschied zwischen einer echten und einer scheinbaren Aufzählung, und formulieren Sie jeweils drei Beispiele.

3. Schreiben Sie aus dem Gedächtnis je sechs Konjunktionen auf, die im Zusammenhang mit Aufzählungen mit bzw. ohne Komma verwendet werden.

4. Bilden Sie Sätze fachkundlichen Inhaltes, die alle eine Aufzählung enthalten, wobei zwei oder mehrere Glieder dieser Aufzählungen trotz einer Konjunktion durch Komma zu trennen sind.

5. Bilden Sie fachkundebezogene Sätze, die alle eine Aufzählung enthalten, wobei zwischen zwei oder mehreren Gliedern der Aufzählungen das Komma durch eine Konjunktion ersetzt wird.

6. Erklären Sie, was unter sogenannten freien Zustellungen zu verstehen ist, und formulieren Sie für vier verschiedene Formen freier Zustellungen je einen Beispielsatz.

7. Bilden Sie fünf Sätze, die alle eine nachgestellte nähere Bestimmung enthalten.

8. Schreiben Sie die folgenden Texte ab, und ergänzen Sie die fehlenden Kommata. Begründen Sie dabei hinter jedem Satz in Klammern stichwortartig Ihre Entscheidung.

Text 1

Infektionskrankheiten

(1) Das Eindringen von Mikroorganismen zum Beispiel Bakterien Viren Pilze Protozoen in einen Makroorganismus bezeichnet man als Infektion.

(2) Unter Makroorganismen versteht man Menschen Tiere oder Pflanzen.

(3) Die meisten Infektionen werden unbemerkt das heißt ohne Symptome vom Immunsystem bekämpft.

(4) Bei einer Erkrankung hängen Entstehung und Verlauf der Infektionskrankheit einerseits von den Eigenschaften der Erreger insbesondere von der Übertragbarkeit und den krankheitserregenden Eigenschaften dieser Mikroorganismen andererseits von den Reaktionen des Makroorganismus ab.

(5) Bezüglich der Reaktion des Makroorganismus ist zwischen der Resistenz der Disposition und der Immunität zu unterscheiden.

(6) Als Resistenz bezeichnet man einen unspezifischen angeborenen Schutz sowohl gegen Infektionen als auch gegen Gifte.

(7) Der Mensch ist zum Beispiel gegen das Hundestaupevirus resistent.

(8) Die Krankheitsbereitschaft des Makroorganismus die Disposition umfaßt alle inneren krankheitsbegünstigenden Faktoren zum Beispiel Alter Geschlecht Gesundheits- sowie Ernährungszustand.

(9) Entweder durch eine vorangegangene Infektion oder durch eine Impfung kann ein Makroorganismus eine besondere Immunität gegenüber bestimmten Infektionskrankheiten aufbauen.

(10) In diesem Falle machen bei erneuter Infektion körpereigene oder von außen zugeführte spezielle Antikörper die Krankheitserreger sofort unschädlich.

Text 2

Bakterielle Infektionskrankheiten

(1) Keuchhusten Tuberkulose und Diphtherie sind drei Beispiele für gefährliche bakterielle Infektionskrankheiten.

(2) Der Keuchhusten (Pertussis) eine akute Infektionskrankheit der Atemwege wird durch Tröpfcheninfektion das heißt durch Anhusten übertragen.

(3) Bei den typischen Keuchhustenanfällen handelt es sich um Serien kurzer aber heftiger Hustenstöße.

(4) Dem Hustenanfall folgt dann eine mühsame laut pfeifende Einatmung.

(5) Hustendämpfende Medikamente manchmal sogar Antibiotika eine aufbauende Ernährung eine sorgsame Pflege und viel frische Luft sind die wesentlichen Grundlagen der Keuchhustenbehandlung.

(6) In bestimmten Fällen das heißt bei besonders gefährdeten Kindern sollte eine vorbeugende aktive Schutzimpfung durchgeführt werden.

(7) Die Tuberkulose (Tbc) eine durch Tuberkelbakterien ausgelöste Infektionskrankheit wird in erster Linie über die Atemwege und zwar über Tröpfcheninfektion übertragen.

(8) Tuberkelbakterien lösen einerseits in der Lunge andererseits in den Lymphknoten im Bereich der Lungenwurzel eine entzündliche Reaktion den sogenannten Primärkomplex aus.

(9) Durch Streuung der Bakterien sowohl über die Bronchien als auch auf dem Lymphweg oder mit dem Blutstrom breitet sich die Erkrankung im ungünstigen Fall nicht nur innerhalb der Lunge sondern auch in anderen Organen aus.

(10) Dann kommt es zu dem typischen Krankheitsbild der Tuberkulose mit Husten Fieber Nachtschweiß Abgeschlagenheit und Atemnot.

(11) Bei der Diphtherie einer akuten Infektionskrankheit kommt es zur Bildung festhaftender weißlicher Beläge im Nasen- Rachen- oder Kehlkopfbereich.

(12) Außerdem kann die Giftwirkung des Bakteriums sowohl eine Herzmuskelentzündung als auch eine Nervenschädigung zum Beispiel eine Gaumensegellähmung verursachen.

(13) Nach dem Verlauf der Krankheit ist einerseits die Nasen- Rachen- oder Kehlkopfdiphtherie andererseits die primär-toxische Diphtherie eine besonders schwere Form der Diphtherie mit ausgeprägtem Befund zu unterscheiden.

(14) Die Behandlung der Diphtherie erfolgt durch Zuführung von Serum mit Abwehrstoffen sowie durch die Verordnung von Antibiotika und Beruhigungsmitteln.

(15) In schweren Fällen das heißt bei starker Atemnot muß auch eine künstliche Beatmung erfolgen.

Text 3

Viruskrankheiten

(1) Masern Mumps und Röteln sind drei Beispiele für Viruskrankheiten.

(2) Masern (Morbilli) eine äußerst ansteckende Infektionskrankheit treten in der Regel schon im Kindesalter auf und werden durch Tröpfchen übertragen.

(3) Nach einer Inkubationszeit von ungefähr elf Tagen sind Schnupfen Husten Bindehautentzündung und Fieber die ersten Symptome.

(4) In der Folge kommt es zu dem typischen Hautausschlag nämlich zu leicht erhabenen rötlichen Flecken.

(5) Dieser Hautausschlag das Exanthem beginnt hinter den Ohren breitet sich dann über Gesicht und Hals auf den Rumpf aus und befällt schließlich auch die Gliedmaßen.

(6) Darüber hinaus können gefährliche folgenschwere Komplikationen auftreten vor allem Lungenentzündung Mittelohrentzündung Pseudokrupp und sogar Hirnentzündung.

(7) Mit fiebersenkenden und hustenstillenden Medikamenten ist zwar keine kausale Therapie das heißt eine gezielte Bekämpfung des Masernvirus wohl aber eine Behandlung der Symptome das heißt eine symptomatische Therapie möglich.

(8) Zur Vorbeugung insbesondere wegen der Möglichkeit einer gefährlichen Hirnentzündung ist eine Schutzimpfung gegen Masern zu empfehlen und zwar im zweiten Lebensjahr.

(9) Mumps (Parotitis epidemica) eine auch als Ziegenpeter Wochentölpel oder Bauernwetzel bezeichnete Viruserkrankung erfolgt durch Tröpfcheninfektion und befällt in erster Linie die Ohrspeicheldrüse.

(10) Die Symptome dieser Erkrankung sind leichtes Fieber Kopf- und Gliederschmerzen und vor allem die Anschwellung der Ohrspeicheldrüse.

(11) Die Therapie konzentriert sich im allgemeinen auf wohldosierte Wärmeanwendungen Mundspülungen und gegebenenfalls auf die Verordnung von Schmerzmitteln.

(12) Die möglichen Komplikationen zum Beispiel Bauchspeicheldrüsenentzündung Hirnhautentzündung Hodenentzündung lassen eine vorbeugende aktive Schutzimpfung als angebracht erscheinen und zwar ebenfalls im zweiten Lebensjahr.

(13) An Röteln (Rubeola) einer leicht verlaufenden durch Tröpfcheninfektion übertragenen Infektionskrankheit erkranken insbesondere ältere Kinder aber auch jugendliche Erwachsene.

(14) Nach einer Inkubationszeit von zwei bis drei Wochen ist ein Hautausschlag mit kleinen wenig erhabenen nicht zusammenfließenden rosaroten Flecken zu beobachten.

(15) Diese Einzelflecken sind meist kleiner als die Flecken des Masernhautausschlages aber größer als beim feinfleckigen Hautausschlag des Scharlachs.

(16) Zusätzlich treten Lymphknotenschwellungen auf insbesondere im Nackenbereich sowie hinter den Ohren.

(17) Sowohl das relativ rasche Abklingen der Hauterscheinungen als auch ein wenig beeinträchtigtes Allgemeinbefinden des Kranken machen im Regelfall eine besondere Behandlung überflüssig.

(18) Äußerst gefährlich ist jedoch eine Rötelninfektion während einer Schwangerschaft und zwar wegen der Gefahr einer Rötelnembryopathie[1]).

(19) Die kindlichen Entwicklungsstörungen treten vor allem an Auge Ohr und Herz auf.

(20) Nicht nur die Distanz einer Schwangeren zu rötelninfizierten Personen sondern auch eine rechtzeitige Schutzimpfung eines jeden Mädchens im Alter zwischen 11 und 15 Jahren sind deshalb unbedingt erforderlich.

---

[1]) Störungen der Organbildung des Embryos in den ersten drei Schwangerschaftsmonaten

3 Die übrigen Satzzeichen

Regeln	Beispiele
Der **Punkt** steht nach a) Aussagesätzen, b) Aufforderungssätzen, die ohne Nachdruck gesprochen werden, c) indirekten Fragesätzen, d) Abkürzungen, bei denen der volle Wortlaut gesprochen wird. Der **Punkt** steht **nicht** nach a) Abkürzungen, die als selbständige Wörter gesprochen werden, b) Abkürzungen von Maßen und Gewichten, c) nach Überschriften.	Die Ärztin untersucht den Patienten. Bitte kommen Sie mit ins Sprechzimmer. Die Helferin fragte, ob er die Medikamente vertrage. z. B. (gesprochen: zum Beispiel) Tbc (gesprochen: tebece) m, l, kg, ml Angina pectoris Durch verschlechterte Durchblutung kann es ...
Das **Fragezeichen** steht nach einem direkten Fragesatz.	Wo wohnen Sie?
Das **Ausrufezeichen** steht nach a) Aufforderungssätzen, b) Ausrufen, c) der Anrede in Briefen. (Auch das Komma kann die Anrede in Briefen abschließen.)	 Verlassen Sie sofort diesen Raum! Das tut weh! Sehr geehrter Herr Kollege!
Das **Semikolon** kann zur stärkeren Trennung statt des Kommas zwischen zwei Hauptsätzen gesetzt werden.	Der Patient wird sich schnell erholen; denn er befolgt strikt die Anweisungen seines Arztes.
Der **Doppelpunkt** steht vor a) angekündigter direkter Rede, b) ausdrücklich angekündigten Sätzen oder Satzstücken, c) angekündigten Aufzählungen. (Nach einem Doppelpunkt schreibt man groß, wenn ein selbständiger Satz folgt.)	 Der Arzt sagte: „Sie müssen das Medikament einnehmen." Ein altes Sprichwort lautet: Vorbeugen ist besser als Heilen. Es sind drei Arten von Schutzimpfung zu unterscheiden: die aktive, passive und simultane Impfung.
Anführungszeichen stehen vor und hinter a) einer direkten Rede, (Der nachgestellte Begleitsatz wird durch Komma abgetrennt. Er beginnt auch nach Frage- oder Ausrufezeichen mit kleinem Anfangsbuchstaben.) b) Zitaten (wörtlich angeführte Textstücke aus Büchern u.a.)	 Der Arzt sagt: „Eine Operation ist unumgänglich." „Eine Operation ist unumgänglich", sagt der Arzt. „Haben Sie die Diät eingehalten?" fragte die Ärztin.

Teil B
Der Umgang mit Texten

I Die Unterscheidung zwischen Gebrauchstexten und fiktionalen Texten

Text 1

Angina pectoris (Brustenge)

Durch verschlechterte Durchblutung kann es zu einem Sauerstoffmangel des Herzens insbesondere bei Belastung kommen. Dies kann sich in typischer Weise als plötzlich einsetzender Schmerz im Brustbereich bemerkbar machen, der bis zu einigen Minuten anhält und oft in die Schultern und den linken Arm ausstrahlt. Die Patienten spüren dabei ein Engegefühl (Angina) im Brustbereich (pectus), oft mit Atemnot und Schmerz. Die Krankheit hat daher den Namen „Angina pectoris" erhalten. Tritt die Angina pectoris nicht nur bei starker Belastung, sondern bereits in Ruhe und bei geringer Belastung auf, so kann dies ein Warnsignal für einen drohenden Herzinfarkt sein.

Text 2

> Wer fühlet,
> Wie wühlet
> Der Schmerz mir im Gebein?
> Was mein armes Herz hier banget,
> 5 Was es zittert, was verlanget,
> Weiß nur du, nur du allein!
>
> Wohin ich immer gehe,
> Wie weh, wie weh, wie wehe
> Wird mir im Busen hier!
> 10 Ich bin, ach! kaum alleine,
> Ich wein, ich wein, ich weine
> Das Herz zerbricht in mir.

(Goethe: Faust I. Gretchens Gebet vor dem Andachtsbild Marias)

Arbeitsauftrag

1. Stellen Sie allgemeine Vermutungen über den Verfasser und über mögliche Leser von Text 1 an.

2. Informieren Sie sich mit Hilfe eines Lexikons und/oder einer Literaturgeschichte über den Dichter Johann Wolfgang von Goethe und über sein Werk „Faust".

3. Welcher grundsätzliche Unterschied besteht zwischen der Figur Gretchens bzw. den von ihr geäußerten Empfindungen und dem Verfasser des Textes 1 bzw. den von ihm gemachten Aussagen?

4. Im Mittelpunkt der Texte stehen die Begriffe *Herz* und *Schmerz*. Sie haben in beiden Texten jedoch jeweils eine andere Bedeutung. Erläutern Sie diesen Bedeutungsunterschied.

5. Informieren Sie sich in dem Kapitel „Die Grundleistungen der Sprache"[1] über die verschiedenen Sprachfunktionen. Welche unterschiedlichen Aufgaben übernimmt die Sprache in den beiden obigen Texten. An welchen sprachlichen Merkmalen erkennt man diese unterschiedlichen Aufgaben?

1. Der unterschiedliche Wirklichkeitsbezug von Gebrauchstexten und fiktionalen Texten

a) Gebrauchstexte - Bezug auf eine tatsächlich vorhandene Wirklichkeit

Mit dem Text 1 will der Autor eines Fachkundebuches für Arzthelferinnen den Leser über einen medizinischen Sachverhalt informieren. Der Verfasser ist also eine tatsächlich existierende Person. Er wendet sich mit seinen Erläuterungen an ebenfalls wirklich lebende Leser. Die Ausführungen beinhalten die Beschreibung einer in der Wirklichkeit vorkommenden Krankheit.

> Alle Texte, die sich in dieser Weise unmittelbar auf die real existierende Welt beziehen, bezeichnet man als Gebrauchstexte. Es sind die Texte, die wir täglich zur Bewältigung unserer Aufgaben im Beruf und im Privatleben lesen oder selbst verfassen.

b) Fiktionale Texte - Gestaltung einer erdachten Welt

Natürlich stammt auch der Text 2 von einem Dichter, der tatsächlich gelebt hat. Sein Werk wird auch von wirklich existierenden Menschen gelesen. Unabhängig davon handelt es sich bei Text 2 jedoch um die Aussage einer jungen Frau namens Gretchen. Sie ist keine reale Person, sondern entspringt der Einbildungskraft des Dichters. Goethe hat mit seinem Text *Faust* eine eigene Welt mit redenden und handelnden Figuren und vielfältigen Dingen und Sachverhalten geschaffen. Diese erfundene Welt existierte ohne die Phantasie des Dichters nicht.

---

[1] Vergleiche S.19 ff.

Alle Texte, die eine derartige geistig erschaffene (fiktive) Welt darstellen, werden als fiktionale (dichterische oder literarische) Texte bezeichnet.

2. Die unterschiedliche Aussagekraft von Gebrauchstexten und fiktionalen Texten

a) Die Eindeutigkeit von Gebrauchstexten

Wörter dienen zur Benennung der in der Welt vorkommenden Dinge. So macht zum Beispiel Text 1 Aussagen über das Antriebsorgan des Blutkreislaufes. Zur exakten Bezeichnung dieser „Sache" eignet sich das Wort *Herz*, weil es genau diese Bedeutung hat.

Dieses Bemühen um Eindeutigkeit ist ein wesentliches Kennzeichen von Gebrauchstexten. Der Leser kann die Formulierungen in der Regel wörtlich nehmen.

b) Die Interpretationsbedürftigkeit von fiktionalen Texten

Dagegen ist im Text 2 der Begriff *Herz* nicht wörtlich gemeint. Wenn Gretchen von ihrem Herzen spricht, meint sie nicht das Kreislauforgan, sondern den Sitz ihrer Gefühle und Empfindungen. Das Wort *Herz* findet also aufgrund einer seiner Nebenbedeutungen Anwendung. Dieser besondere Wortsinn ist jedoch nicht unmittelbar offensichtlich. Er muß vom Leser erst erschlossen werden, wenn er den Text wirklich verstehen will.

Dies macht deutlich, daß fiktionale Texte im Gegensatz zu Gebrauchstexten interpretationsbedürftig sind. Viele Wörter werden zum Beispiel in einer übertragenen Bedeutung verwendet. Sie eröffnet sich nur Lesern, die sich aktiv mit dem Text auseinandersetzen.

3. Grundsätzliche Einflußgrößen auf die Sprachgestaltung bei Gebrauchstexten und fiktionalen Texten

a) Die überwiegend funktionsbezogene Sprachgestaltung von Gebrauchstexten

Die Aufgabe eines Gebrauchstextes (Textfunktion) kann die Information des Lesers (darstellende Texte), seine Beeinflussung (appellative Texte) oder der Ausdruck von eigenen Empfindungen und Meinungen des Schreibers (Ausdruckstexte) sein.[1]

Der Text 1 hat in erster Linie Darstellungsfunktion. Der Leser soll über einen medizinischen Sachverhalt objektiv informiert werden. Sprachliche Kennzeichen des Textes sind deshalb:

1. Gezielte Verwendung von Fachausdrücken
2. Ausschließliche Auswahl sachlicher und eindeutiger Begriffe
3. Verzicht auf ausschmückende und überflüssige Formulierungen
4. Bevorzugte Verwendung eines einfachen Satzbaus

---

[1] Vergleiche zu den Textfunktionen S. 19 ff.

Die sprachliche Gestaltung eines Gebrauchstextes wird also entscheidend von der jeweils vorliegenden Textfunktion beeinflußt. Das heißt, der Schreiber wählt die sprachlichen Mittel vor allem in Abhängigkeit von seiner verfolgten Absicht (Darstellung, Appell oder Ausdruck) aus.

b) Die künstlerische Sprachgestaltung fiktionaler Texte

Auch fiktionalen Texten ist in der Regel eine vorherrschende Textfunktion zugeordnet. Es kann sein, daß der Verfasser mit seinem Werk in erster Linie informieren, appellieren oder Gefühle und Meinungen ausdrücken will.

In diesem Zusammenhang ist der Text 2 zunächst ein Text mit Ausdrucksfunktion. Gefühle und Gedanken der fiktiven Figur Gretchens werden an den Leser weitergegeben. Doch nicht diese Aufgabe beeinflußt in erster Linie die sprachliche Gestaltung des Textes. Weitaus größere Auswirkung hat das Bemühen, Sprache kunstvoll zu verwenden. Deutliche Hinweise auf eine künstlerische Sprachgestaltung sind unter anderem:

1. Strophenform
2. Reim
3. Rhythmische Sprachverwendung (Versmaß)

Bei fiktionalen Texten überlagert also eine ästhetische (die Schönheit betreffende) Funktion die üblichen Aufgaben eines Textes. Literarische Texte sollen den Leser durch eine bewußte künstlerische Gestaltung der Sprache unterhalten und erfreuen.

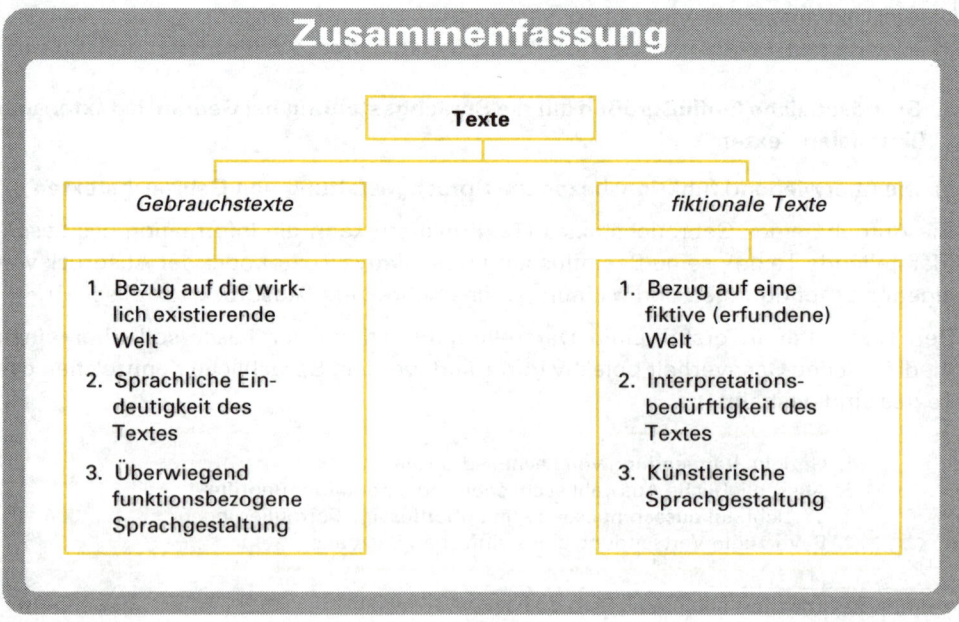

Zusammenfassung

Texte

Gebrauchstexte

1. Bezug auf die wirklich existierende Welt
2. Sprachliche Eindeutigkeit des Textes
3. Überwiegend funktionsbezogene Sprachgestaltung

fiktionale Texte

1. Bezug auf eine fiktive (erfundene) Welt
2. Interpretationsbedürftigkeit des Textes
3. Künstlerische Sprachgestaltung

1. Erläutern Sie die wesentlichen Unterschiede zwischen einem Gebrauchstext und einem fiktionalen Text.

2. Entscheiden Sie, ob es sich bei den folgenden Textsorten um Gebrauchstexte oder um fiktionale Texte handelt. Bestimmen Sie bei den Gebrauchstexten die jeweils vorherrschende Textfunktion.

   Roman, Erinnerungsschreiben an einen Privatpatienten, Mängelrüge an einen Lieferanten, Novelle, Kurzgeschichte, Bedienungsanleitung für ein Röntgengerät, Gedicht, Satzung des Berufsverbandes der Arzt- und Zahnarzthelferinnen, Lexikonartikel, Erzählung, Anekdote, Komödie, Prüfungsbogen in der Abschlußprüfung, Stellenanzeige, Kommentar, Protokoll einer Unterrichtsstunde, Kochrezept, Reiseprospekt, Tragödie, Werbeanzeige, Leitartikel in einer Fachzeitschrift

3. In Ausnahmefällen ist die Zuordnung eines Textes zu den beiden Gruppen der Gebrauchstexte und der fiktionalen Texte nicht eindeutig möglich.

   Begründen Sie, warum ein Liebesgedicht, das eine junge Frau von ihrem Freund zum Geburtstag erhält, ein Beispiel für einen derartigen Mischtext darstellt. Suchen Sie weitere Beispiele für solche Mischformen.

4. *Mascha Kaléko:* **Kassen-Patienten**

> Sie brüten stumpf auf Wartezimmerbänken,
> Ein jeder mit dem Leiden, das ihn quält.
> Sie hoffen nicht. Sie sagen, was sie denken:
> „Der kann mir keene neue Lunge schenken.
> 5 Det weeß keen Doktor, wat uns richtich fehlt ..."
>
> Die Bilder an der Wand verströmen Grauen.
> – Man fragt sich manchmal selber: Muß das sein,
> Daß Kranke immer wieder Kranke schauen
> Und sich an Wartezimmer-Kunst erbauen
> 10 Wie „Toteninsel" oder „Totenhain" ...?
>
> Sie blättern stumm in welken „Illustrierten"
> Und tauschen ihre Arzt-Erfahrung aus.
> „ ... Der schickte mich zum dritten und zum vierten,
> Bis sie mich dann am Blinddarm operierten.
> 15 – Das mit der Niere kam erst später raus."
>
> Die Glocke schrillt. Am Fenster kreist ein Brummer.
> Der mit dem Gipsverband riecht nach Karbol.
> Sie schleppen alle an dem gleichen Kummer.
> Und fühln sich alle gleich als bloße Nummer.
> 20 Und ihre Stirnen tragen *ein* Symbol.
>
> Der Arzt, in weißem Kittel, goldner Brille,
> Befühlt den Puls und zuckt die Schultern dann.
> „Tja, lieber Freund, das ist nicht unser Wille."
> Ruft: „Ziehn sich an!" Verschreibt noch eine Pille.
> 25 „Hier ist Ihr Schein. Der Nächste!" – Wer ist dran?

(Mascha Kaléko: Das lyrische Stenogrammheft. Hamburg 1983, S. 26)

Die Lyrikerin Mascha Kaléko lebte, bevor sie 1938 in die USA emigrieren mußte, überwiegend in Berlin. Ihre Texte befassen sich mit dem Leben in der Großstadt in der Zeit um 1930.

a) Tragen Sie diesen Text nach einem zweimaligen Stillesen sinnentsprechend laut vor.

b) Woran erkennt man die künstlerische Sprachgestaltung dieses Textes?

c) In der vorletzten Zeile heißt es „Verschreibt noch eine Pille." Oberflächlich betrachtet beinhaltet dieser unvollständige Satz nur die Aussage, daß der Arzt ein Medikament verordnet. Der Sinn des Satzes beschränkt sich aber nicht nur auf diese wörtliche Bedeutung.

Was will die Autorin Ihrer Meinung nach mit diesem Satz eigentlich aussagen? Warum verzichtet Sie in diesem Satz auf die Angabe des Subjektes? Suchen Sie weitere Textstellen, an denen die wörtliche Bedeutung der Wörter durch einen tieferen Sinn überlagert wird.

d) Oberflächlich betrachtet beschreibt der Text das Warten von Patienten im Wartezimmer und in der letzten Strophe auch die Behandlung durch den Arzt.

Welche eigentliche Gesamtaussage ist bei genauerem Hinsehen aber „zwischen den Zeilen" zu lesen? Nehmen Sie persönlich Stellung zu der Frage, ob diese eigentliche Aussage des Textes auch heute noch Gültigkeit besitzt.

e) Entscheiden Sie, ob es sich um einen fiktionalen Text oder um einen Gebrauchstext handelt. Begründen Sie Ihre Entscheidung.

5. Verfassen Sie einen beliebigen fiktionalen Text, der u.a. folgende Hauptbegriffe enthält: Autounfall, Schwangerschaftstest, Namensgleichheit, Abschlußprüfung, Gangway

II Das Betrachten und Erstellen von Gebrauchstexten

1 Der Schriftverkehr im Beruf und im Privatleben

1.1 Die Arten des Schriftverkehrs

Die Übersicht verdeutlicht die verschiedenen Bereiche des Schriftverkehrs.

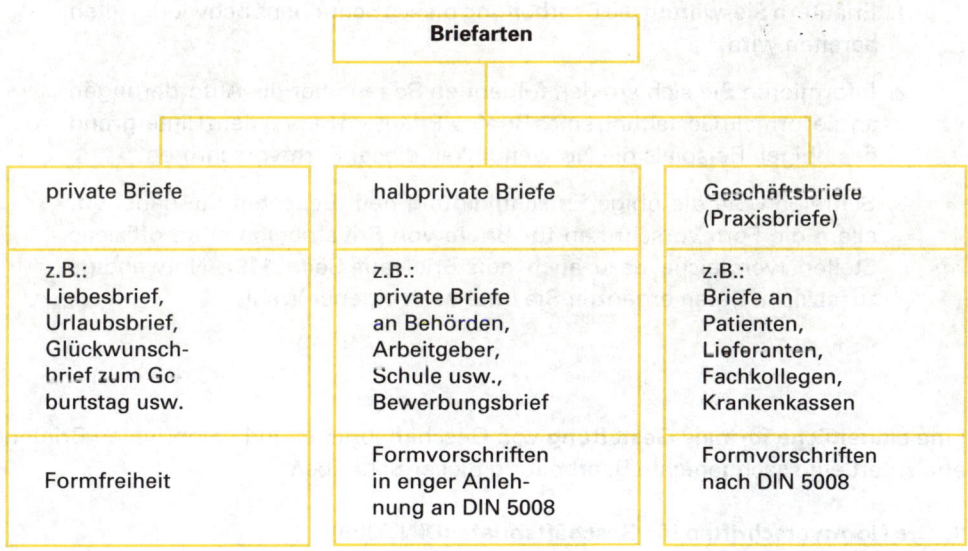

	Briefarten	
private Briefe	halbprivate Briefe	Geschäftsbriefe (Praxisbriefe)
z.B.: Liebesbrief, Urlaubsbrief, Glückwunschbrief zum Geburtstag usw.	z.B.: private Briefe an Behörden, Arbeitgeber, Schule usw., Bewerbungsbrief	z.B.: Briefe an Patienten, Lieferanten, Fachkollegen, Krankenkassen
Formfreiheit	Formvorschriften in enger Anlehnung an DIN 5008	Formvorschriften nach DIN 5008

Die folgenden Kapitel beziehen sich in erster Linie auf den formgebundenen Schriftverkehr.

1.2 Die formale Gestaltung eines Briefes

Im Schulsekretariat geht folgendes Schreiben ein:

> Entschuldigen Sie bitte, daß ich gestern nicht zur Berufsschule kommen konnte. Aufgrund einer starken Grippe mußte ich auf Anweisung meines Hausarztes im Bett bleiben. Ich hoffe aber, in der nächsten Woche wieder am Unterricht teilnehmen zu können. Ich würde dann auch gerne die gestrige Klassenarbeit im Fach Abrechnung nachschreiben.
>
> Mit freundlichem Gruß
>
> M. Schmidt

Arbeitsauftrag

1. Erläutern Sie, warum die Bearbeitung dieses Schreibens Schwierigkeiten bereiten wird.

2. Informieren Sie sich auf den folgenden Seiten über die Anforderungen an die formale Gestaltung eines Briefes. Erläutern Sie vor dem Hintergrund des obigen Beispiels die Notwendigkeit dieser Formvorschriften.

3. Schreiben Sie die obige Entschuldigung neu. Beachten Sie dabei vor allem die Formvorschriften für Briefe von Privatpersonen an offizielle Stellen (vergleiche dazu auch den Brief auf Seite 119). Notwendige zusätzliche Daten ergänzen Sie bitte nach eigener Wahl.

Eine **einheitliche formale Gestaltung** von Geschäftsbriefen und halbprivaten Briefen erleichtert eine sachgerechte Bearbeitung dieser Schreiben.

1. Die Normvorschriften für Geschäftsbriefe (DIN 5008)

Für Geschäftsbriefe werden in der Regel genormte Vordrucke verwendet. Die Beschriftung dieser Briefblätter hat nach den Regeln für Maschinenschreiben (Herausgeber: Deutsches Institut für Normung e.V. (DIN 5008)) zu erfolgen.

Ein Brief auf einem DIN-A4-Briefbogen ist wie folgt zu gestalten:

1   **NEUDRUCK GMBH**
                  Forststraße 100
                  51107 Köln

2   Neudruck GmbH Forststr. 100 51107 Köln

Frau
Dr. Hilde Neumann
Bonnstraße 145

50858 Köln

3   Ihre Zeichen, Ihre Nachricht vom   Unsere Zeichen, unsere Nachricht vom   0201/46 01 Köln
       Ne/Mo   17.01.19..   FÜ-Dr   123   19.01.19..

4   Angebot Briefbögen

5   Sehr geehrte Frau Dr. Neumann,

6   vielen Dank für Ihre freundliche Anfrage.

Unser vielfältiges Sortiment enthält auch geeignete Briefbögen und Briefhüllen für alle denkbaren Schreibanlässe einer Facharztpraxis. Genauere Angaben entnehmen Sie bitte dem beiliegenden Prospekt, das auch unsere Lieferungs- und Zahlungsbedingungen enthält.

Alle abgebildeten Vordrucke sind den entsprechenden DIN-Normen angepaßt. Somit ist sichergestellt, daß bei Beachtung der Regeln für Maschinenschreiben (DIN 5008) übersichtliche und werbewirksame Schriftstücke entstehen.

Natürlich besteht auch die Möglichkeit, die Briefblätter nach Ihren individuellen Vorstellungen zu gestalten.

Unser Außendienstmitarbeiter, Herr Wagemuth, ist selbstverständlich bereit, Sie in allen Fragen persönlich zu beraten.

Wir können Ihnen bereits jetzt versichern, daß wir alle Ihre Aufträge gewissenhaft und zu Ihrer vollen Zufriedenheit ausführen werden.

7   Mit bester Empfehlung

8   NEUDRUCK GMBH

           Fürstenberg

i.A.
(Fürstenberg)

9   Anlage
Farbprospekt

Erläuterungen:

① Briefkopf

Er enthält im wesentlichen die Absenderangabe. Viele Unternehmungen benutzen Briefblätter, auf denen die Gestaltung des Briefkopfes bereits vorgegeben ist.

② Anschriftenfeld

Die Angaben der Empfängeranschrift werden im neunzeiligen Anschriftenfeld nach einer festgelegten Anordnung gegliedert:

Zeile	Angabe	1. Beispiel	2. Beispiel	3. Beispiel
1	Postzustellvermerk	Einschreiben	.	.
2	Frei	.	.	.
3	Anrede (und evtl. Berufs- oder Amtsbezeichnung) oder Branchenangabe oder evtl. „Anrede" Firma[1])	Herrn Medizinalrat	Druckerei	Firma[1])
4	(evtl. Titel und) Personenname oder Name der Unternehmung	Dr. Franz Möller	Neudruck AG	Otto Klein
5	Postfach oder Straße und Hausnummer	Lönsstraße 12	Eduardstr. 3	Turmstr. 5
6	Frei	.	.	.
7	Postleitzahl und Bestimmungsort	46147 Oberhausen	04229 Leipzig	06110 Halle
8	Frei	.	.	.
9	Frei	.	.	. .

③ Bezugszeichen und Ausfertigungsdatum des Briefes

Diese Angaben erleichtern die Bearbeitung eines ausführlicheren Schriftwechsels. Sie werden unter die entsprechenden Leitwörter der Bezugszeichenzeile eingetragen.

Beispiel

	Ihre Zeichen, Ihre Nachricht vom	Unsere Zeichen, unsere Nachricht vom	Köln
Bei einer Anfrage:		Ne/Mo	17.01.19..
Bei einem Angebot:	Ne/Mo 17.01.19..	Fü-Dr	19.01.19..
Bei einer Bestellung:	Fü-Dr 19.01.19..	Ne/Mo 17.01.19..	24.01.19..

---

[1]) In Schreiben an Unternehmungen darf die „Anrede" Firma nur verwendet werden, wenn aus der Empfängerbezeichnung nicht erkennbar ist, daß der Brief an eine Unternehmung gerichtet ist.

④ Betreff

Der Betreff ist eine stichwortartige Inhaltsangabe. Er dient dem Empfänger als kurze Vorabinformation und erleichtert die Arbeit beim Posteingang.

⑤ Anrede

Zu unterscheiden sind die persönliche Anrede („Sehr geehrte Frau Dr. Neumann") und die allgemeine Anrede („Sehr geehrte Damen und Herren").

Wichtig ist die Übereinstimmung zwischen der Empfängerbezeichnung im Anschriftenfeld und der Anrede. Bei dem Vermerk „z. H. (zu Händen)" im Anschriftenfeld hat zum Beispiel die entsprechende persönliche Anrede zu erfolgen.

Als Satzschlußzeichen können das Ausrufezeichen oder das Komma verwendet werden. Im zweiten Fall ist allerdings nach der Anrede klein weiterzuschreiben.

⑥ Brieftext und Abschnittbildung

Die inhaltliche Gliederung eines Brieftextes ist äußerlich durch die Bildung von Absätzen zum Ausdruck zu bringen. Dies erfolgt jeweils durch eine vollständige Leerzeile. In der Regel bildet jeder Hauptgedanke einen Absatz. Gehören einzelne Gedanken inhaltlich jedoch sehr eng zusammen, können sie auch zu einem Abschnitt zusammengefaßt werden.

⑦ Gruß

Je nach Situation finden verschiedene Grußformeln Anwendung: „Hochachtungsvoll", „Mit freundlichem Gruß", „Mit kollegialen Grüßen" usw.

⑧ Briefabschluß

Der Briefabschluß ist nach DIN 5008 innerbetrieblich zu regeln. Der obige Geschäftsbrief veranschaulicht eine denkbare Vorgehensweise.

In Abhängigkeit von der Situation oder von dem Arbeitsauftrag hat der Ersteller den Brief unterschriftsfertig beim Vorgesetzten vorzulegen oder im Auftrage (i.A.) mit eigenem Namen zu unterschreiben.

⑨ Anlagenvermerk

Der Anlagenvermerk wird in einem angemessenen Abstand von der vorhergehenden Beschriftung aufgeführt.

Bei etwas längeren Brieftexten reicht eine Seite häufig nicht aus. In diesem Fall dürfen Gruß, Briefabschluß und Anlagenvermerk niemals alleine auf der zweiten Seite erscheinen. Zumindest der letzte Satz des eigentlichen Textes ist noch mit auf die nächste Seite zu übernehmen.

2. Die Formvorschriften für Praxisbriefe und halbprivate Briefe

a) Praxisbriefe

In den meisten Zahnarzt- und Arztpraxen, aber auch in vielen Kliniken und Apotheken werden Briefbögen verwendet, deren Aufdruck geringfügig von den genormten Briefvordrucken abweicht. Insbesondere fehlt die Bezugszeichenzeile.

In diesem Fall folgen dem Anschriftenfeld nach zwei Leerzeilen Ausfertigungsort und -datum (Beginn bei 50 Grad). An diese Angabe schließt sich nach weiterer zwei Leerzeilen der Betreff an (siehe Beispielbrief Seite 115). Im übrigen gelten die oben erläuterten Regeln für Maschinenschreiben.

b) Halbprivate Briefe

Schreiben von Privatpersonen an Behörden, an Versicherungen, an den Arbeitgeber usw. erfolgen in aller Regel auf einem DIN-A4- Briefblatt ohne Aufdruck. Dann sind die Anordnungsregeln gemäß DIN 5008 sinngemäß anzuwenden. Der Bewerbungsbrief auf Seite 119 veranschaulicht die formale Gestaltung eines maschinengeschriebenen halbprivaten Briefes. Aber auch handgeschriebene Schriftstücke sollten sich diesem Gestaltungsbild möglichst exakt annähern.

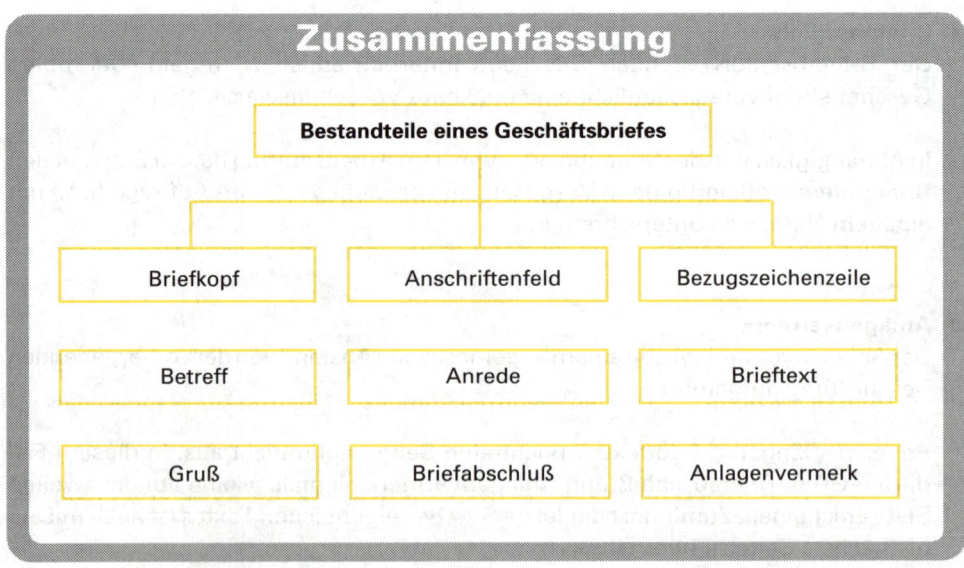

Zusammenfassung

Bestandteile eines Geschäftsbriefes

Briefkopf	Anschriftenfeld	Bezugszeichenzeile
Betreff	Anrede	Brieftext
Gruß	Briefabschluß	Anlagenvermerk

1. Welche Einzelinformationen sind im Briefkopf der Briefbögen enthalten, die Sie in Ihrer Praxis oder Apotheke verwenden?

2. Schreiben Sie die folgenden Anschriften in einer Form ab, wie sie gemäß DIN 5008 in ein neunzeiliges Anschriftenfeld eingetragen werden müssen. Kennzeichnen Sie dabei erforderliche Leerzeilen durch Punkte.

   a) Allgemeine Ortskrankenkasse, Sachbearbeiterin Frau Schuhmann, 46045 Oberhausen, Marktstraße 100, Einschreiben

   b) Laborgeräte Robert Jung OHG, Mittelstr. 19, 07745 Jena, Abteilung Chemie

   c) Medizinalrat Dr. K. Hausmann, Ringstraße 120, 13467 Berlin

   d) Firma Paul Meyer, Lenaustr. 14, 53332 Bornheim, Rückschein

   e) Röntgen AG, Dürerstr. 25–29, 01307 Dresden

3. Nehmen Sie Stellung zu folgenden Behauptungen:

   a) „Die Absenderangabe im Briefkopf oder in Kleindruck über dem Anschriftenfeld ist eigentlich überflüssig. Denn die Anschrift des Absenders steht bereits auf dem Briefumschlag."

   b) „Ich setze in meinen Briefen niemals einen Betreff ein. Der Empfänger soll gefälligst meinen ganzen Brief lesen; dann kennt er den Inhalt genau. Die stichwortartige Inhaltsangabe im Betreff hält ihn vielleicht sogar vom Lesen des Briefes ab."

4. Erläutern Sie die Eintragungen in der folgenden Bezugszeichenzeile

Ihre Zeichen, Ihre Nachricht vom	Unsere Zeichen, unsere Nachricht vom	Bornheim
NH-KL 19.05.19..	WZ 15.05.19..	24.05.19..

5. Die Internistin Dr. Silke Krämer bestellt am 15. November 19.. bei der Druckerei Hofmüller OHG Privatrezepte. Laut Auftragsbestätigung vom 17. November 19.. soll die Lieferung Ende November erfolgen. Bis zum 10. Dezember 19.. sind die Vordrucke jedoch noch nicht eingetroffen. Die Helferin verfaßt daraufhin am 10. Dezember 19.. ein entsprechendes Schreiben an die Druckerei.

   Erstellen Sie für diesen Brief eine vollständige Bezugszeichenzeile. Fehlende Angaben ergänzen Sie bitte selbständig.

6. Welche beiden Anredeformen sind zu unterscheiden? Erklären Sie, inwiefern die Angaben im Anschriftenfeld und die Wahl der Anredeform aufeinander abgestimmt sein müssen. Worauf ist zu achten, wenn die Anrede mit einem Komma abgeschlossen wird?

7. Bei etwas längeren Brieftexten kann es vorkommen, daß zum Beispiel nur noch der Gruß auf die erste Seite paßt. Für die Unterschrift und den Anlagenvermerk ist kein Raum mehr vorhanden. Erläutern Sie, wie man in dieser Situation vorgehen muß.

1.3 Die sprachliche Gestaltung eines Briefes

Fall 1

Die Krankenkasse hat für die Patientin Sabine Kaufmann den PA-Plan (Heil-
und Kostenplan für eine Parodontosebehandlung) genehmigt. Die Patientin
unterbricht die Behandlung jedoch ohne Angabe von Gründen und erscheint
erst nach Ablauf der Gültigkeitsdauer des PA-Plans zur Weiterbehandlung.
Die Helferin stellt der Kasse den Sachverhalt dar, um eine Verlängerung des
Heil- und Kostenplanes zu erreichen.

Patientin Sabine Kaufmann

Sehr geehrte Damen und Herren,

vor einigen Wochen haben wir für die doch sehr unzu-
verlässige Patientin Sabine Kaufmann eine Behandlung
des Zahnfleisches beantragt.

Und wissen Sie, was passierte? Nach der Behandlung
von ein paar Zähnen erschien die Patientin einfach
nicht mehr, so daß Dr. Meier seine hervorragende
Arbeit unterbrechen mußte.

Können Sie sich vorstellen, wie unerfreulich es ist,
wenn man seine gutgemeinten Bemühungen nicht wie
geplant zu Ende führen kann?

Aber gestern steht das Fräulein Kaufmann wieder vor
der Tür und tut so, als sei nichts gewesen. Natürlich
wollen wir eine Weiterbehandlung nicht ablehnen, aber
die Einreichung einer neuen Aufstellung, wie Sie sie
immer haben wollen, dürfte doch sicher überflüssig
sein.

Wir gehen also davon aus, daß die alte verlängert
wird.

Mit freundlichem Gruß

Fall 2

Der Privatpatient Heinz Müller wurde erstmals behandelt. Nach Ablauf der vierwöchigen Zahlungsfrist ist die Liquidation noch nicht beglichen worden. Die Helferin verfaßt daraufhin ein entsprechendes Schreiben.

```
Mahnung


Sehr geehrter Herr Müller,

obwohl die Rechnungserstellung mittlerweile fünf Wochen
zürückliegt, ist die Liquidation von Ihnen immer noch
nicht bezahlt worden.

Wir fordern Sie deshalb auf, den Betrag sofort auf unser
angegebenes Konto zu überweisen.

Kommen Sie diesem Zahlungsbefehl nicht unverzüglich nach,
werden wir einen gerichtlichen Mahnbescheid beantragen.

Mit freundlichem Gruß
```

Fall 3

Aufgrund des eingegangenen Laborberichtes bestellt die Helferin den Patienten Klaus Geißler, Beruf Chemiefacharbeiter, zur Weiterbehandlung.

```
Laborbefund


Sehr geehrter Herr Geißler,

der Laborbefund macht es zwingend erforderlich, daß Sie
unverzüglich in die Sprechstunde kommen.

Bei Ihnen muß dringend eine proktologische Untersuchung
durchgeführt werden.

Vereinbaren Sie deshalb umgehend einen Sprechstunden-
termin.

Zur Untersuchung müssen Sie nüchtern erscheinen.

Mit freundlichem Gruß  .
```

1. Welche Absichten bzw. Ziele wollen die Verfasser mit den obigen Brieftexten jeweils erreichen? Welche Wirkung wird beim jeweiligen Empfänger tatsächlich erzielt? Welche Formulierungen erzeugen im Einzelfall diese Wirkungen?

2. Welches Verhältnis besteht in den drei Fällen zwischen dem Absender und dem Empfänger der Briefe? Berücksichtigen die jeweiligen sprachlichen Formulierungen diese Beziehung?

3. In welcher besonderen Situation befindet sich der Patient Klaus Geißler (3. Fall)? Beurteilen Sie vor diesem Hintergrund die sprachliche Gestaltung des dritten Briefes.

4. Verfassen Sie drei Brieftexte, die in ihrer sprachlichen Gestaltung dem jeweiligen Ziel der Briefe und den besonderen Umständen angepaßt sind.

Bei der sprachlichen Gestaltung von Brieftexten ist insbesondere auf die jeweilige **Textfunktion** (Aufgabe des Textes) und auf besondere **außersprachliche Umstände** zu achten.

1. Sprachgestaltung und Textfunktion

a) Darstellende Brieftexte

Viele Briefe sollen die jeweiligen Empfänger über bestimmte Sachverhalte informieren (zum Beispiel Mitteilung an eine Krankenkasse). Ist dies die Hauptaufgabe eines Brieftextes, spricht man von einem darstellenden Text.[1]

Die Auswahl sprachlicher Mittel muß sich an diesem Ziel orientieren.

Sprachliche Kennzeichen darstellender Brieftexte

1. Ausschließliche Auswahl sachlicher und treffender Begriffe
2. Vermeidung von wertenden Ausdrücken
3. Verzicht auf überflüssige Wörter, zum Beispiel ausschmückende Adjektive
4. Gezielter Einsatz berufsbezogener Fachausdrücke
5. Bevorzugte Verwendung einfacher Aussagesätze
6. Verzicht auf eine emotionale Ansprache des Empfängers

---

[1] Vergleiche zu den Textfunktionen S. 19 ff.

108

b) Die appellativen Brieftexte

> Manchmal ist die Information nicht die Hauptaufgabe eines Briefes. Der Empfänger soll vielmehr zu einer bestimmten Handlung veranlaßt werden. Überwiegt bei einem Brieftext dieser Aufforderungscharakter, spricht man von einem appellativen Text.

Eine erste Zahlungserinnerung verfolgt zum Beispiel das Ziel, den Patienten zur umgehenden Begleichung der Liquidation zu bewegen. Gleichzeitig soll er aber als Patient der Praxis erhalten bleiben.

Die Auswahl geeigneter sprachlicher Mittel ist in diesem Fall besonders sorgfältig vorzunehmen.

> **Sprachliche Kennzeichen appellativer Brieftexte**
>
> 1. Bevorzugter Gebrauch von Wörtern mit angemessenem Aufforderungscharakter
> 2. Angemessener Einsatz von Aufforderungssätzen
> 3. Gezielter Einsatz rhetorischer Fragen (in Frageform gekleidete Ausrufe-, Befehls- oder Aussagesätze)
> 4. Bewußte emotionale Ansprache des Lesers

In diesem Zusammenhang ist wichtig, daß die sprachliche Funktion (Aufgabe) eines Satzes nicht zwingend mit seiner grammatischen Form übereinstimmen muß. Aufforderungen können durchaus als Aussagen oder Fragen (rhetorische Fragen) formuliert werden. In bestimmten Situationen erreichen derartige indirekte Formulierungen eher ihr Ziel als direkte Anordnungen.

Beispiel

(1) *Aufforderung:* Kommen Sie deshalb erst am 29.10.19.. und nicht am 19.10.19.. zur Blutabnahme.

(2) *Frage:* Ist es Ihnen deshalb vielleicht möglich, erst am 29.10.19.. und nicht am 19.10.19.. zur Blutabnahme zu kommen?

(3) *Aussage:* Deshalb ist es unumgänglich, den Termin vom 19.10.19.. auf den 29.10.19.. zu verlegen.

c) Die Mischtexte

In vielen Situationen vermischen sich in den Briefen Darstellungs- und Appellfunktion. Dann muß bei der sprachlichen Gestaltung des Textes auch auf beide Absichten Rücksicht genommen werden. Dies ist zum Beispiel bei der Bitte an eine Krankenkasse um Verlängerung eines Heil- und Kostenplanes der Fall. Zunächst wird man die Gründe darstellen; danach erfolgt der Versuch, die Kasse zur Zustimmung zu bewegen.

2. Die Abhängigkeit der Sprachgestaltung von außersprachlichen Einflußgrößen[1])

Wie jede andere Kommunikation muß auch die schriftliche Verständigung durch Briefe außersprachliche Bedingungen berücksichtigen.

---

[1]) Vergleiche zu den außersprachlichen Einflußgrößen S. 12 ff.

a) Der situative Kontext

> Wortwahl und Satzbau eines Briefes müssen zunächst den äußeren Umständen der Brieferstellung (situativer Kontext) angepaßt werden.

Die Erledigung des Schriftverkehrs ist nur ein Aufgabenbereich der Helferin neben vielen anderen. Die Verwendung sachlicher und treffender Begriffe, der Verzicht auf überflüssige Wörter und Redewendungen und ein einfacher Satzbau erleichtern die Anfertigung eines Briefes und bedeuten letztlich Zeitersparnis für andere wichtige Arbeiten.

b) Der soziale Kontext

> Die Sprachgestaltung hängt außerdem entscheidend von der Beziehung zwischen Absender und Empfänger (sozialer Kontext) ab.

Dabei sind beim Geschäfts- oder Praxisbrief verschiedene Adressatengruppen zu unterscheiden: Patienten, Fachkolleginnen und -kollegen, Krankenkassen, Versicherungen, Behörden, Lieferanten usw. Es ist offensichtlich, daß zum Beispiel das Verhältnis zwischen Praxis und Patient ein ganz anderes ist als zwischen Praxis und Lieferant. Dies ist bei der Formulierung eines Brieftextes zu berücksichtigen.

Beispiel

Ein Lieferant befindet sich seit sieben Tagen im Lieferungsverzug. Ein entsprechendes Mahnschreiben kann folgende Textpassage enthalten:

„Ich fordere Sie auf, die Artikel innerhalb einer Woche zu liefern. Andernfalls werde ich vom Kaufvertrag zurücktreten und die Annahme der Ware verweigern."

Die Aufforderung an einen Kassenpatienten, den überfälligen Behandlungsschein vorzulegen, muß dagegen sicherlich in einem ganz anderen Ton verfaßt werden.

c) Der Erfahrungshorizont des Briefempfängers

> Die sprachliche Gestaltung eines Brieftextes muß sich auch am Beruf oder Bildungsniveau und an den persönlichen Lebenserfahrungen des Adressaten (Erfahrungshorizont) orientieren.

In einem Praxisbrief bestimmt dieser Erfahrungshorizont in erster Linie das Ausmaß der **Verwendung der medizinischen Fachsprache.** In Briefen an Patienten sollten medizinische Fachausdrücke nach Möglichkeit vermieden werden. Andernfalls hat eine entsprechende Erläuterung zu erfolgen.

Der tägliche Umgang mit berufsbezogenen Fremdwörtern führt sehr schnell zu einer Verinnerlichung dieser Begriffe. Eine Helferin sollte deshalb immer daran denken, daß die meisten Patienten auf medizinischem Gebiet Laien sind. In einem Arztbrief an eine Krankenkasse oder an einen anderen Facharzt (zum Beispiel im Zusammenhang mit der Überweisung eines Patienten) erfordert dagegen die exakte Darstellung der Diagnose den Einsatz der medizinischen Terminologie.

d) Der psychische Kontext

> Letztlich muß man bei Briefen an Patienten die besondere seelische Verfassung des Empfängers (psychischer Kontext) berücksichtigen.

Im allgemeinen handelt es sich um Menschen mit gesundheitlichen Problemen. Bei der Formulierung muß deshalb beachtet werden, daß Wörter nicht so eindeutig wie Verkehrszeichen sind. Zum denotativen Wortsinn (rein begriffliche Bedeutung) können in Abhängigkeit von der jeweiligen Situation konnotative Bedeutungen (weitere Bedeutungen) hinzukommen.

Beispiel

Die Adjektive *unverzüglich* und *umgehend* stellen zunächst nur einen Zeitbezug her. Für einen Patienten, der mit Sorge um seine Gesundheit auf das Untersuchungsergebnis des Labors wartet und der dann „unverzüglich" oder „umgehend" in die Praxis bestellt wird, erhalten diese Begriffe einen ganz anderen Sinn. Für ihn bedeuten sie, daß seine Erkrankung mit Sicherheit sehr schwer ist.

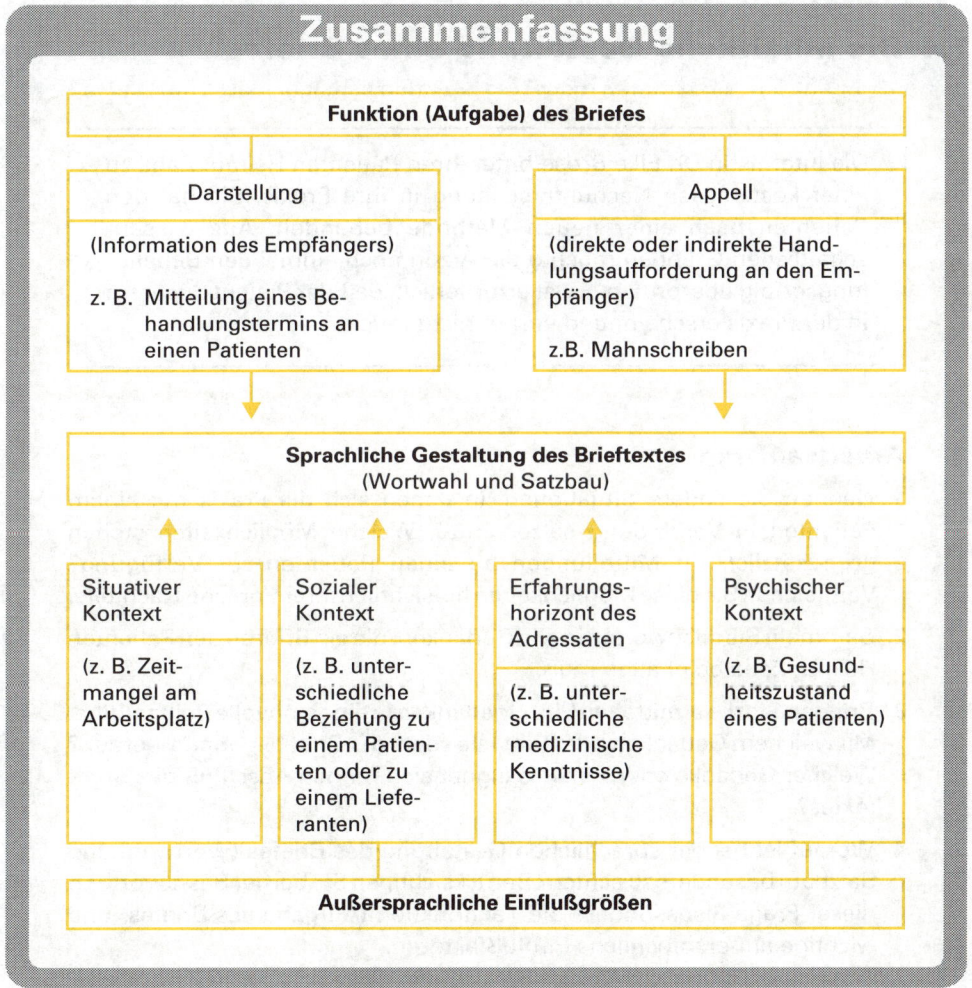

Zusammenfassung

Funktion (Aufgabe) des Briefes

Darstellung	Appell
(Information des Empfängers)	(direkte oder indirekte Handlungsaufforderung an den Empfänger)
z. B. Mitteilung eines Behandlungstermins an einen Patienten	z.B. Mahnschreiben

Sprachliche Gestaltung des Brieftextes
(Wortwahl und Satzbau)

Situativer Kontext	Sozialer Kontext	Erfahrungshorizont des Adressaten	Psychischer Kontext
(z. B. Zeitmangel am Arbeitsplatz)	(z. B. unterschiedliche Beziehung zu einem Patienten oder zu einem Lieferanten)	(z. B. unterschiedliche medizinische Kenntnisse)	(z. B. Gesundheitszustand eines Patienten)

Außersprachliche Einflußgrößen

1. Welche wesentlichen Unterschiede bestehen hinsichtlich der sprachlichen Gestaltung zwischen einem darstellenden und appellativen Brieftext?

2. Erläutern Sie, inwiefern außersprachliche Gegebenheiten die sprachliche Gestaltung eines Brieftextes beeinflussen können.

3. Nennen Sie zehn Schreibanlässe für die Anfertigung eines Praxisbriefes. Entscheiden Sie jeweils, welche Textfunktion (Darstellung oder Appell) überwiegt.

4. Formulieren Sie zehn beliebige Anordnungen/Bitten an einen Patienten in Form eines Befehlssatzes. Wandeln Sie diesen Aufforderungssatz in einen entsprechenden Aussagesatz oder in eine rhetorische Frage um.

5. Erläutern Sie am Beispiel des Adjektivs *positiv* den Unterschied zwischen denotativer und konnotativer Bedeutung eines Wortes.

1.4 Die inhaltliche Gestaltung eines Briefes

Die Internistin Dr. Elke Brose bittet ihren Patienten Helmut Zaba zu einer kostenlosen Nachuntersuchung in ihre Praxis. Sie hat den Patienten nach einer neuen Methode behandelt. Aus wissenschaftlichen Gründen möchte die Ärztin noch einmal den Behandlungserfolg überprüfen. Es ist erforderlich, daß der Patient nüchtern in der Praxis erscheint und vorher nicht raucht.

Arbeitsauftrag

1. Nennen Sie andere Situationen, in denen sich die Praxis mit einem Patienten in Verbindung setzen muß. Welche Möglichkeiten stehen grundsätzlich für Mitteilungen an einen Patienten zur Verfügung? Vergleichen Sie diese Möglichkeiten hinsichtlich ihrer Vor- und Nachteile.

2. Sammeln Sie stichwortartig alle Gedanken, die ein Brief an den Patienten Helmut Zaba beinhalten muß.

3. Bringen Sie die ermittelten Einzelgedanken in eine sinnvolle Reihenfolge. Mit welchem Gedanken oder Hinweis sollte der Brief begonnen werden? Welcher Gedanke oder Hinweis eignet sich für den Abschluß des Brieftextes?

4. Worauf ist bei der sprachlichen Gestaltung des Briefes (Wortwahl und Satzbau) besonders zu achten? Berücksichtigen Sie bei der Beantwortung dieser Frage insbesondere die Textfunktion (Aufgabe des Briefes) und wichtige außersprachliche Einflußfaktoren.

In der Regel ist es am wirtschaftlichsten, Mitteilungen an einen Patienten telefonisch durchzugeben. In bestimmten Situationen ist jedoch die Schriftform notwendig, zum Beispiel wenn der Patient telefonisch nicht erreichbar ist .

Beim Schreiben eines Briefes sind vier Arbeitsschritte einzuhalten. Ein unüberlegtes „Drauflosschreiben" führt zu einem unbefriedigenden Ergebnis.

1. Arbeitsschritt: Die Stoffsammlung

> Die Hauptgedanken des Schreibens werden in Stichworten notiert.

Hilfestellung: Wenn Ihnen der Beginn schwerfällt, hilft oft folgende Vorstellung. Versetzen Sie sich in die Situation, Sie müßten die Angelegenheit telefonisch regeln. Was würden Sie dem Patienten am Telefon sagen?

Beispiel

Der Patient Martin Hagemann, Kölnstr. 250, 53117 Bonn, wurde für den 19. Oktober 19.. zu einer Röntgenuntersuchung bestellt. Am Röntgengerät ist jedoch eine unvorhergesehene Inspektion durchzuführen. Der vereinbarte Termin kann deshalb nicht eingehalten werden.

Der Brief an den Patienten Martin Hagemann muß folgende Hauptgedanken enthalten:

(1) Absage des geplanten Termins
(2) Vorschlag eines Ersatztermins
(3) Begründung für die Terminänderung
(4) Bitte um eventuelle Rückmeldung, falls der Patient zum Ersatztermin verhindert ist.

2. Arbeitsschritt: Die Gliederung des Briefes

Wie jede andere Textsorte besteht auch ein Brieftext aus drei Abschnitten.

| A. Einleitung |
| B. Hauptteil |
| C. Schluß |

Eine Redewendung besagt, daß man nicht mit der Tür ins Haus fällt. In diesem Sinne sollte jeder Brief mit einem **einleitenden Hinweis** beginnen.

Im Mittelpunkt stehen die **Hauptgedanken**. Sie sind in einer logisch sinnvollen Reihenfolge auszuführen.

Letztlich muß der Brieftext mit einem **abschließenden Gedanken** abgerundet werden.

Entsprechend dieser Vorgaben sind die im Rahmen der Stoffsammlung aufgelisteten Punkte zu ordnen.

Hilfestellung: Denken Sie im Zweifelsfalle wieder an ein Telefonat.

● Mit welchem Hinweis würden Sie ein entsprechendes Telefongespräch beginnen?

● In welcher Reihenfolge würden Sie im Verlaufe eines Telefongespräches die weiteren Punkte ansprechen?

● Mit welchem Gedanken würden Sie das Telefongespräch abschließen?

Beispiel

Es ist sicherlich angebracht, dem Patienten Martin Hagemann zunächst deutlich zu machen, in welcher Angelegenheit er angeschrieben wird. Dies kann durch den einleitenden Hinweis auf den ursprünglichen Termin erreicht werden.

Im Hauptteil stehen die geordneten Gedanken der Stoffsammlung.

Als Schlußgedanke eignet sich die Bitte um Verständnis.

A. (1) Hinweis auf den ursprünglichen Röntgentermin

B. (2) Absage des geplanten Termins
   (3) Begründung für die Terminabsage
   (4) Vorschlag eines Ersatztermins
   (5) Bitte um eventuelle Rücksprache

C. (6) Abschließende Bitte um Verständnis

3. Arbeitsschritt: Vorschreiben des Briefes

Die Gliederungspunkte sind in Form vollständiger Sätze miteinander zu verbinden. Dabei ist es angebracht vorzuschreiben. Nur in Ausnahmefällen gelingt auf Anhieb eine einwandfreie Formulierung. Häufig wird man die erste Fassung kurz überarbeiten müssen. Bezüglich der sprachlichen Gestaltung ist insbesondere auf folgendes zu achten:

1. Vermeidung von Wortwiederholungen
2. Beachtung einer angemessenen Wortwahl
3. Verwendung eines angemessenen Satzbaus
4. Fehlerfreie Rechtschreibung und Zeichensetzung

Beispiel

(1) Im Brief an den Patienten Hagemann nimmt der Begriff *Termin* eine Schlüsselstellung ein. Eine reine Wortwiederholung kann zum Beispiel durch den Gebrauch der Ausdrücke *Untersuchungstermin, Ersatztermin, Röntgentermin* oder *Zeitpunkt* vermieden werden.

(2) Der Brief soll den Patienten Martin Hagemann in erster Linie informieren. Er hat aber auch das Ziel, bei ihm Verständnis für die Terminverschiebung zu wecken. Der Patient soll nicht verärgert werden. Bei der Wortwahl ist daher insbesondere auf Sachlichkeit, Höflichkeit und Entgegenkommen zu achten.

(3) Zur sachlichen Information eignet sich ein einfacher und verständlicher Satzbau.

(4) Der Brief ist die Visitenkarte der Praxis. Rechtschreib- und Zeichensetzungsfehler sind unbedingt zu vermeiden. Im Zweifelsfalle gibt der Duden Auskunft.

4. Arbeitsschritt: Die Reinschrift des Briefes

Zuletzt ist die Reinschrift anzufertigen. Dabei sind die **Formvorschriften** für die Gestaltung eines Geschäftsbriefes zu beachten **(DIN 5008)**[1].

Je nach Arbeitsauftrag ist der Brief dann zur Unterschrift vorzulegen oder mit einem entsprechenden Vermerk (zum Beispiel i. A. = im Auftrage) zu unterschreiben.

Beispiel

Dr. Juliane Braun
Internistin

53117 Bonn
Friesenweg 10
Tel. 0228/682170

Dr. J. Braun   Friesenweg 10   53117 Bonn

Herrn
Martin Hagemann
Kölnstr. 250

53117 Bonn

Bonn, 15.10.19..

Terminverlegung

Sehr geehrter Herr Hagemann,

bei Ihrem letzten Sprechstundenbesuch vereinbarten wir für den 19. Oktober 19.. einen Röntgentermin.

Diesen Untersuchungstermin müssen wir leider verlegen, da am Röntgengerät kurzfristig eine unaufschiebbare Inspektion durchgeführt werden muß.

Als Ersatztermin haben wir für Sie den

      26. Oktober 19.., 10.00 Uhr,

vorgemerkt.

Sollten Sie zu diesem Zeitpunkt verhindert sein, setzen Sie sich bitte kurz mit uns telefonisch in Verbindung, damit wir Ihren Wünschen entsprechen können.

Bitte haben Sie für diese Terminverschiebung Verständnis.

Mit freundlichem Gruß

Dr. Juliane Braun

---

[1] Vergleiche S. 100 ff.

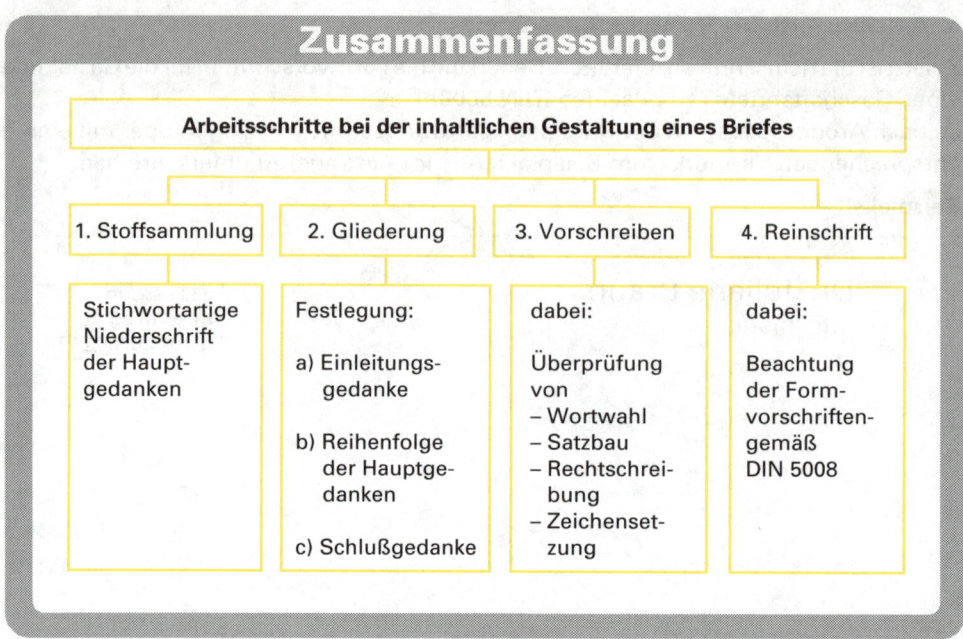

Zusammenfassung

Arbeitsschritte bei der inhaltlichen Gestaltung eines Briefes

1. Stoffsammlung	2. Gliederung	3. Vorschreiben	4. Reinschrift
Stichwortartige Niederschrift der Hauptgedanken	Festlegung: a) Einleitungsgedanke b) Reihenfolge der Hauptgedanken c) Schlußgedanke	dabei: Überprüfung von – Wortwahl – Satzbau – Rechtschreibung – Zeichensetzung	dabei: Beachtung der Formvorschriftengemäß DIN 5008

Übung Übung Übung Übung Übung Übung

Der Schriftverkehr mit Patienten

1. Die Zahnarztpraxis Dr. Jutta Müller (Anschrift nach eigener Wahl) bittet am 19. Mai 19.. ihren Patienten Matthias Hartmann (Anschrift nach eigener Wahl), erst am 23. Mai 19.., um 10.00 Uhr zur Behandlung zu kommen. Am 22. Mai 19.. ist Frau Dr. Müller wegen eines familiären Trauerfalles verhindert.

   Schreiben Sie den Brief, und unterschreiben Sie ihn im Auftrag von Frau Dr. Müller.

2. Im II. Quartal 19.. wurde der Patient Egon Vianden (Anschrift nach eigener Wahl) wegen einer Angina in der Praxis Dr. W. Zerlett (Anschrift nach eigener Wahl) behandelt. Eine Liquidation über 329,30 DM wurde dem Patienten am 15. Juli 19.. zugestellt. Da bis zum 15. September 19.. keine Zahlung eingegangen ist, soll dem Patienten eine erste Zahlungserinnerung zugestellt werden.

   Schreiben Sie den Brief, und legen Sie ihn unterschriftsfertig vor. Überlegen Sie, welche Anlagen dem Brief beigefügt werden sollten.

Der Schriftverkehr mit Lieferanten

Die Dermatologin Dr. Hilde Schneider (Anschrift nach eigener Wahl) bestellt am 10. Mai 19.. bei der Druckerei Hoffmann & Co. (Anschrift nach eigener Wahl):

a) 300 Stück Privatrezepte
b) 500 Stück Briefbögen DIN A5 mit entsprechenden Fensterbriefumschlägen

Vereinbarter Liefertermin ist Ende Mai 19.. Am 03. Juni 19.. werden 300 Privatrezepte geliefert. Sie weisen jedoch einen Druckfehler auf. Zwischenzeitlich hat Frau Dr. Schneider ein günstigeres Angebot von der Druckerei Peter Müller & Sohn erhalten.

Schreiben Sie an die Druckerei Hoffmann & Co., und machen Sie wirtschaftlich sinnvolle Rechte geltend. Unterschreiben Sie den Brief im Auftrage von Frau Dr. Schneider.

Der halbprivate Schriftverkehr

1. Wegen einer fiebrigen Erkältung können Sie an drei Schultagen nicht am Berufsschulunterricht teilnehmen. Verfassen Sie das Entschuldigungsschreiben an Ihren Klassenlehrer.

2.

```
Silke Schmidt
Am Hofgarten 12
53113 Bonn


21. Juni 19..



Herr Lehrer Müller
Kaufmännische Bildungsanstalt
53117 Bonn
Kölnstr. 235


Westdeutsche Korbballmeisterschaften der Damen

Am 25. Juni 19.. kann ich nicht zur Schule kommen,
weil ich mit meiner Mannschaft, der 1. Damenmannschaft
des KBC Bornheim, in der ich als Angriffsspielerin
unersetzlich bin, zu den Westdeutschen Korbball-
meisterschaften fahre. In der vergangenen Saison habe
ich für unsere Mannschaft sageundschreibe 122 Punkte
gemacht. Damit war ich im gesamten Bezirk Rheinland
die erfolgreichste Spielerin. Auch mein Trainer ist
der Meinung, daß man für so ein Ereignis, das nicht
alle Tage vorkommt, die Schule versäumen kann.
Bitte nehmen Sie mein Fehlen zur Kenntnis.

        Mit sportlichem Gruß
```

a) Beurteilen Sie den obigen Brief hinsichtlich Inhalt, Sprache und Form.

b) Schreiben Sie den obigen Brief neu. Achten Sie dabei insbesondere auf eine der Absicht des Briefes angemessene Sprache.

3. Sie haben einen CD-Player (Anschrift des Elektrofachgeschäftes nach eigener Wahl) gekauft. Es wurde Ratenzahlung vereinbart. Nach § 1 b des Abzahlungsgesetzes (AbzG) haben Sie das Recht, Ihre Bestellung innerhalb einer Woche nach Abschluß des Kaufvertrages schriftlich zu widerrufen. Von dieser Möglichkeit möchten Sie Gebrauch machen.

Verfassen Sie den schriftlichen Widerruf. Welche Anlage könnte dem Schreiben beigefügt werden? Welche Versendungsform sollte in dieser Situation gewählt werden?

1.5 Das Bewerbungsschreiben

Die Auszubildende Julia Schiffmann bewirbt sich auf eine Zeitungsanzeige.

Arzthelferin

zur Mitarbeit in der

Inneren Abteilung

unseres Krankenhauses zum baldigen Eintritt gesucht.

Die Bewerberin sollte über gute Schreibmaschinenkenntnisse verfügen.

Wir bieten: Vergütung nach AVR (ähnlich BAT), 38-Stunden-Woche, Sozialleistungen wie im öffentlichen Dienst, Verpflegung in unserer Cafeteria, Unterkunft in unserem Personalwohnheim möglich.

Bewerbungen erbeten an die

**Verwaltung des St.-Severin-Hospitals
Merheimer Straße 217, 52070 Aachen
Telefon 02 41/ 72 06 41**

(Aachener Stadt-Zeitung)

Julia Schiffmann   Aachen, 19.05.19..
Brunnenweg 18
52074 Aachen
Tel.: 02 41/54 87 89

St.-Severin-Hospital
Verwaltung
Merheimer Straße 217

52070 Aachen

Bewerbung als Arzthelferin

Sehr geehrte Damen und Herren,

in der Aachener Stadt-Zeitung vom 18.05.19.. las ich, daß Sie eine
Arzthelferin für Ihre Innere Abteilung suchen.

Um diese Stelle möchte ich mich bewerben.

Nach Erlangung der Fachoberschulreife an der Friedrich-Ebert-
Realschule in Aachen begann ich in einer internistischen Praxis
eine Ausbildung als Arzthelferin. Diese Ausbildung werde ich im
Juni dieses Jahres abschließen.

Während meiner Berufsausbildung bin ich neben Laborarbeiten
schwerpunktmäßig mit Verwaltungsaufgaben betraut worden. Ich
verfüge daher über besondere Fertigkeiten im Schreiben von
Arztbriefen. Dies bezieht sich sowohl auf die Kenntnis der
fachärztlichen Terminologie als auch auf die Beherrschung der DIN-
Vorschriften für die formale Gestaltung von Briefblättern. Die
erforderliche Fertigkeit im Maschinenschreiben habe ich mir im
Berufsschulunterricht und in einem Schreibmaschinenkurs des
Deutschen Schreibmaschinen- und Stenographenverbandes e.V. ange-
eignet. Außerdem bin ich in der Berufsschule in die Arbeit mit einem
Textverarbeitungsprogramm eingeführt worden.

Nach meiner Ausbildung möchte ich die Stelle wechseln, um mich an
einem anderen Arbeitsplatz beruflich weiterzuqualifizieren und um
neue Berufserfahrungen zu sammeln.

Aufgrund des festliegenden Abschlußprüfungstermins könnte ich zum
01. Juli 19.. eine neue Arbeitsstelle antreten.

Ich würde mich freuen, wenn ich mich auch persönlich vorstellen
dürfte.

Mit freundlichem Gruß

Anlagen   *Julia Schiffmann*
1 Lebenslauf
1 Lichtbild
2 Zeugniskopien

Arbeitsauftrag

1. Im vorliegenden Fall bezieht sich die Auszubildende Julia Schiffmann auf eine Zeitungsanzeige. Über welche anderen Informationsquellen kann man von freien Arbeitsstellen erfahren?

2. Welche für eine Bewerbung wichtigen Informationen sind in der obigen Zeitungsanzeige enthalten? Unterscheiden Sie dabei die beiden Fragen:
   a) Was wird vom Bewerber erwartet?
   b) Was bietet die neue Arbeitsstelle?

   Hat Julia Schiffmann ihren Bewerbungstext auf die Stellenanzeige abgestimmt? Belegen Sie Ihre Auffassung mit Textstellen aus dem Bewerbungsbrief.

3. Lesen Sie die Informationen über die Gliederung eines Brieftextes (Seite 113 f.). Beurteilen Sie vor diesem Hintergrund den Aufbau des obigen Bewerbungsbriefes.

4. Julia Schiffmann absolviert ihre Ausbildung in der Praxis einer angesehenen Internistin. Dennoch nennt sie die Ärztin im Bewerbungsschreiben und im Lebenslauf nicht namentlich. Welche Gründe sind dafür denkbar?

5. Erklären Sie, was unter Referenzen zu verstehen ist. Welche Referenzen sind bei einer Bewerbung grundsätzlich denkbar? An welcher Stelle und unter welcher Voraussetzung könnte die Angabe von Referenzen im obigen Bewerbungstext eingebaut werden?

6. Julia Schiffmann muß in ihrer Ausbildungspraxis viele Überstunden machen. Von einem Arbeitsplatz im St.-Severin-Hospital erhofft sie sich vor allem eine regelmäßigere Arbeitszeit. Diskutieren Sie mit anderen Auszubildenden, ob Julia Schiffmann diesen eigentlichen Bewerbungsgrund im Bewerbungsbrief angeben sollte. Sammeln Sie weitere Anlässe für einen Arbeitsplatzwechsel, deren Angabe bei der Bewerbung jedoch problematisch sein könnte.

7. Beurteilen Sie die sprachliche Gestaltung (Wortwahl und Satzbau) des Bewerbungsbriefes. Berücksichtigen Sie dabei insbesondere die Funktion (Aufgabe) des Schreibens (siehe Seite 19 ff.) und wichtige außersprachliche Gegebenheiten (siehe Seite 12 ff.).

8. Diskutieren Sie in der Klasse die Frage, ob man nach Abschluß der Ausbildung die Praxis/Apotheke grundsätzlich wechseln sollte.

9. Sie wollen mit Ihrem Bewerbungsbrief Ihre Kreativität und Individualität zum Audruck bringen. Sie versprechen sich dadurch verbesserte Einstellungschancen bei Arbeitgebern, die auf diese Qualifikationen Wert legen.

   Entwerfen Sie in Partnerarbeit einen Bewerbungstext, der vollständig von der üblichen Norm abweicht.

Der Bewerbungsbrief vermittelt den ersten Eindruck vom Bewerber. Das Schreiben muß deshalb inhaltlich, sprachlich und formal fehlerfrei sein.

1. Die inhaltliche Gliederung des Bewerbungstextes

Stoffsammlung und Gliederung führen beim Bewerbungstext zu folgendem Ergebnis:

1. Bezug auf die Informationsquelle (z.B. Zeitungsanzeige)
2. Bewerbungssatz
3. Kurzer Hinweis auf den bisherigen schulischen und beruflichen Werdegang des Bewerbers
4. Angabe besonderer Kenntnisse und Fertigkeiten
5. Nennung des Bewerbungsgrundes
6. Eventuelle Angabe von Referenzen
7. Hinweis auf den möglichen Arbeitsbeginn
8. Bitte um ein persönliches Vorstellungsgespräch

Erläuterungen:

1. Der Hinweis auf die Informationsquelle hat einleitenden Charakter.

2. Der eigentliche Hauptteil des Bewerbungstextes beginnt mit dem Bewerbungssatz.

3. Da der Bewerbungsbrief vom Empfänger in der Regel zuerst gelesen wird, sollte sich eine kurze Vorstellung des Bewerbers anschließen. Dabei hat man sich jedoch auf zwei oder drei wichtige Stationen des bisherigen Lebensweges zu beschränken.

4. Mit dem Bewerbungstext will der Bewerber u.a. für seine Person werben. Dies erfolgt durch die Erläuterung ausgewählter Kenntnisse und Fertigkeiten. Dabei ist insbesondere auf die geforderten Qualifikationen einzugehen.

5. Die Angabe des Bewerbungsgrundes ist unproblematisch, wenn die Bewerbung zum Beispiel durch einen Wohnungswechsel bedingt ist. In manchen Situationen besteht jedoch die Gefahr, daß der eigentliche Bewerbungsgrund zum Nachteil des Bewerbers ausgelegt werden kann. In diesem Falle bietet es sich an, auf eine allgemeine Begründung auszuweichen. Sie ist so zu formulieren, daß positive Rückschlüsse auf die Person des Bewerbers möglich sind.

6. Die Nennung von Referenzen setzt natürlich voraus, daß die angegebenen Personen informiert worden sind und ihre Zustimmung vorliegt.

7. Es ist in jeder Beziehung vorteilhaft, sich aus einer ungekündigten Stellung zu bewerben. Allerdings ist der Bewerber dann an vertragliche oder gesetzliche Kündigungsfristen gebunden. Sie sind beim Hinweis auf den möglichen Arbeitsbeginn zu beachten. Besteht die Aussicht auf ein Entgegenkommen des bisherigen Arbeitgebers, so ist dies im Bewerbungstext ebenfalls zum Ausdruck zu bringen.

Beispiel

„Aufgrund der gesetzlichen Kündigungsvorschriften könnte ich eine neue Arbeitsstelle grundsätzlich zum 01.04.19.. antreten. Ein früherer Arbeitsbeginn ist jedoch eventuell nach Rücksprache mit meinem jetzigen Arbeitgeber möglich."

8. Die Bitte um ein persönliches Vorstellungsgespräch schließt den Bewerbungstext ab.

2. Die sprachliche Gestaltung des Bewerbungstextes

Der Bewerbungstext hat in erster Linie die Aufgabe, den Adressaten des Briefes von der Qualifikation des Bewerbers zu überzeugen. Völlig falsch wäre es jedoch, in einen anpreisenden Reklamestil zu verfallen. **Sachliche Darstellung und Information** ist in diesem Fall die beste Werbung. Daraus ergeben sich folgende Grundsätze für die sprachliche Gestaltung des Bewerbungstextes:

1. Sachliche und informative Wortwahl
2. Verzicht auf ausschmückende und übertreibende Adjektive
3. Gezielter Einsatz berufsbezogener Fachausdrücke zum Nachweis der beruflichen Qualifikation des Bewerbers
4. Vermeidung von Wortwiederholungen
5. Verwendung eines einfachen und verständlichen Satzbaus
6. Unbedingte Vermeidung von Grammatik-, Rechtschreib- und Zeichensetzungsfehlern

3. Die formale Gestaltung des Bewerbungsbriefes

Die **DIN-Vorschriften** für die Gestaltung von Briefblättern gelten selbstverständlich auch für den Bewerbungsbrief.

Neben medizinischen oder pharmazeutischen Assistenzaufgaben gehören vor allem kaufmännisch-verwaltende Arbeiten zum Tätigkeitsfeld einer Helferin. Die Einhaltung der Formvorschriften beim Bewerbungsschreiben weist somit gleichzeitig eine berufliche Qualifikation der Bewerberin nach.

Die inhaltliche Gliederung des Bewerbungstextes ist äußerlich durch die **Bildung von Absätzen** zum Ausdruck zu bringen. Jeder Gliederungspunkt bildet in der Regel einen Absatz.

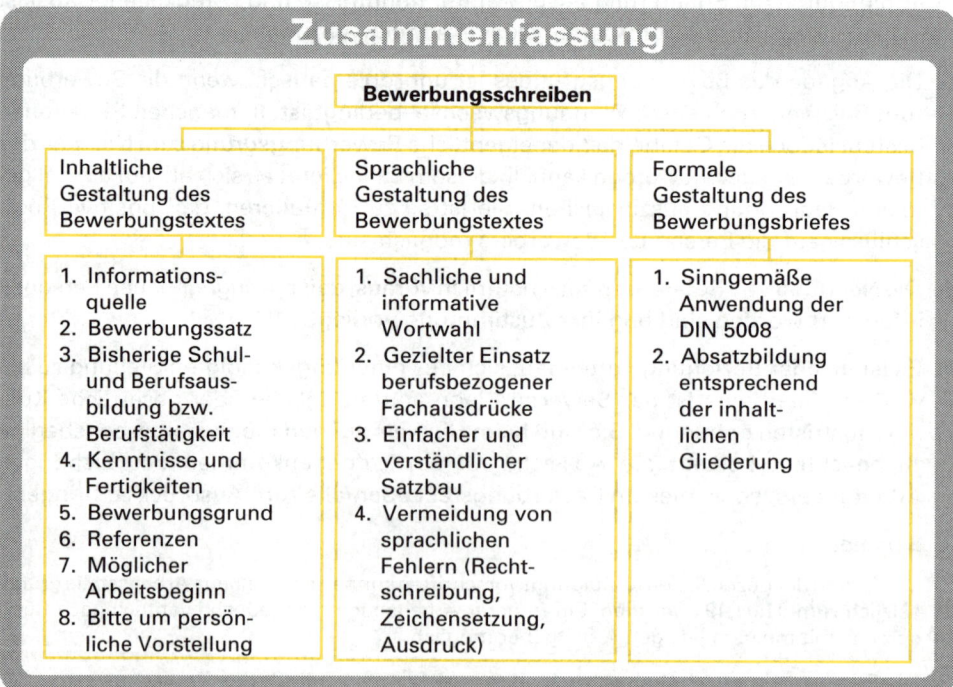

Zusammenfassung

Bewerbungsschreiben

Inhaltliche Gestaltung des Bewerbungstextes	Sprachliche Gestaltung des Bewerbungstextes	Formale Gestaltung des Bewerbungsbriefes
1. Informationsquelle 2. Bewerbungssatz 3. Bisherige Schul- und Berufsausbildung bzw. Berufstätigkeit 4. Kenntnisse und Fertigkeiten 5. Bewerbungsgrund 6. Referenzen 7. Möglicher Arbeitsbeginn 8. Bitte um persönliche Vorstellung	1. Sachliche und informative Wortwahl 2. Gezielter Einsatz berufsbezogener Fachausdrücke 3. Einfacher und verständlicher Satzbau 4. Vermeidung von sprachlichen Fehlern (Rechtschreibung, Zeichensetzung, Ausdruck)	1. Sinngemäße Anwendung der DIN 5008 2. Absatzbildung entsprechend der inhaltlichen Gliederung

1. Eine pharmazeutisch-kaufmännische Angestellte weiß, daß sie aus betrieblichen Gründen nach Abschluß der Ausbildung vom Ausbildungsbetrieb nicht übernommen wird. Neben zwei PTAs können nur eine langjährige Angestellte und zwei Auszubildende beschäftigt werden.

   Nennen Sie je zwei Argumente für und gegen die Angabe dieses Sachverhaltes als Bewerbungsgrund.

2. Als wichtige Anlage ist dem Bewerbungsschreiben der Lebenslauf beigefügt. Er informiert ausführlich über die Schulbildung und die Berufsausbildung der Bewerberin.

   Nehmen Sie Stellung zu der Auffassung, daß man deshalb im Bewerbungsbrief auf diese Angaben verzichten sollte.

3. Verfassen Sie einen Bewerbungsbrief für eine Bewerbung auf eine der beiden folgenden Anzeigen.

   a) Gehen Sie davon aus, daß Sie sich kurz vor Abschluß Ihrer Ausbildung bewerben, weil Sie von Ihrer Ausbildungspraxis nicht übernommen werden.

   b) Gehen Sie davon aus, daß Sie zum Zeitpunkt der Bewerbung seit zwei Jahren als fertige Helferin in Ihrer Ausbildungspraxis angestellt sind. Sie haben ein gutes Verhältnis zu Ihrer Chefin bzw. zu Ihrem Chef. Sie/er hat für Ihren Wunsch, den Arbeitsplatz zu wechseln, um neue Erfahrungen zu sammeln, volles Verständnis.

Zahnarzthelferin für Praxis in St. Augustin gesucht. **Tätigkeitsgebiet:** Vorwiegend Stuhlassistenz **Einstellungstermin:** Sommer 19.. Bewerbungen mit den üblichen Unterlagen an Gen.-Anz., Bonn, am Martinsplatz, unter BZ 71 95 102. *(General-Anzeiger Bonn)*	**Arzthelferin** mit Pioniergeist zur Neugründung einer gynäk. Praxis mit Naturheilverfahren, Raum Köln, zum 1.2.19.. oder später gesucht. Wir suchen eine Mitarbeiterin, die freundlich und aufgeschlossen den Patientinnen gegenüber ist, viel Spaß an ihrer Arbeit hat, Spaß an der Rezeptionstätigkeit hat, EDV-Kenntnisse besitzt und Interesse hat, etwas Neues aufzubauen. Hierfür bieten wir ein leistungsbezogenes Gehalt. Ausführliche Bewerbungsunterlagen an QN 7160 KStA, Breite Str. 70, 50667 Köln. *(Kölner Stadt-Anzeiger)*

4. Sie bewerben sich auf eine Chiffre-Anzeige. Damit besteht die Gefahr, daß Ihre Bewerbung an einen Empfänger weitergeleitet wird, bei dem Sie sich aus verschiedenen Gründen auf keinen Fall bewerben wollen.

   a) Verfassen Sie ein Begleitschreiben an die Anzeigenabteilung der Zeitung, um die Weiterleitung Ihrer Bewerbung an drei bestimmte Praxen/Apotheken (genauere Angaben nach eigener Wahl) auszuschließen.

   b) Wie können Sie sicherstellen, daß dieses Schreiben in der Anzeigenabteilung auch zur Kenntnis genommen wird?

5. Eine ausgebildete Helferin ist in einer Zahnarztpraxis angestellt. Sie möchte jedoch eine geeignete Helferinnenstelle in einer Zahnklinik übernehmen. Sie erwartet von diesem Wechsel in erster Linie verbesserte Arbeitsbedingungen (zum Beispiel vorteilhaftere und geregeltere Arbeitszeit, bessere Sozialleistungen, Verpflegungsmöglichkeit in einer Personalkantine usw.). Da entsprechende Stellenangebote nicht zu finden sind, schreibt sie eine Klinik in der Nähe ihres Wohnortes an.

Verfassen Sie das Arbeitsplatzgesuch an die Zahnklinik (genauere Angaben nach eigener Wahl). Halten Sie dabei die Arbeitsschritte Stoffsammlung, Gliederung, Vorschrift, Reinschrift ein.

6. Eine Helferin möchte eine Arbeitsstelle als Bürokraft übernehmen. Sie erwartet von einem Wechsel insbesondere eine vorteilhaftere Arbeitszeit. Fertigen Sie aufgrund einer der folgenden Anzeigen ein entsprechendes Bewerbungsschreiben an.

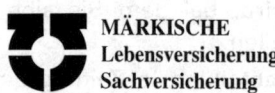

1.6 Der Lebenslauf

Eine wichtige Anlage zum Bewerbungsbrief ist der Lebenslauf. Aufgrund ihrer Übersichtlichkeit kann die Tabellenform am ehesten die Informationsaufgabe eines Lebenslaufes erfüllen.

Lebenslauf

1. Angaben zur Person

Name:	<u>Julia</u> Maria Schiffmann
Geburtsdatum, -ort:	16. Dezember 19.. in Oberhausen
Eltern:	Hans Schiffmann, Kaufmann Maria Schiffmann, geb. Weiß, Hausfrau

2. Schulbildung

Grundschule:	19.. - 19.. Herbartschule in Oberhausen
Realschule:	19.. - 19.. Friedrich-Ebert-Realschule in Aachen

3. Berufsausbildung

Seit 01. September 19.. Ausbildung als Arzthelferin in einer internistischen Praxis

4. Fortbildung

Kurs in Maschinenschreiben und Stenographie

5. Prüfungen

Abschluß der Realschule:	Erlangung der Fachoberschulreife
Maschinenschreiben:	Leistungszertifikat des Deutschen Stenographenverbandes e.V. in Maschinenschreiben (200 Anschläge, Note: sehr gut)

Aachen, 19.05.19..

Julia Schiffmann

---

1. Diskutieren Sie in der Klasse, ob folgende Tatsachen im tabellarischen Lebenslauf einer Helferin Berücksichtigung finden sollten.

   a) dreiwöchiges Ausbildungsverhältnis als Verkäuferin vor Beginn der Ausbildung zur Helferin

   b) dreimonatige Arbeitslosigkeit zwischen Abschluß der Ausbildung und Antritt der momentanen Arbeitsstelle

   c) bestehende sechsmonatige Arbeitslosigkeit zum Zeitpunkt der Bewerbung

   d) Volkshochschulkurs in Maschinenschreiben ohne bestandene Abschlußprüfung

   e) länger zurückliegende viermonatige Arbeitsunfähigkeit wegen Krankheit

   f) Scheidung nach einjähriger Ehe

   g) einjährige Unterbrechung der Berufstätigkeit wegen einer Weltreise

   h) mögliche Schwangerschaft zum Zeitpunkt der Bewerbung

   i) Mitgliedschaft in Vereinen, Organisationen und Parteien

   j) außerberufliche Interessen und Tätigkeiten

   k) Vorhandensein einer Behinderung

   l) besondere Fremdsprachenkenntnisse

   m) eine andere Staatsangehörigkeit

   n) Konfessionszugehörigkeit

2. Schreiben Sie Ihren Lebenslauf für eine Bewerbung um eine Helferinnenstelle

   a) in tabellarischer Form,

   b) in Aufsatzform.

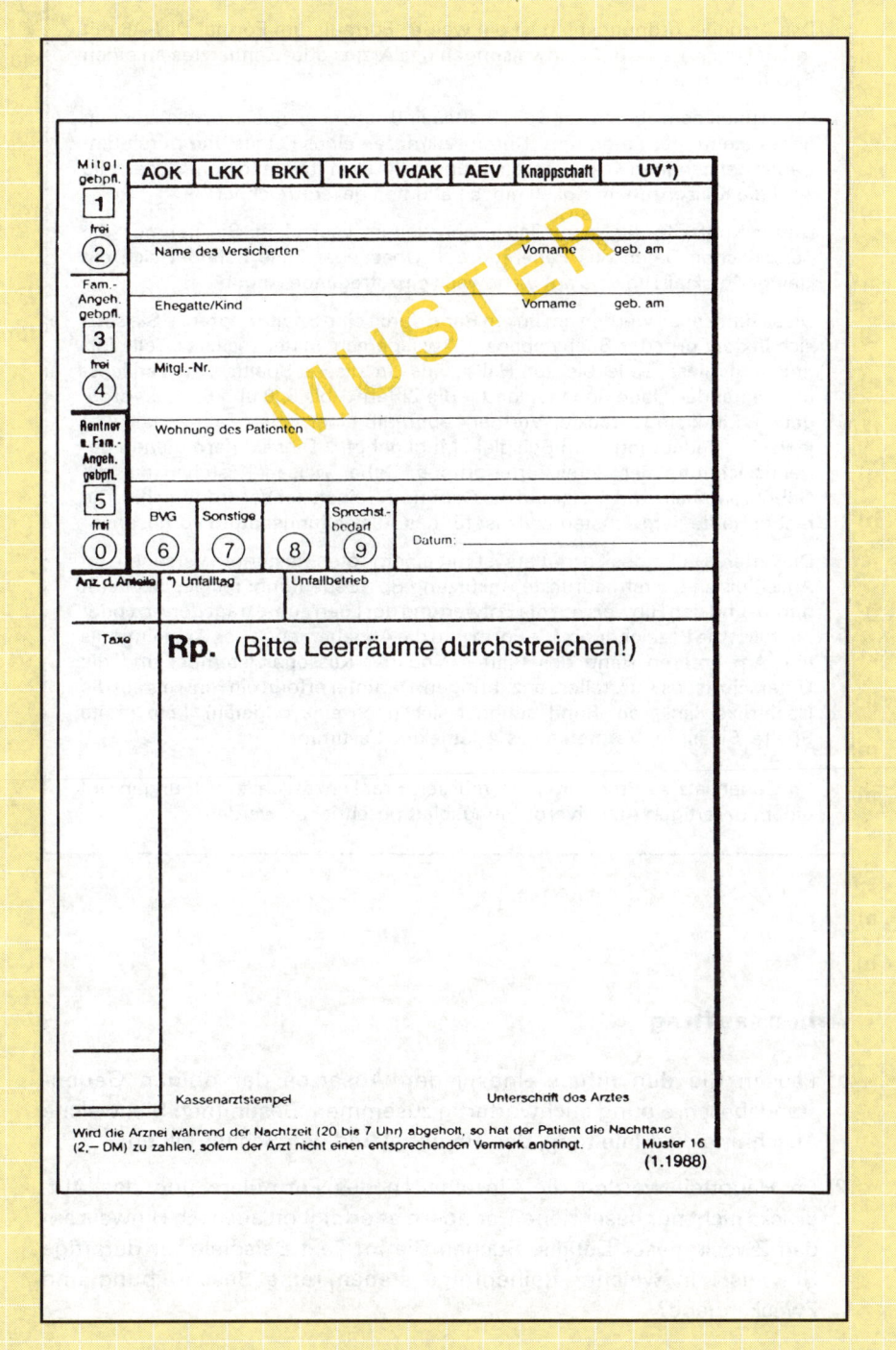

Das Arzneiverordnungsblatt ist ein weißes Formular im Format DIN-A6 mit rotem Druck. Es wird für Anweisungen des Arztes oder Zahnarztes an einen Apotheker benutzt.

Direkt unter dem oberen Rand des Blattes sind nebeneinander die Abkürzungen der Kostenträger aufgeführt. Durch Ankreuzen eines Feldes und durch Eintragen der genauen Kassenbezeichnung in die unmittelbar folgende Leerzeile wird die Kassenzugehörigkeit eines Patienten gekennzeichnet.

Dieser Kopfzeile folgen zunächst vier weitere Leerzeilen. Sie nehmen die persönlichen Daten des Patienten auf. Über jeder Zeile befindet sich ein kleingedruckter Hinweis auf die jeweils einzutragende Angabe.

Diese fünf Zeilen werden am linken Rand durch eine Spalte begrenzt. Sie setzt sich in der Form des Buchstabens „L" waagerecht in der sechsten Zeile fort und füllt diese Zeile bis zur Hälfte aus. In dieser Spalte sind zunächst untereinander, dann nebeneinander die Ziffern 1 bis 5, 0 und 6 bis 9 vorgegeben. Ein kleingedruckter Vermerk oberhalb einer jeden Zahl erklärt ihre jeweilige Bedeutung, zum Beispiel „Mitgl.gebpfl." Diese Ziffern dienen der Kennzeichnung der Versichertengruppe. Dabei weisen Kästchen auf die Gebührenpflicht und Kreise auf die Gebührenfreiheit der Verordnung hin. Die rechte Hälfte der sechsten Zeile ist für das Ausstellungsdatum vorgesehen.

Die untere Hälfte des Formulars ist mit einem roten Rasterfeld versehen. Im Anschluß an die fettgedruckte Abkürzung Rp. (Bedeutung: recipe, das heißt nimm) und den Hinweis auf die Entwertung der Leerräume trägt der Arzt oder Zahnarzt die Bezeichnung, die Form und die Abgabemenge des Arzneimittels ein. Am unteren Rand des Blattes sind der Kassenarztstempel und die Unterschrift des Ausstellers anzubringen. Darunter erfolgt ein Hinweis auf die Nachttaxe. Links am Rand befindet sich noch eine ungefähr 1 cm breite Spalte. Sie ist für Vermerke des Apothekers bestimmt.

Im Gegensatz zu Privatrezepten müssen Krankenkassenverordnungen auf einem derartigen Arzneiverordnungsblatt geschrieben werden.

Arbeitsauftrag

1. Fassen Sie den Inhalt eines jeden Absatzes der obigen Gegenstandsbeschreibung stichwortartig zusammen. Bestimmen Sie, welche Abschnitte die Einleitung, den Hauptteil und den Schluß bilden.

2. Im Hauptteil werden die Einzelheiten des Formulars und des Aufdrucks nicht nur beschrieben, sondern es erfolgt oft auch ein Hinweis auf den Zweck dieser Details. Suchen Sie im Text Beispiele für derartige Hinweise. In welcher Reihenfolge stehen reine Beschreibung und Zweckangabe?

3. Informieren Sie sich im Kapitel „Die Grundleistungen der Sprache"[1] über die verschiedenen Aufgaben der Sprache. Welche Funktion übernimmt die Sprache in der obigen Beschreibung? Wie schlägt sich dies auf die Wortwahl und den Satzbau nieder?

4. Auch an eine Gegenstandsbeschreibung sind bestimmte stilistische Anforderungen zu stellen.

   a) Weisen Sie anhand von Textstellen nach, daß die einzelnen Abschnitte der obigen Beschreibung nicht nur zusammenhanglos aneinandergereiht wurden, sondern sprachlich miteinander verknüpft sind.

   b) Ermitteln Sie im obigen Text bedeutungsähnliche Begriffe, mit deren Hilfe Wortwiederholungen vermieden werden.

5. Welche Auswirkung auf das Textverständnis hätte es, wenn der Schreiber auf die Bildung von Absätzen (Leerzeilen) verzichtete?

6. Lesen Sie die folgenden Ausführungen über die Anfertigung einer Gegenstandsbeschreibung (Seite 130 ff.). Beschreiben Sie dann einen der folgenden Gegenstände oder ein anderes Gerät. Orientieren Sie sich dabei hinsichtlich des Aufbaus, der sprachlichen und formalen Gestaltung Ihres Textes an der obigen Gegenstandsbeschreibung.

   a) Analysenwaage
   b) Ihre Armbanduhr
   c) Fahrrad
   d) Blutdruckmeßgerät

1. Die Kennzeichen der Gegenstandsbeschreibung

a) Der Inhalt der Gegenstandsbeschreibung

> Eine Gegenstandsbeschreibung erläutert die Art, das Aussehen und den Zweck von Gegenständen.

Gegenstandsbeschreibungen kommen im Alltag zum Beispiel in Werbeprospekten, Verkaufsanzeigen, Verlustmeldungen oder in Schul- und Sachbüchern vor.

b) Die Aufgabe der Gegenstandsbeschreibung[2]

🟡 **Die Gegenstandsbeschreibung als darstellender Text**

In der Regel verfolgt der Verfasser einer Gegenstandsbeschreibung das Ziel, den Leser sachlich über ein Objekt zu informieren. In diesem Fall ist die Beschreibung ein darstellender Text. Beispiele sind zum Beispiel Gegenstandsbeschreibungen als Bestandteile von Gebrauchsanweisungen.

---

[1] Vergleiche Seite 19 ff.
[2] Vergleiche zu den Textfunktionen Seite 19 ff.

● Die Gegenstandsbeschreibung als appellativer Text

Manchmal ist die sachliche Information nicht die Hauptaufgabe einer Gegenstandsbeschreibung. Der Leser soll vielmehr zu einer bestimmten Handlung, zum Beispiel
zum Kauf des Gegenstandes, veranlaßt werden. Beschreibungen in Werbeanzeigen
sind Beispiele für solche appellativen Texte.

c) Die Sprache der Gegenstandsbeschreibung

Die sprachliche Gestaltung einer Gegenstandsbeschreibung wird entscheidend von
der jeweiligen Absicht des Schreibers geprägt. Aber auch außersprachliche Einflußgrößen[1]) haben Auswirkungen auf die Sprachgestaltung.

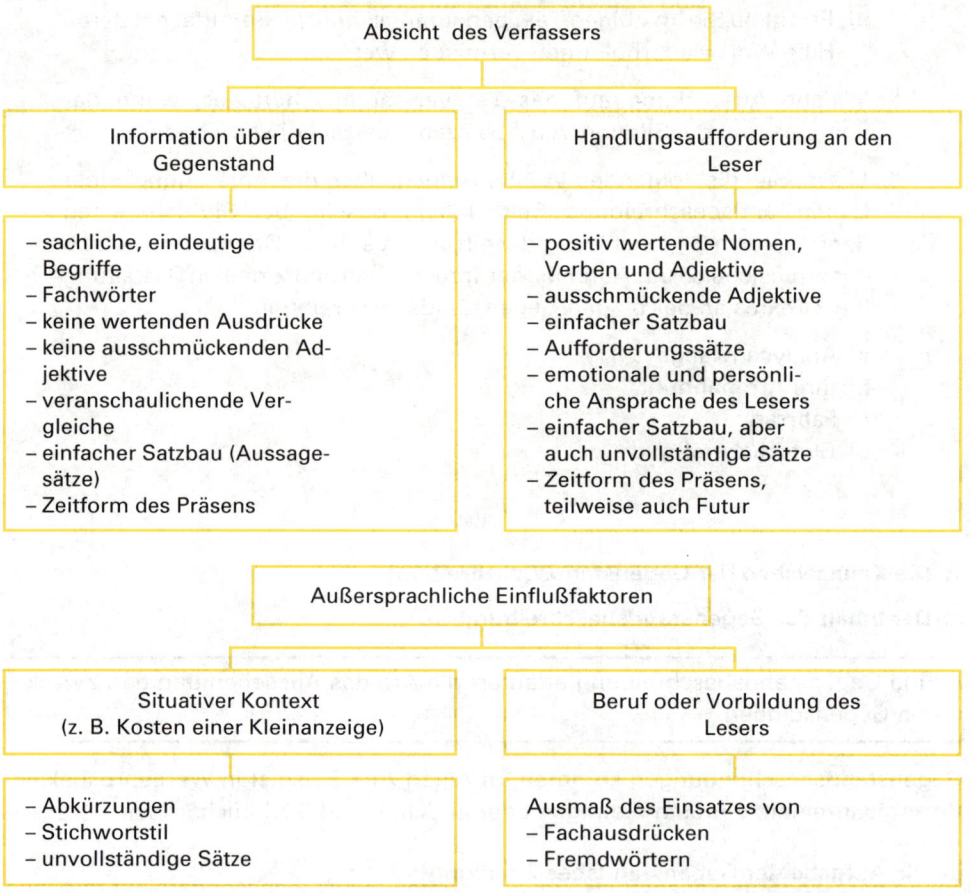

2. Die Anfertigung einer Gegenstandsbeschreibung als darstellender Text

a) Die Stoffsammlung

Die Stoffsammlung ist mit Hilfe von Schlüsselfragen durchzuführen. Dabei stellt sich
der Schreiber in Gedanken die folgenden Fragen.

---

[1]) Vergleiche zu den außersprachlichen Einflußgrößen Seite 12 ff.

Die Antworten auf diese Fragen stellen wichtige Inhaltspunkte für die Gegenstandsbeschreibung dar. Sie sind deshalb stichwortartig zu notieren.

b) Die Gliederung

Das Material der Stoffsammlung ist entsprechend der folgenden Grundgliederung einer Gegenstandsbeschreibung zu ordnen.

A. Einleitung:	Kurzer Gesamtüberblick über Art und Zweck des Gegenstandes
B. Hauptteil:	Beschreibung des Gegenstandes – Äußere Beschreibung der Einzelteile – Erläuterung der Aufgaben und des Zusammenwirkens der Einzelteile
C. Schluß:	Schlußgedanke

Die **Reihenfolge der Darstellung im Hauptteil** hängt entscheidend von der Art des Gegenstandes ab. Manchmal ist es sinnvoll, zunächst nur das äußere Aussehen aller Einzelteile darzustellen. Die Erläuterung der Aufgaben und des Zusammenwirkens dieser Elemente schließt sich dann an. In anderen Fällen ist es angebrachter, jeden Bestandteil geschlossen für sich (Aussehen, Aufgaben und Zusammenwirken mit anderen Teilen) abzuhandeln.

Bei beiden Vorgehensweisen ist jedoch **vom Allgemeinen zum Besonderen** fortzuschreiten. Von der Grundausstattung ist zur Sonderausstattung überzugehen. Komplexe Bedienungselemente folgen auf einfache.

c) Die Ausführung

Auf der Grundlage der Stoffsammlung wird die Gegenstandsbeschreibung entsprechend der Gliederung ausgeführt. Bei der Darstellung ist insbesondere auf folgende Punkte zu achten:

1. Beachtung der sprachlichen Anforderungen an einen darstellenden Text
2. Bildung von Absätzen entsprechend der gedanklichen Gliederung der Beschreibung
3. Sprachliche Verknüpfung der Absätze
4. Vermeidung von Wortwiederholungen
5. Sicherstellung einer fehlerfreien Rechtschreibung und Zeichensetzung

Zusammenfassung

Anfertigung einer Gegenstandsbeschreibung
(darstellender Text)

Stoffsammlung	Gliederung	Ausführung
1. Befragung des Gegenstandes mit Schlüsselfragen	1. Grundaufbau A. Gesamtüberblick B. Detailbeschreibung	Beschreibung des Objektes auf der Grundlage der Stoffsammlung und entsprechend der Gliederung
2. Stichwortartiges Notieren der Antworten	C. Schlußbemerkung	dabei insbesondere: a) Beachtung der sprachlichen Merkmale eines darstellenden Textes
dabei insbesondere: empfängerabhängige Berücksichtigung von Fachausdrücken	2. Gliederungsprinzip Übergang vom Allgemeinen zum Besonderen	b) Absatzbildung c) sprachliche Verknüpfung der Absätze d) Vermeidung von Wortwiederholungen

Übung Übung Übung Übung Übung Übung

1. „Gegenstandsbeschreibungen sind in der Regel darstellende Texte. In bestimmten Situationen weist eine Gegenstandsbeschreibung aber auch starke appellative Elemente auf."

   Erläutern Sie diese Aussage. An welchen sprachlichen Merkmalen erkennt man eine eher darstellende und eine eher appellative Gegenstandsbeschreibung?

2. Neben der Absicht des Schreibers beeinflussen noch andere Umstände die sprachliche Gestaltung einer Gegenstandsbeschreibung. Nennen Sie diese Einflußfaktoren. Wie wirken sie sich auf die Sprachgestaltung aus?

3. Begründen Sie, warum eine Gegenstandsbeschreibung (darstellender Text) in der Zeitform des Präsens zu verfassen ist.

4. Sie wollen Ihr Auto mit Hilfe einer Kleinanzeige verkaufen. Fertigen Sie eine Gegenstandsbeschreibung zu Ihrem Fahrzeug für eine derartige Annonce an.

5. Beschreiben Sie den Arbeitsplatz einer Zahnarzthelferin anhand der folgenden Abbildungen.

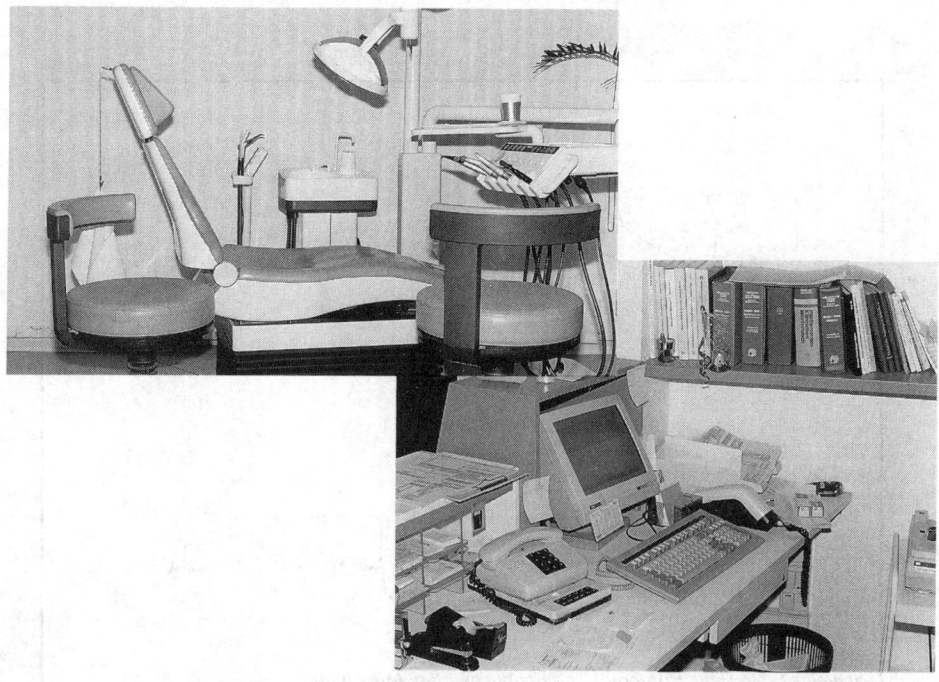

6. Verfassen Sie eine Gegenstandsbeschreibung zu einer der folgenden Abbildungen.

3 Die Vorgangsbeschreibung

(Quelle: Erste Hilfe. Humboldt-Taschenbuchverlag. München)

Arbeitsauftrag

1. Welchen Vorgang veranschaulicht die obige Abbildung? Beherrschen Sie persönlich diese Erste-Hilfe-Maßnahme? Tragen Sie im Gespräch mit Ihren Mitschülern Gründe für die unzureichenden Erste-Hilfe-Kenntnisse vieler Menschen und für ihre Scheu, bei einem Notfall helfend einzugreifen, zusammen.

2. Zu der obigen Darstellung ist ein erläuternder Text zu verfassen. Diese Vorgangsbeschreibung soll zusammen mit der Abbildung in einer Autozeitschrift veröffentlicht werden.

  a) Welche Aufgabe haben der Text und die Zeichnung in diesem Fall? Welche Auswirkungen muß dies auf die Wortwahl und den Satzbau der anzufertigenden Vorgangsbeschreibung haben?

  b) Grundsätzlich könnte die Beschreibung in der ersten Person (Ich knie nieder und...) oder in der dritten Person (Man kniet nieder und...) verfaßt werden. Welche grammatische Form erscheint Ihnen geeigneter? Begründen Sie Ihre Entscheidung.

c) In dem Text könnte zum Beispiel folgender Satz enthalten sein:

„Nachdem sich der Helfer wieder aufgerichtet hat, winkelt er den hinteren Arm des Notfallpatienten leicht an."
Welche beiden Zeitformen kommen in diesem Satz vor? Erläutern Sie, warum diese unterschiedlichen Zeitformen erforderlich sind.

d) Begründen Sie, warum bei einer Vorgangsbeschreibung die Gefahr besteht, die Sätze immer wieder mit dem Wort *dann* zu beginnen. Mit welchen Formulierungen kann man eine derartige Wiederholung der Satzanfänge vermeiden?

e) In Vorgangsbeschreibungen herrschen oft Passivsätze vor, zum Beispiel:
„Das Knie des Patienten wird gebeugt."
„Der Notfallpatient wird auf die Seite gezogen."

Durch welche Umschreibungen kann man einer ständigen Wiederholung von Passivsätzen aus dem Weg gehen?

3. Die obige Abbildung zerlegt den Vorgang in seine wesentlichen Phasen. Ordnen Sie den einzelnen Bildern die folgenden Überschriften zu:
„Überstrecken des Kopfes und Fixierung der Lage mit der zweiten Hand", „Herüberziehen des Notfallpatienten", „Anwinkeln des Armes auf der Rückseite", „Unterlegen des Armes", „Beugen des Knies".

4. Sammeln Sie für jede Phase stichwortartig die zentralen Nomen, Verben und Adjektive, die für eine Beschreibung der einzelnen Schritte erforderlich sind.

5. Fertigen Sie unter Verwendung der zusammengetragenen Begriffe eine Vorgangsbeschreibung an. Beachten Sie dabei auch die sprachlichen Anforderungen an einen derartigen Text.

1. Die Merkmale der Vorgangsbeschreibung

a) Der Inhalt der Vorgangsbeschreibung

Eine Vorgangsbeschreibung ist die Darstellung des Ablaufes eines wiederholbaren und gleichverlaufenden Geschehens.

Vorgangsbeschreibungen kommen im Alltag in Form von Gebrauchs- und Bedienungsanleitungen, Arbeitsanleitungen, Rezepten, Spielregeln usw. vor.

b) Die Aufgabe einer Vorgangsbeschreibung

Ziel einer Vorgangsbeschreibung ist die sachliche Information des Lesers. Er soll den Vorgang praktisch oder gedanklich nachvollziehen können.

c) Die Sprache der Vorgangsbeschreibung

Eine Vorgangsbeschreibung ist ein darstellender Text. Diese Textfunktion und der jeweilige Empfänger beeinflussen in erster Linie die sprachliche Gestaltung.

Sprachliche Kennzeichen einer Vorgangsbeschreibung

1. Wortwahl: – Ausschließlicher Gebrauch sachlicher Begriffe
– Einsatz von Fachausdrücken in Abhängigkeit vom Beruf oder vom Bildungsstand des Empfängers
2. Satzbau: – Verwendung einfacher Hauptsätze und übersichtlicher Satzgefüge in der dritten Person *(man)*
– Vorherrschen von Passivsätzen
3. Zeitform: Verwendung von Präsens oder Perfekt aufgrund der beliebigen Wiederholbarkeit des Vorganges

---

2. Die Anfertigung einer Vorgangsbeschreibung

a) Die Stoffsammlung

Zum Zwecke der Stoffsammlung zerlegt man den Vorgang gedanklich in seine wesentlichen **Phasen** und notiert sie stichwortartig. Als nächstes werden diesen Einzelschritten des Handlungsablaufes die zentralen **Nomen, Verben und Adjektive** zugeordnet, die für ihre Beschreibung erforderlich sind. In diese Sammlung von Begriffen müssen insbesondere auch die **Fachausdrücke** des jeweiligen Sachgebietes mit einbezogen werden. Allerdings ist dabei der Adressat des Textes zu berücksichtigen. Für die Beschreibung eines Analysevorgangs in einem medizinischen Fachbuch sind sicherlich andere Fachwörter zusammenzutragen als für die Darstellung des gleichen Vorganges auf einem Beipackzettel zur Information des Patienten.

b) Die Gliederung

Die folgende Darstellung veranschaulicht die Grundgliederung einer Vorgangsbeschreibung.

A. Einleitung:	Einführender Hinweis auf die Art und die Bedeutung des Vorganges
B. Hauptteil:	Beschreibung des Vorganges – Darstellung der ersten Phase – Darstellung der zweiten Phase – ...
C. Schluß:	Schlußbemerkung

Der Hauptteil ist entsprechend den Phasen des Arbeitsvorganges zu gliedern. Diese einzelnen Stufen sind bereits im Rahmen der Stoffsammlung ermittelt worden. Folglich kommt es nur noch darauf an, die richtige zeitliche Reihenfolge festzulegen und einzuhalten.

c) Die Ausführung

Unter Verwendung der gesammelten Begriffe und unter Beachtung der chronologischen Reihenfolge der einzelnen Arbeitsschritte wird der Vorgang in seinem Ablauf beschrieben. Bei der Darstellung ist insbesondere auf folgende Punkte zu achten:

1. Einhaltung der oben genannten sprachlichen Anforderungen an eine Vorgangsbeschreibung
2. Vermeidung gleicher Satzanfänge durch Verwendung von Ersatzwörtern für das Adverb *dann* (zum Beispiel: *jetzt, daraufhin, als nächstes* usw.)
3. Abwechslungsreiche Gestaltung der Passivsätze (zum Beispiel: „Die Binde wird umgeschlagen. / Die Binde ist umzuschlagen. / Man schlägt die Binde um.")
4. Bildung von Absätzen entsprechend den einzelnen Phasen des Vorganges
5. Sicherstellung einer fehlerfreien Rechtschreibung und Zeichensetzung

Zusammenfassung

Anfertigung einer Vorgangsbeschreibung

Stoffsammlung	Gliederung	Ausführung
1. Zerlegung des gesamten Vorganges in seine wichtigsten Einzelphasen	1. Grundaufbau A. Hinführung B. Chronologische Beschreibung der einzelnen Phasen C. Schlußgedanke	Beschreibung des Vorganges auf der Grundlage der Stoffsammlung und entsprechend der Gliederung
2. Sammlung und Zuordnung treffender Verben, Nomen und Adjektive		dabei insbesondere: 1. Beachtung der sprachlichen Merkmale eines darstellenden Textes
dabei insbesondere: empfängerabhängige Berücksichtigung von Fachausdrücken	2. Gliederungsprinzip: Beachtung der tatsächlichen zeitlichen Reihenfolge der einzelnen Phasen	2. abwechselungsreiche Gestaltung der Satzanfänge und Passivsätze 3. Absatzbildung 4. fehlerfreie Rechtschreibung und Zeichensetzung

1. Nennen Sie alltägliche Beispiele für Vorgangsbeschreibungen. Welche Absicht verfolgt der jeweilige Verfasser mit seinem Text? Wie beeinflußt diese Aufgabe die sprachliche Gestaltung einer Vorgangsbeschreibung?

2. Verfassen Sie eine Vorgangsbeschreibung zu einem der folgenden Sachverhalte.

a) Die Anfertigung einer Vorgangsbeschreibung
b) Die Anfertigung einer Gegenstandsbeschreibung

3. „Die in der Datenverarbeitung verwendeten Programmablaufpläne sind eigentlich Vorgangsbeschreibungen."

Begründen Sie diese Aussage. Welche Vor- und Nachteile sind mit dieser Darstellungsform von Vorgangsbeschreibungen verbunden?

4. Manchmal muß in einer Notfallsituation auch ein Feuerlöscher eingesetzt werden.

a) Begründen Sie, warum die Bedienungsanleitung eines Feuerlöschers eine Vorgangsbeschreibung darstellt.

b) Kennzeichnen Sie kurz die äußeren Umstände einer Notfallsituation und die psychische Verfassung eines Benutzers des Feuerlöschers. Wie muß sich dieser situative Kontext in der inhaltlichen, sprachlichen und formalen Gestaltung der Bedienungsanleitung niederschlagen?

c) Überprüfen Sie unter diesem Gesichtspunkt die Bedienungsanleitung auf Feuerlöschern, die zum Beispiel in Ihrer Berufsschule angebracht sind.

5. Bei der Anfertigung eines Textes ist von vornherein zu berücksichtigen, für welche Personen er verfaßt wird und unter welchen Umständen er gelesen wird. Überprüfen Sie bei der folgenden Vorgangsbeschreibung, inwiefern dieser Kontext die inhaltliche, sprachliche und formale Gestaltung der Beschreibung beeinflußt.

Test auf okkultes Blut im Stuhl

Und so einfach ist der Test:

1 Schreiben Sie Ihren Namen und das Datum auf die Rückseite eines Testbriefchens.

2 Öffnen Sie die Vorderseite dieses Briefchens, und entnehmen Sie mit einem Spatel eine kleine Probe des Stuhls.

3 Füllen Sie durch Verstreichen dieser Probe das linke, rot umrandete Testfeld ganz oder nahezu ganz aus.

4 Entnehmen Sie mit einem neuen Spatel von einer anderen Stelle des Stuhls eine weitere Probe, und verstreichen Sie diese jetzt im rechten Testfeld.

---

5 Schließen Sie das Briefchen, und legen Sie es in den Rückgabebeutel aus bakteriensicherem Papier.

Verfahren Sie ebenso am 2. und 3. Testtag mit den beiden übrigen Testbriefchen,
schließen Sie den Rückgabebeutel und geben Sie ihn dem Arzt zurück!

6. Fertigen Sie zu der folgenden Abbildung die entsprechende Vorgangsbeschreibung
an.

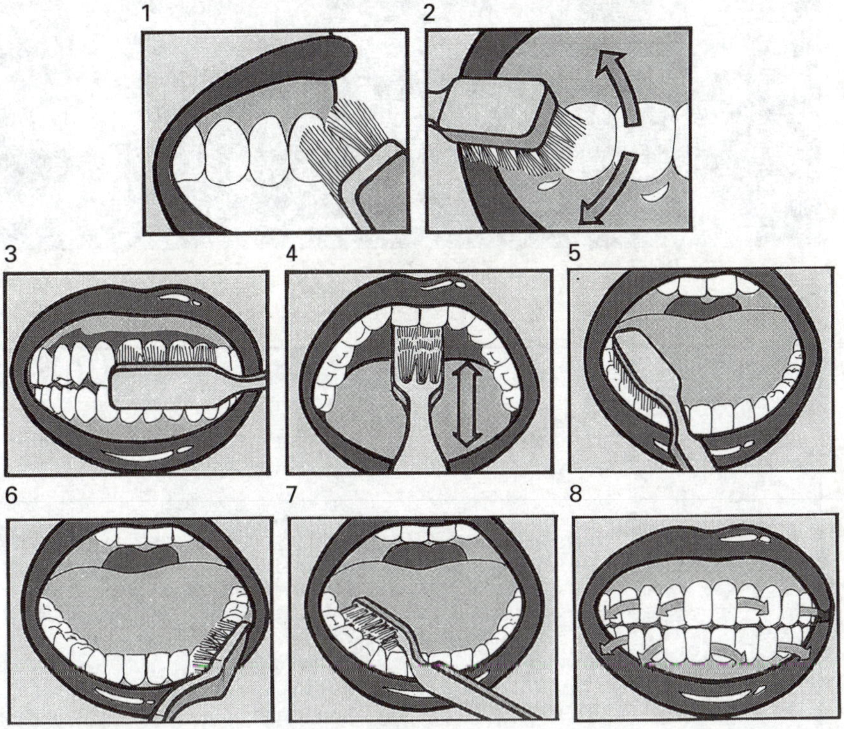

(Heinrich/Hoffmann: Die Zahnarzthelferin. Dr. Alfred Hüthig Verlag. 21. Auflage. Heidelberg
1980. S. 267)

7. Verfassen Sie eine Beschreibung zu den folgenden Vorgängen:

a) Zubereitung Ihrer Lieblingsspeise

b) Bedienung eines Geldautomaten

c) Vorbereitung und Durchführung einer Injektion

d) Desinfektion eines Gerätes

e) Zahnreinigung mit der Zahnseide

f) Blutdruckmessen

g) Bestellvorgang in einer Apotheke

4 Das Protokoll

Text 1

```
         Protokoll der Fachkundestunde der ARU 3


Tag:            19. August 19..
Ort:            Kaufmännische Bildungsanstalt,
                Kölnstraße 235, 53117 Bonn, Raum 213
Anwesende:      Frau Dr. Hausmann,
                27 Schülerinnen der ARU 3 (siehe Klassenbuch)
Protokoll:      Andrea Schiffer
Thema:          Berufe im Gesundheitswesen
Beginn:         8.45 Uhr


Verlauf der Unterrichtsstunde:

Zu Beginn liest eine Schülerin nach Aufforderung durch die
Fachlehrerin ihre Hausaufgabe über die Bereiche des Gesund-
heitswesens vor.

Danach fordert Frau Dr. Hausmann die Klasse auf, bekannte
Berufe aus dem Gesundheitsbereich aufzuzählen. Folgende
Beispiele werden von verschiedenen Schülerinnen genannt
und von der Lehrerin an der Tafel notiert: Arzthelferin,
Zahnarzthelferin, Arzt, Zahnarzt, Tierarzt, Kranken-
schwester, Apotheker und pharmazeutisch-kaufmännische
Angestellte, Medizinisch-technische Assistentin und Kranken-
gymnastin.
```

Anhand dieser Beispiele wird erarbeitet, daß Berufe der
Primärversorgung, diagnostisch-technische, therapeutisch-
rehabilitative Berufe und Pflegeberufe zu unterscheiden
sind.

Im Anschluß daran erfolgt eine ausführlichere Besprechung
des Helferinnenberufes. Frau Dr. Hausmann bittet die Klasse,
anhand der ersten Berufserfahrungen die Aufgaben einer
Helferin zu beschreiben. Die einzelnen Wortmeldungen können
zu folgenden prinzipiellen Aufgabenbereichen zusammengefaßt
werden:

Die Helferin betreut die Patienten, führt Laboruntersu-
chungen durch, assistiert dem Arzt bei der Diagnose und
Therapie, verwaltet den Arbeitsablauf in der Praxis und ist
für die Pflege der Praxisräume, Instrumente und Geräte
zuständig. Abschließend weist Frau Dr. Hausmann noch darauf
hin, daß die kombinierte Ausbildung in Praxis und Berufsschule als duale Berufsausbildung bezeichnet wird.

Im Anschluß daran erklärt die Fachkundelehrerin die Ausbildung eines Arztes. Sie setzt zur Veranschaulichung
verschiedene Folien ein und sagt, daß die ärztliche Ausbildung mit einem sechsjährigen Studium beginne. Im Mittelpunkt der ersten zwei Jahre ständen die Anatomie und
Physiologie des Menschen und die Vermittlung natur-
wissenschaftlicher Grundlagen. In den nächsten vier Jahren
beschäftige sich der Student mit der Diagnostik, Therapie
und Vorbeugung der Krankheiten. Dabei müsse das letzte Jahr
in einem Lehrkrankenhaus absolviert werden. Nach einer
weiteren Ausbildungsphase als Arzt im Praktikum erhalte der
Mediziner seine Approbation, das heißt seine Anerkennung
als Arzt.

Für die nächste Stunde erhält die Klasse die Aufgabe, im
Fachkundebuch die Kapitel über die Pflegeberufe und die
therapeutisch-rehabilitativen Berufe (S. 18-22) durch-
zuarbeiten.

Ende: 9.30 Uhr

Andrea Schiffer

(Protokollführerin)

Protokoll der Fachkundestunde der ARU 3

Tag: 19. August 19..
Ort: Kaufmännische Bildungsanstalt,
              Kölnstraße 235, 53117 Bonn, Raum 213
Anwesende: Frau Dr. Hausmann,
              27 Schülerinnen der ARU 3 (siehe Klassenbuch)
Protokoll: Andrea Schiffer
Thema: Berufe im Gesundheitswesen
Beginn: 8.45 Uhr

Ergebnisse der Stunde:

1. Wichtige Berufe des Gesundheitswesens sind zum Beispiel:
   Arzt, Zahnarzt, Tierarzt, Apotheker, Arzthelferin,
   Zahnarzthelferin, pharmazeutisch-kaufmännische Angestellte,
   Krankenschwester, Medizinisch-technische Assistentin,
   Krankengymnastin.

2. Es ist zwischen Berufen der Primärversorgung, diagno-
   stisch-technischen, therapeutisch-rehabilitativen Berufen und Pflegeberufen zu unterscheiden.

3. Die Ausbildung zur Ärztin/zum Arzt erfolgt zunächst im Rahmen
   eines sechsjährigen Studiums. In den ersten zwei Jahren werden
   anatomische und physiologische Kenntnisse und naturwissen-
   schaftliche Grundlagen vermittelt. Ausbildungsschwerpunkte
   der nächsten vier Jahre sind Diagnostik, Therapie und Krank-
   heitsvorbeugung. Das vierte Jahr ist dabei in einem Lehrkrankenhaus zu absolvieren. Nach der sich anschließenden Ausbildungsphase als Arzt im Praktikum erhält die Medizinerin/der
   Mediziner ihre/seine Approbation (Anerkennung als Arzt).

4. Die Ausbildung zur Helferin erfolgt im Rahmen der
   dualen Berufsausbildung an den Lernorten Arztpraxis
   und Berufsschule.

5. Die Aufgaben einer Helferin sind die Betreuung der
   Patienten, die Durchführung von Laborarbeiten, die
   Assistenz bei der Diagnose und Therapie, die Verwaltung des Praxisablaufs und die Pflege der Praxisräume
   und Einrichtungsgegenstände.

6. Die Hausaufgabe besteht im Durcharbeiten der Seiten
   18-22 des Fachkundebuches.

Ende: 9.30 Uhr

Andrea Schiffer

(Protokollführerin)

Arbeitsauftrag

1. Erklären Sie allgemein, was ein Protokoll ist, und nennen Sie verschiedene Situationen, in denen Protokolle angefertigt werden.

2. a) Welche Aufgaben hat das Protokoll einer Unterrichtsstunde? Aus welchen Gründen wird bei anderen Anlässen ein Protokoll geführt? Wie müssen sich diese Aufgaben auf die Wortwahl und den Satzbau in einem Protokoll niederschlagen? Beurteilen Sie vor diesem Hintergrund die sprachliche Gestaltung der beiden obigen Texte.

   b) Wichtige Aussagen von Gesprächsteilnehmern sind in ein Protokoll aufzunehmen. In welcher Redeform erfolgt die Wiedergabe von Wortbeiträgen? Suchen Sie dafür im ersten Protokoll eine beispielhafte Textstelle.

   c) Bestimmen Sie anhand der obigen Beispiele die Zeitform, in der ein Protokoll abzufassen ist. Welche Gründe lassen sich für die Wahl dieser Zeitform anführen?

   d) Beim Schreiben eines Protokolles ist die Gefahr sehr groß, gerade die Wörter *dann* und *sagen* ständig zu wiederholen. Ermitteln Sie im ersten Beispieltext mögliche Ersatzwörter. Welche weiteren Ersatzwörter stehen zur Verfügung?

3. Beschreiben Sie den formalen Aufbau eines Protokolles.

4. a) Erläutern Sie am Beispiel der beiden obigen Protokollvarianten das Wesen eines Verlaufsprotokolles und eines Ergebnisprotokolles. Gehen Sie dabei insbesondere auf die Unterschiede bei den wiedergegebenen Inhalten, der inhaltlichen Gliederung und der sprachlichen Fassung ein.

   b) Beurteilen Sie die beiden Protokollarten aufgrund ihrer jeweiligen Vor- und Nachteile.

5. Verfassen Sie mit Hilfe der folgenden Informationen das Verlaufsprotokoll über eine Unterrichtsstunde.

1. Die Merkmale eines Protokolles

a) Der Inhalt eines Protokolles

> Ein Protokoll ist die Niederschrift über den Verlauf und/oder die Ergebnisse einer Verhandlung, Besprechung, Versammlung oder Lehrveranstaltung.

In Abhängigkeit vom inhaltlichen Umfang unterscheidet man drei Arten von Protokollen:

● Das Sitzungsprotokoll

Die Sitzungen des Bundestages oder der Länderparlamente werden von Parlaments-stenographen in vollem Wortlaut mitgeschrieben.

● Das Verlaufsprotokoll

In Form eines Berichtes wird der Gesprächsverlauf mit den wichtigsten Beiträgen und allen Ergebnissen wiedergegeben.

● Das Ergebnisprotokoll

Ausschließlich die Ergebnisse und Beschlüsse werden stichwortartig oder in Form kurzer Sätze im Protokoll aufgelistet.

Die Situation und der Empfänger, vor allem jedoch die Absicht bestimmen die aus-zuwählende Protokollart. Dient das Protokoll als Gedächtnisstütze oder sollen die Beschlüsse beweiskräftig dokumentiert werden, genügt bei vielen Anlässen das Ergebnisprotokoll. Die nachträgliche Information Abwesender über den genaueren Ablauf der Veranstaltung erfordert dagegen oft das ausführlichere Verlaufsprotokoll.

b) Die Sprache im Protokoll

Ein Protokoll ist ein **darstellender Text**. Der Leser soll über den Verlauf und/oder die Ergebnisse zum Beispiel einer Versammlung informiert werden. Diese Aufgabe erfordert einen **sachlichen Stil** mit folgenden sprachlichen Merkmalen:

1. Wortwahl:	Gebrauch sachlicher Begriffe und Fachausdrücke; Einsatz treffender, unterscheidender Adjektive; Verzicht auf ausschmückende und wertende Wendungen
2. Satzbau:	Verwendung einfacher Hauptsätze und übersichtlicher Satzverbindungen und Satzgefüge
3. Aussageweise:	Wiedergabe von Gesprächsbeiträgen in indirekter Rede (Verlaufsprotokoll)
4. Zeitform:	Präsens (Begründung: zeitunabhängige Gültigkeit der im Protokoll erfaßten Ergebnisse, Beschlüsse und sonstigen Informationen)

c) Der Aufbau und die Form eines Protokolles

Wie nahezu jeder andere Text weist auch das Protokoll die Abschnitte Einleitung, Hauptteil, Schluß auf.

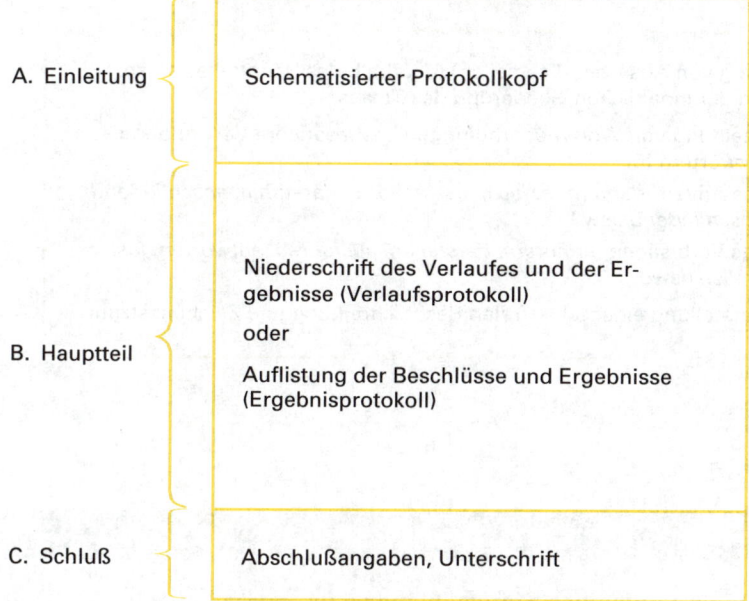

A. Einleitung — Schematisierter Protokollkopf

B. Hauptteil — Niederschrift des Verlaufes und der Ergebnisse (Verlaufsprotokoll)

oder

Auflistung der Beschlüsse und Ergebnisse (Ergebnisprotokoll)

C. Schluß — Abschlußangaben, Unterschrift

2. Die Anfertigung eines Protokolles

a) Die Stoffsammlung

Bereits während der Sitzung notiert der Protokollführer stichwortartig wesentliche Aussagen. Anträge und Beschlüsse sind nach Möglichkeit wörtlich, Abstimmungsergebnisse mit genauen Daten mitzuschreiben. Möglichst bald nach Beendigung der Veranstaltung sollte überprüft werden, ob nachträgliche Ergänzungen aus dem Gedächtnis erforderlich sind. Das Anlegen eines Stichwortzettels und einer Anwesenheitsliste gehören zur Vorbereitung dieses ersten Arbeitsschrittes.

b) Die Gliederung

Die Gliederung stellt den Plan für das Schreiben des Protokolles dar. Sie wird aus der Stoffsammlung durch folgende Arbeitsschritte entwickelt.

> **Verlaufsprotokoll**
> 1. Kritische Überprüfung der Wichtigkeit der notierten Stoffsammlungspunkte
> 2. Zusammenfassung gleichartiger Beiträge zu Kernaussagen
> 3. Aneinanderreihung der zentralen Einzelbeiträge, der gebündelten Kernaussagen, der Ergebnisse und Beschlüsse entsprechend dem tatsächlichen Verlauf (chronologische Reihenfolge)
>
> **Ergebnisprotokoll**
> Ordnen der Ergebnisse und Beschlüsse nach sachlichen Gesichtspunkten, zum Beispiel nach einer vorgegebenen Tagesordnung

c) Die Ausführung

Zumindest der Hauptteil sollte vorgeschrieben werden. Bei der Überprüfung der Vorschrift und der Reinschrift ist insbesondere auf folgende Punkte zu achten:

1. Bildung von Absätzen (Leerzeilen) innerhalb des Hauptteiles entsprechend der inhaltlichen Gliederung des Textes
2. Vermeidung von Wortwiederholungen, insbesondere Verwendung von Ersatzwörtern für
   a) das Adverb *dann (nun, jetzt, als nächstes, daraufhin, anschließend, abschließend usw.)*
   b) das Verb *sagen (erläutern, darstellen, ausführen, antworten, feststellen usw.)*
3. Sicherstellung einer fehlerfreien Rechtschreibung und Zeichensetzung

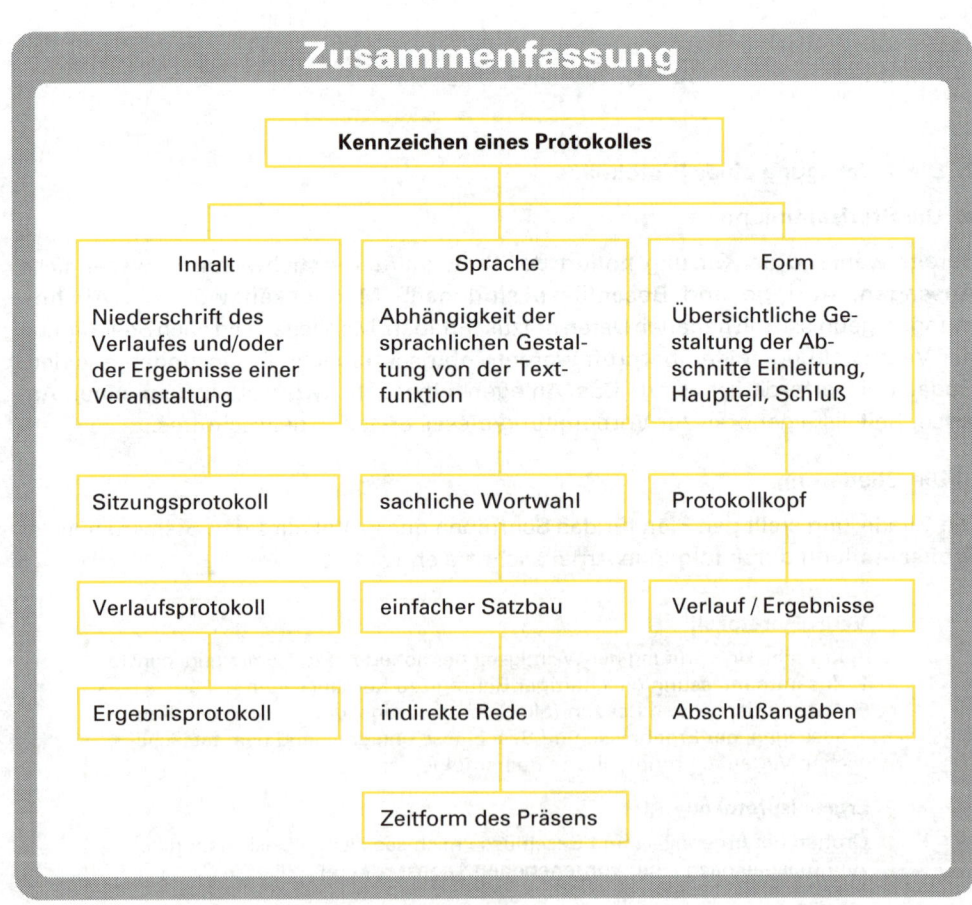

Zusammenfassung

Kennzeichen eines Protokolles

Inhalt	Sprache	Form
Niederschrift des Verlaufes und/oder der Ergebnisse einer Veranstaltung	Abhängigkeit der sprachlichen Gestaltung von der Textfunktion	Übersichtliche Gestaltung der Abschnitte Einleitung, Hauptteil, Schluß
Sitzungsprotokoll	sachliche Wortwahl	Protokollkopf
Verlaufsprotokoll	einfacher Satzbau	Verlauf / Ergebnisse
Ergebnisprotokoll	indirekte Rede	Abschlußangaben
	Zeitform des Präsens	

1. Erklären Sie die Unterschiede zwischen einem Sitzungs-, Verlaufs- und Ergebnisprotokoll.

2. Erläutern Sie, wie die Aufgaben eines Protokolles seine sprachliche Gestaltung
beeinflussen.

3. Begründen Sie, warum ein Protokoll im Präsens verfaßt werden sollte, obwohl bei
der Niederschrift das protokollierte Ereignis bereits in der Vergangenheit liegt.

4. Welche Angaben sollte der schematisierte Protokollkopf enthalten?

5. Beschreiben Sie die einzelnen Arbeitsschritte bei der Anfertigung eines Protokolles.

6. Welcher prinzipielle Unterschied besteht zwischen der Gliederung eines Verlaufsprotokolles und der eines Ergebnisprotokolles?

7. Begründen Sie, warum man bei der Reinschrift eines Protokolles deutliche Absätze
entsprechend der inhaltlichen Gliederung des Textes bilden sollte.

8. Übertragen Sie ein Verlaufsprotokoll, das Ihr Sitznachbar über eine Unterrichtsstunde
angefertigt hat, in ein Ergebnisprotokoll.

5 Der Bericht

Kreml-Flieger Rust stach Mädchen nieder

Sie wollte sich nicht küssen lassen

Von R. STRAUB, K. KNODT und S. GRUCHOT

1 **Hamburg** — Vor zwei Jahren hielt Mathias Rust mit seiner tollkühnen Landung auf dem Roten Platz in Moskau die Welt in Atem. Gestern wäre der inzwischen 21jäh-
5 rige Kreml-Flieger fast zum Mörder gewor-den: Er stach ein Mädchen nieder – weil es sich nicht küssen lassen wollte.
Es geschah im Umkleideraum des Hambur-ger Krankenhauses Rissen. Rust, der in der Klinik seinen Zivildienst leistet, stürzte 10 sich auf die 18jährige Schwesternschülerin Stefanie W. Sie stieß ihn zurück. Es kam zu einem Kampf. Plötzlich zog Rust ein Mes-ser, stach die scharfe Klinge zweimal in den Unterleib des schreienden Mädchens. 15 Blutüberströmt brach es zusammen. Rust versteckte das blutige Messer unter seiner Kleidung und rannte zu seinem grünen Mercedes 280. Dann raste er mit quiet-schenden Reifen davon. 20

Rust: „Sie können mich abholen"

Auf seiner Flucht fuhr Rust zum Reiterhof „Birkenhof", wo seine Reitstute „Labamba" untergestellt ist. Er tätschelte ihr den Hals. Dann raste er in den nahen Klövensteener
25 Forst bei Hamburg.
Auf einem Waldweg sprang er aus dem Auto, hastete 500 Meter weiter zu einer Waldschänke. Von dort rief er den Polizei-Notruf 110 an: „Sie können mich abholen."
30 Die Fahndung wegen versuchter Vergewal-tigung lief bereits.
Acht Einsatzwagen mit Blaulicht und Martinshorn fuhren zur Waldschänke. Die Beamten umstellten das Anwesen. Sie
35 fanden Rust mit einem schwarzen Schlapp-hut auf dem Kopf. Sein Springmesser hatte er vorher im Reitstall versteckt.
Ein Polizist: „Möglicherweise wollte er sich umbringen. Aber er hatte nicht den
40 Mut dazu."
Als der Kreml-Flieger vom Peterwagen 22/3 zum Verhör gefahren wurde, lag die Lernschwester noch immer auf dem Operationstisch – sie wurde gerettet.
45 Rust war am 3. August 1988 nach 432 Ta-gen Haft in Moskau nach Hause zurück-gekehrt. Das Fliegen wurde ihm verboten. Zur Bundeswehr mochte er nicht, sagte: „Ich sehe kein Feindbild." Für 770 Mark im Monat fütterte und wusch er alte Pa- 50 tienten im Krankenhaus. Er arbeitete auf der Station M 9 – dort verliebte er sich in die hübsche Schwesternschülerin.
Mit neuer Frisur und neuer Brille sah er erwachsener aus, war immer freundlich. 55 Schon als Schuljunge litt er an Asthma, psychisch bedingt, wie seine Magen-schmerzen. Er galt als Einzelgänger, die Mädchen mochten ihn nicht. In Psycho-grammen war stets hervorgehoben worden, 60 daß Rust das Musterbeispiel eines Mutter-söhnchens gewesen sei.
Gestern, nach der Frühschicht auf Station M 9 kam es zur Tragödie. Um 14.30 Uhr hatten Rust und die blonde Schwestern- 65 schülerin Feierabend – beide gingen in den Umkleideraum und Rust schloß die Tür ab.
Psychologin Dr. Heidrun Brauer: „Rust muß in eine geschlossene Anstalt." 70

(Bild-Zeitung vom 24.11.1989)

148

Text 2

Mathias Rust festgenommen

Kreml-Flieger stach Frau nieder

Krankenschwester ließ sich nicht küssen

1 Hamburg (EB, dpa) – Der als Moskau-Flieger bekannt gewordene Mathias Rust (21 Jahre alt) hat gestern in Hamburg eine 18jährige Schwesternschülerin niederge-
5 stochen. Sie hatte sich von ihm nicht küssen lassen wollen. Die junge Frau erlitt schwere Verletzungen. Am Abend verlautete aus dem Krankenhaus, die junge Frau sei außer Lebensgefahr. Rust wurde festgenommen.
10 Nach Angaben der Polizei geschah die Tat im Rotkreuz-Krankenhaus im Stadtteil Rissen, in dem der 21jährige zur Zeit seinen Zivildienst absolviert. Gegen 15 Uhr soll er versucht haben, die junge Frau zu küssen.
15 Als sie sich gegen die Annäherungs-versuche wehrte, habe Rust sie mit zwei Messerstichen niedergestochen, hieß es. „Danach spazierte er eine Weile herum, dann ging er zur Pony-Waldschenke und wählte den Notruf 110," sagte ein Po- 20 lizeisprecher. Am Telefon sagte er: „Holt mich hier ab." Gegen 16.45 Uhr wurde er von Beamten festgenommen.
Mathias Rust war im Mai 1987 weltbekannt 25 geworden, als er – unbemerkt von der so-wjetischen Luftabwehr – nach einem Flug von Helsinki nach Moskau mit seiner Cesna 172 auf dem Roten Platz landete. Als Motiv hatte er angegeben, mit sowjetischen Füh- 30 rern über Frieden und Abrüstung sprechen zu wollen. Nach der spektakulären Aktion wurde er unter anderem wegen Grenz-verletzung und Rowdytum zu vier Jahren 35 Arbeitslager verurteilt. Doch er saß 14 Mo-nate in einem Moskauer Gefängnis ab.
(Kölner Stadt-Anzeiger vom 24.11.1989)

Arbeitsauftrag

1. Vergleichen Sie die beiden obigen Berichte hinsichtlich ihres Inhaltes, ihres Aufbaus und ihrer sprachlichen Gestaltung.

2. Die Absicht des Verfassers und die Erwartungen der Leser beeinflussen die inhaltliche und sprachliche Gestaltung eines jeden Textes.

   Welche Absichten und Erwartungen spiegeln sich in den beiden obigen Texten wider? Belegen Sie Ihre Aussagen mit entsprechenden Textstellen.

3. Lesen Sie die folgenden Ausführungen über die Merkmale eines Berichtes. Beurteilen Sie mit diesen Informationen die Qualität der beiden Beispieltexte.

4. a) Informieren Sie sich auf den Seiten 151 f. über die Vorgehensweise bei der Anfertigung eines Berichtes. Verfassen Sie dann einen sachlichen Bericht über ein besonderes Ereignis (zum Beispiel Unfall, Notfall), das sich in Ihrer Praxis oder Apotheke in der Vergangenheit er-eignet hat.

   b) Schreiben Sie Ihren Bericht für die Veröffentlichung in einer Boule-vardzeitung um.

1. Die Merkmale eines Berichtes

a) Der Inhalt eines Berichtes

> Ein Bericht informiert sachlich über ein einmaliges, zurückliegendes Ereignis. Er beschränkt sich dabei auf die Darstellung des Wesentlichen und verzichtet auf Wertungen und Deutungen.

Im Alltag begegnet man dieser Textsorte vor allem in den **Massenmedien** (zum Beispiel Zeitungen, Fernsehn, Rundfunk). Sie berichten täglich über Geschehnisse und Vorfälle aus aller Welt. Dabei wird zwischen „hard news" (zum Beispiel politische und wirtschaftliche Ereignisse) und „soft news" (zum Beispiel Unglücksfälle, Verbrechen) unterschieden.

b) Die äußere Aufmachung und der Aufbau eines Berichtes

Vor allem Zeitungsberichte kennzeichnet eine typische Form. Sie erleichtert dem Leser die Auswahl der ihn interessierenden Sachverhalte und ermöglicht ihm eine zeitsparende Information.

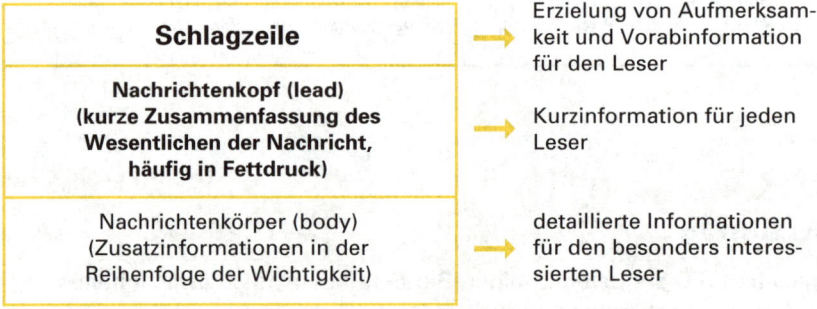

Schlagzeile	→ Erzielung von Aufmerksamkeit und Vorabinformation für den Leser
Nachrichtenkopf (lead) (kurze Zusammenfassung des Wesentlichen der Nachricht, häufig in Fettdruck)	→ Kurzinformation für jeden Leser
Nachrichtenkörper (body) (Zusatzinformationen in der Reihenfolge der Wichtigkeit)	→ detaillierte Informationen für den besonders interessierten Leser

c) Die sprachliche Gestaltung eines Berichtes

Der Bericht gehört zu den darstellenden Texten. Er soll sachlich informieren. Diese Aufgabe bestimmt in erster Linie seine sprachliche Gestaltung.

Die Sprache im Bericht

1. **Wortwahl**
   - sachliche, eindeutige Begriffe
   - keine wertenden Ausdrücke
   - keine ausschmückenden Adjektive
2. **Satzbau**
   - einfache Aussagesätze
   - einfache Satzgefüge
3. **Zeitform**
   Präteritum (Vergangenheit) oder Plusquamperfekt (vollendete Vergangenheit)
4. **Verbform**
   Indikativ (Wirklichkeitsform), eventuell Konjunktiv (Möglichkeitsform) bei indirekter Rede

Neben der Aufgabe des Textes können weitere Faktoren Einfluß auf die sprachliche Gestaltung nehmen, zum Beispiel die Erwartungshaltung und der Erfahrungshorizont des Lesers. Die Sprache eines guten Berichtes beachtet jedoch immer die Grundsätze der Sachlichkeit, Klarheit und Verständlichkeit.

2. Die Anfertigung eines Berichtes

Es ist nicht ausgeschlossen, daß man auch als „Nicht-Journalist" einen Bericht zu verfassen hat. Der Unfallbericht an eine Versicherung sei als Beispiel genannt.

a) Die Stoffsammlung

Die Stoffsammlung ist mit Hilfe von Schlüsselfragen („*W*-Fragen") durchzuführen. Dabei stellt sich der Schreiber in Gedanken die folgenden Fragen. Die Antworten auf diese Fragen sind die Inhaltspunkte für den Bericht. Sie sind deshalb stichwortartig zu notieren.

Diese Vorgehensweise stellt sicher, daß der Bericht alle erforderlichen Angaben über das Wesentliche des Ereignisses enthält.

Schlüsselfragen für die Stoffsammlung

1. **Was** geschah? (Geschehen, Ereignis, Vorfall)
2. **Wo** geschah es?
3. **Wann** geschah es?
4. **Wer** war beteiligt? (Beim Unfallbericht sind auch mögliche Zeugen namentlich aufzuführen.)
5. **Wie** war der Ablauf des Ereignisses im einzelnen?
6. **Warum** geschah es? (Ursachen, Bedingungen, Hintergründe)
7. **Welche Folgen** hat das Ereignis? (Schaden, Ergebnis)

---

b) Die Gliederung

Die im Rahmen der Stoffsammlung notierten Inhaltspunkte sind in einer angemessenen Abfolge darzustellen. Dabei hängt die genaue Reihenfolge vom Wesen des jeweiligen Ereignisses ab. Es sind jedoch zwei Grundsätze zu beachten.

Gliederungsgrundsätze

1. Zusammenfassung von zusammengehörenden Inhaltspunkten zu Sinnabschnitten
2. Anlehnung an den tatsächlichen zeitlichen Ablauf des Ereignisses (chronologische Darstellung)

---

c) Die Ausführung

Auf der Grundlage der Stoffsammlung wird der Bericht entsprechend der Gliederung ausgeführt. Die Darstellung kann zum Beispiel bei Unfallberichten durch eine Skizze veranschaulicht werden. Bei der Formulierung ist insbesondere auf folgende Punkte zu achten.

151

Richtlinien für die Ausführung

1. Einhaltung der oben genannten sprachlichen Anforderungen an einen Bericht
2. Vermeidung von Wortwiederholungen durch Einsatz von Ersatzwörtern
3. Bildung von Absätzen entsprechend der inhaltlichen Sinnabschnitte
4. Sicherstellung einer fehlerfreien Rechtschreibung und Zeichensetzung

Zusammenfassung

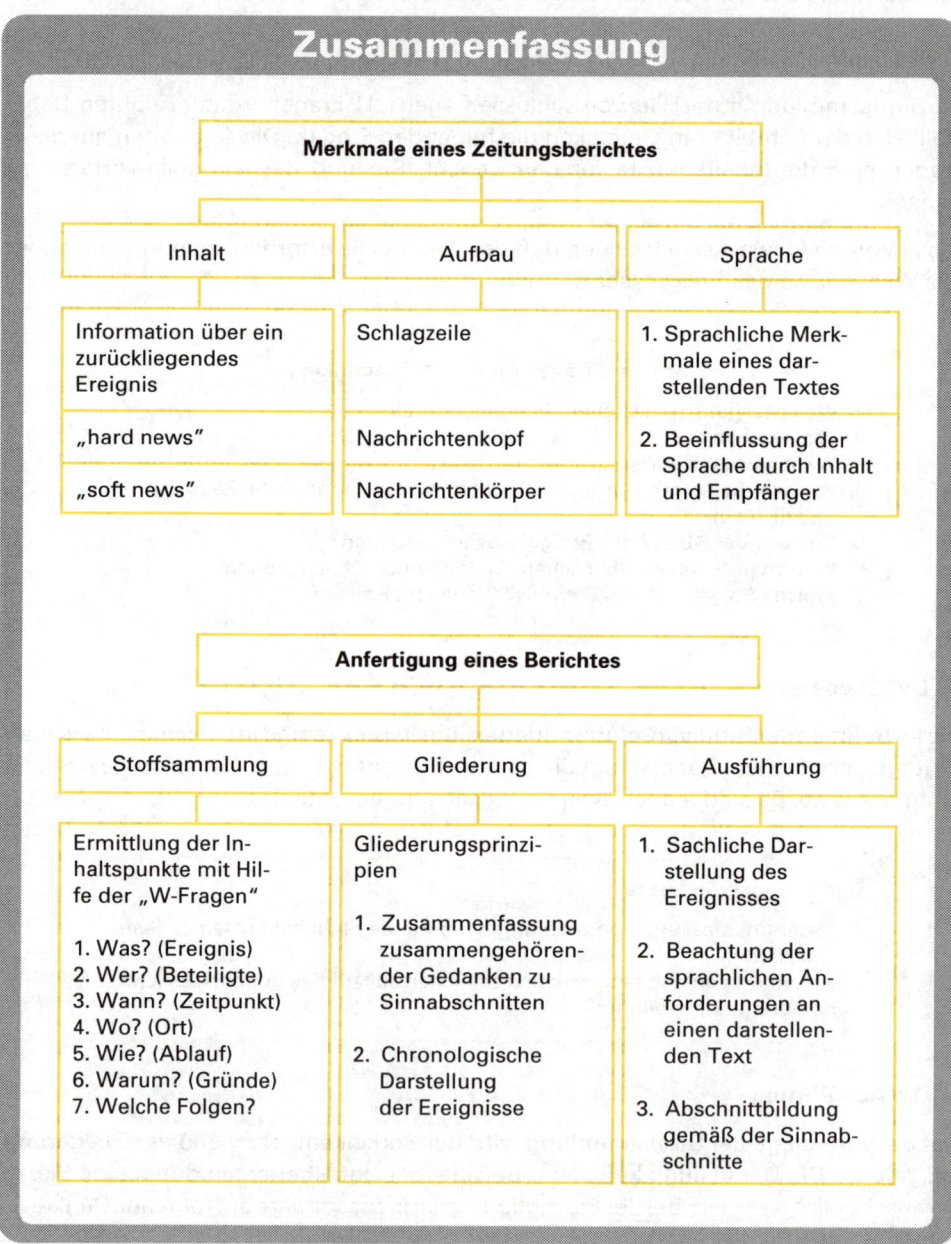

Merkmale eines Zeitungsberichtes

Inhalt	Aufbau	Sprache
Information über ein zurückliegendes Ereignis	Schlagzeile	1. Sprachliche Merkmale eines darstellenden Textes
„hard news"	Nachrichtenkopf	2. Beeinflussung der Sprache durch Inhalt und Empfänger
„soft news"	Nachrichtenkörper	

Anfertigung eines Berichtes

Stoffsammlung	Gliederung	Ausführung
Ermittlung der Inhaltspunkte mit Hilfe der „W-Fragen" 1. Was? (Ereignis) 2. Wer? (Beteiligte) 3. Wann? (Zeitpunkt) 4. Wo? (Ort) 5. Wie? (Ablauf) 6. Warum? (Gründe) 7. Welche Folgen?	Gliederungsprinzipien 1. Zusammenfassung zusammengehörender Gedanken zu Sinnabschnitten 2. Chronologische Darstellung der Ereignisse	1. Sachliche Darstellung des Ereignisses 2. Beachtung der sprachlichen Anforderungen an einen darstellenden Text 3. Abschnittbildung gemäß der Sinnabschnitte

1. Erklären Sie die Begriffe „hard news" und „soft news".

2. Beschreiben Sie den typischen Aufbau eines guten Zeitungsberichtes. Erläutern Sie, inwiefern dieser Aufbau dem Leser eine zeitsparende und seinen persönlichen Interessen entsprechende Zeitungslektüre erleichtert. Überprüfen Sie in der Tageszeitung, die Sie beziehen oder lesen, ob die Berichte in dieser Weise aufgebaut sind.

3. Die Textsorte „Bericht" gehört zu den darstellenden Texten. Erläutern Sie, wie diese Aufgabe die sprachliche Gestaltung eines Berichtes beeinflußt. Beurteilen Sie vor diesem Hintergrund die sprachliche Gestaltung eines von Ihnen ausgewählten Zeitungsberichtes. Welche anderen Faktoren können ebenfalls die Sprache in einem Bericht beeinflussen?

4. Beschreiben Sie die einzelnen Arbeitsschritte bei der Anfertigung eines Berichtes.

5. Entsprechende Umfragen stellen immer wieder fest, daß viele Leser, Zuschauer und Hörer die Berichte in den Zeitungen bzw. Nachrichtensendungen nicht verstehen.

   Schildern Sie Ihre eigenen Erfahrungen. Sammeln Sie im Gespräch mit Mitschülern denkbare Ursachen für dieses Nichtverstehen. Auf welchem Wege kann man selbst dazu beitragen, daß man Nachrichten besser versteht?

6. Vergleichen Sie die beiden folgenden Berichte hinsichtlich ihres Inhaltes, ihres Aufbaus und ihrer Sprache. Welche Rückschlüsse läßt der Vergleich auf die jeweilige Absicht des Verfassers und auf den angesprochenen Leserkreis zu?

Text 1

Mordserie in Wiener Krankenhaus aufgedeckt

Kranke getötet, weil sie alt oder „lästig" waren?

Vier Festnahmen – drei Pflegerinnen legten Geständnis ab

1 Wien (ap) — Hunderte von Todesfällen im Städtischen Krankenhaus Lainz muß die Wiener Polizei seit dem Wochenende untersuchen, nachdem drei Hilfskrankenschwestern gestanden
5 haben, zahlreiche alte und schwerkranke oder ihnen einfach nur „lästige Patienten" getötet zu haben. Am Abend wurde auch eine diplomierte Krankenschwester der Klinik festgenommen. Über deren mögliche Tatbeteiligung herrschte
10 gestern abend jedoch noch Unklarheit. (...)

Die Behörden schlossen gestern nicht aus, daß man auf weitere Opfer stoßen wird. In Polizeikreisen war davon die Rede, daß es möglicherweise sogar mehr als 70 Fälle gegeben
15 haben könnte.

Die drei verhafteten Hilfskrankenschwestern haben nach Angaben des Leiters der Wiener Mordkommission, Franz Prießnitz, bereits umfangreiche Geständnisse in 44 Fällen abgelegt.
20 Außerdem gaben sie zwei gescheiterte Tötungen

zu. Als Motiv nannten sie „Sterbehilfe". Es habe aber weder eine Aufforderung noch die Zustimmung der Opfer vorgelegen. Ganz offensichtlich hätten die drei auch Patienten
25 getötet, „die ihnen unangenehm waren".

Nach festem Zeitplan

Den Geständnissen zufolge gingen die mutmaßlichen Täterinnen auch nach einem festen Zeitplan vor. Wiens Polizeipräsident Günther Bögl bestätigte, daß die bereits in den vergan-
30 genen zwei Tagen verhafteten Hilfsschwestern gestanden hätten, Patienten nicht nur durch Medikamentenüberdosen getötet zu haben. Es sei auch Gewalt angewendet worden. So seien 22 Patienten – die Hälfte der bisher festgestell-
35 ten Opfer – ertränkt worden. Es habe drei Tötungsmittel gegeben: Insulin, andere Medikamente und Wasser.

Bögl sagte weiter, daß er das in den Verhören genannte Motiv der Sterbehilfe angesichts der Geständnisse „kaum noch glauben" könne. Ein Polizeisprecher hatte zuvor erklärt, die Schwestern hätten nicht nur alte und schwer-kranke Menschen getötet, sondern auch solche, „die ihnen einfach lästig waren". Zeitungen zitierten eine der Schwestern im Polizeiverhör: „Wenn mich ein Patient ärgerte, bekam er ein Gratisbett beim lieben Gott."

Haupttäterin war offenbar die 30jährige Waltraud Wagner. Allein sie habe den bisherigen Verhören zufolge in mehr als 20 Fällen Patienten getötet, hieß es. Sie habe die Idee der „Sterbehilfe" offenbar schon im Jahr 1982 entwickelt. 1983 sei dann der erste Mord verübt worden. Die Beteiligten hätten zunächst einen Mord in drei Monaten vereinbart, später seien sie auf drei Morde in einem Monat gekommen. (...)

Nach Angaben des Polizeipräsidenten sind Ärzte nicht in den Fall verwickelt. Bögl sprach im Zusammenhang mit den mutmaßlichen Täterinnen von „Ausnahmeerscheinungen in der menschlichen Psyche", aber auch von „Unüberlegtheit" und dem „Zwang zur Nachahmung". (...)

Ein erster Verdacht, so berichtete der Wiener Gesundheitsstadtrat Alois Stacher, sei bereits im vergangenen Jahr aufgetaucht, doch habe eine Obduktion damals keine Anhaltspunkte gegeben. Dem Vernehmen nach ist allerdings die hohe Patientensterblichkeit der Abteilung aufgefallen.

Am vergangenen Mittwoch hatte deren Leiter, Professor Franz Pesendorfer, die Gesundheitsbehörden über den neuen Verdacht informiert. Die eingeschaltete Polizei habe innerhalb von nur 30 Stunden die ersten Verdächtigen festgenommen, sagte Stacher.

„Besonders lieb"

Stacher hob hervor, daß es nie Beschwerden oder andere Vorfälle in der Abteilung gegeben habe. Bei Ärzten und Patienten galten die drei als freundlich und unauffällig. Sie wurden sogar als „besonders lieb" beschrieben. „Wir stehen vor einem Rätsel", sagten Krankenhausmitarbeiter. (...)

Das Städtische Krankenhaus Lainz blieb unterdessen auch am Wochenende gesperrt, vor allem die 1. Medizinische Abteilung im Pavillon V, wo die drei Pflegerinnen eingesetzt waren. Dort betreuen 15 Ärzte und 62 Schwestern im Durchschnitt täglich rund 110 Patienten. Angehörige und Patienten zeigten sich tief betroffen über die Ermittlungsergebnisse. Einige Patienten kündigten an, sie wollten sich in andere Kliniken verlegen lassen. Ärzte berichteten, daß sich seit den Enthüllungen einige Kranke weigerten, Medikamente zu nehmen oder sich Spritzen verabreichen zu lassen. (...)

Das Pflegepersonal reagierte erschüttert. „Man möchte sich den ganzen Kummer von der Seele schreien", sagte eine Schwester.

(Kölner Stadt-Anzeiger vom 10.04.1989)

Text 2

| Das grausige Geständnis der drei „Todesengel" | Kranke Menschen nachts in ihren Betten ertränkt | Polizei verhaftete eine vierte Krankenschwester |

„Wenn mich ein Patient ärgerte, bekam er ein Gratisbett beim lieben Gott"

Wiener Polizeichef schließt weitere Festnahmen nicht aus

exp Wien — Gedrückte Stimmung herrscht im Pavillon 5 der 1. medizinischen Abteilung des Krankenhauses Lainz. Niedergeschlagen sitzen die überwiegend alten Patienten in den Zimmern und auf den Fluren. Auch zur Besuchszeit kommt keine gute Laune mehr auf, seitdem hier die größte Mordserie in Österreich nach dem 2. Weltkrieg aufgedeckt wurde: Drei Stationsgehilfinnen und eine Krankenschwester haben, ihren Geständnissen zufolge, in den letzten zwei Jahren mindestens 44 alte, schwerkranke und ihnen lästige Patienten umgebracht. Die Polizei schließt nicht aus, daß man auf weitere Opfer dieser beispiellosen Mordserie stoßen wird — von bis zu 70 möglichen Opfern ist die Rede.

Gleich nach der Verhaftung der Schwesternhelferinnen Waltraud Wagner (30), Irene Leidolf

Maria Gruber (27), eine der todbringenden Stationshilfen im Krankenhaus Lainz. Auch sie war bei den Kollegen beliebt, und die Patienten fanden sie „freundlich, lieb, sehr bemüht".

154

(27) und Maria Gruber (26) hatten die Patienten durchs Fernsehen von dem entsetzlichen Geschehen in ihrer Klinik erfahren. Seitdem haben alle Angst. (...)

Viele Familien holten sofort ihre Verwandten ab. „Spätestens nächste Woche will ich auf eigenes Risiko nach Hause", sagt eine Rentnerin (68). Keiner kann fassen, daß die drei Pflegerinnen und die Krankenschwester, die bei den alten Menschen als „besonders lieb" galten, hemmungslos töteten.

Klar ist für die Polizei jetzt, daß die Frauen, die nach einem festen Zeitplan vorgingen, keineswegs aus „falsch verstandener Sterbehilfe" handelten. Franz Priehsnitz, Chef der Mordkommission: „Sie vergriffen sich an Patienten, die ihnen in irgendeiner Form lästig waren und 'behandelten' sie."

Rädelsführerin Waltraud Wagner (30), die allein 22 Morde seit Ende 1983 zugab: „Wenn ein Patient mich ärgerte, bekam er ein Gratisbett beim lieben Gott."

Nicht nur von Überdosen Insulin oder Schlafmitteln ist in den Geständnissen die Rede — die Frauen haben 22 Opfer nachts ertränkt, indem sie ihnen die Nase zuhielten und Wasser einflößten, bis sie qualvoll erstickten. (...)

Die Polizei begann jetzt mit der Untersuchung von Hunderten von Todesfällen im Krankenhaus Lainz. Der Polizeipräsident schließt nicht aus, daß es zu weiteren Festnahmen kommt: Nach einer fünften Verdächtigen werde gefahndet.

Immer mehr Patienten in Lainz weigern sich, Medikamente zu nehmen oder sich Spritzen verabreichen zu lassen. „Man möchte sich den ganzen Kummer von der Seele schreien", sagt eine Schwester.

(Express vom 10.04.1989)

6 Der Kommentar

Text 1

Michaela Roeder zu elf Jahren Haft verurteilt

quo **Wuppertal** – Zu elf Jahren Freiheitsstrafe hat gestern die 5. Strafkammer des Landgerichts Wuppertal die ehemalige Krankenschwester Michaela Roeder verurteilt. Die Richter hielten die 31 Jahre alte Frau des Totschlags in fünf Fällen, des versuchten Totschlags, der fahrlässigen Tötung und der Tötung auf Verlangen in einem Fall für schuldig. Die Staatsanwaltschaft hatte eine lebenslange Freiheitsstrafe wegen Mordes an 15 Patienten in den Wuppertaler St.-Antonius-Kliniken gefordert, die Verteidigung für eine zeitlich begrenzte Freiheitsstrafe plädiert. Der Oberstaatsanwalt kündigte Revision am Bundesgerichtshof an.

Text 2

Unbegreifliche Motive

Die Wuppertaler Richter haben dem Volk nicht aufs Maul geschaut, als sie ihr Urteil im Fall Michaela Roeder fällten. Der Protest im Gerichtssaal, auch die Fassungslosigkeit des Staatsanwalts sind Indizien genug: Das milde Urteil gegen die frühere Krankenschwester bietet Diskussionsstoff in Hülle und Fülle. Das Gericht hat die Arbeitsbedingungen der Angeklagten unter die Lupe genommen, die belastenden Faktoren auf einer Intensivstation analysiert und sich somit die Basis für ein möglichst gerechtes Urteil verschafft. Vielleicht hat es noch Wichtigeres geleistet: Die Beweisaufnahme eröffnete zum ersten Mal der Öffentlichkeit Einsichten, die vielleicht verhindern können, daß sich solche Taten wiederholen. Ein fast neuer Tatort, ein neuer Tätertyp, ein neuer Tatbestand - und unbegreifliche Motive. Die Strafkammer hat sich ihre Entscheidung nicht leicht gemacht. Daß die Richter sich weitgehend auf Gutachten über die Psyche der Angeklagten und die Probleme von Intensivstationen verließen, ehrt sie. Sie legten juristische Scheuklappen ab.

Dennoch hat das Gericht eine nur schwer nachvollziehbare Entscheidung getroffen, als es auf ein Berufsverbot verzichtete. Es war doch davon überzeugt, daß die Persönlichkeitsstruktur der Angeklagten und die Umstände auf der Intensivstation wie Schlüssel und Schloß zueinander paßten und sich verhängnisvoll verhakten. Aufgrund ihrer Biografie und ihrer seelischen Konstitution war Michaela Roeder ihrem Beruf nicht gewachsen. Doch wäre sie es anderswo gewesen? Die Verhältnisse in den St.-Antonius-Kliniken waren nicht so einmalig. Berichte aus anderen Kliniken dokumentieren vielmehr, daß die Zustände in Wuppertal die Spitze eines Eisbergs waren. **quo**

(Kölner Stadt-Anzeiger vom 12.09.1989)

1. Die Grundformen journalistischer Texte

Die Texte in Zeitungen können im wesentlichen in zwei Gruppen eingeteilt werden.

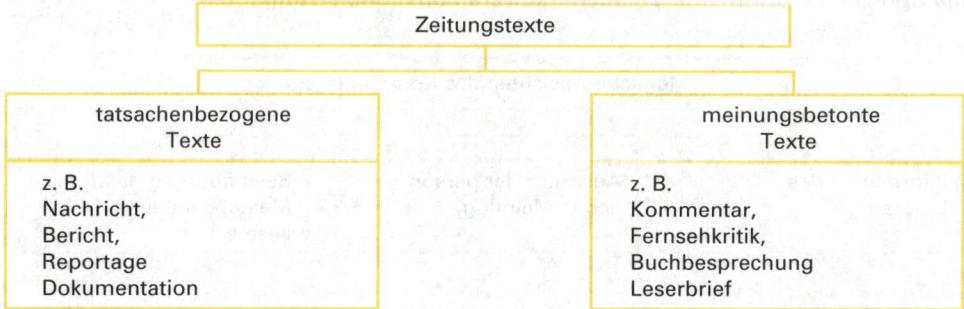

Die **tatsachenbezogenen Textsorten** beinhalten ausschließlich (zum Beispiel Nachricht, Bericht) oder schwerpunktmäßig (zum Beispiel Reportage) die **ungefärbte Darstellung von Sachverhalten**. Ihre Aufgabe ist die **sachliche Information** des Lesers.[1]

---

[1] Vergleiche dazu auch das Kapitel „Der Bericht" Seite 148 ff.

Um den Leser vor undurchsichtiger Beeinflussung zu schützen, sind diese darstellenden Texte von den meinungsbetonten Stilformen deutlich abzugrenzen. Gute Zeitungen bemühen sich daher um eine klar ersichtliche Trennung. Dazu kann beispielsweise eine Aufteilung in Nachrichtenseiten und Meinungsseiten erfolgen, oder Artikel mit persönlichen Wertungen des Verfassers erscheinen immer an der gleichen Stelle und sind namentlich gekennzeichnet.

Ein typisches Beispiel für die **meinungsorientierten Texte** ist der **Kommentar**.

2. Die Kennzeichen eines Kommentars

a) Der Inhalt eines Kommentars

> Im Gegensatz zum objektiven Bericht stellt der Kommentar ein aktuelles Ereignis oder einen bedeutenden Sachverhalt aus der subjektiven Sicht eines Journalisten dar.

In einer derartigen persönlichen Stellungnahme vermischen sich verschiedene Inhalte:

1. Darbietung von Hintergrundinformationen
2. Objektive oder subjektiv gefärbte Erläuterung des Ereignisses
3. Herstellung von Zusammenhängen
4. Aufzeigen von Auswirkungen und Entwicklungsmöglichkeiten
5. Persönliche Beurteilung des Geschehens
6. Kritik an Entscheidungen
7. Offene oder verdeckte Handlungs- oder Verhaltensaufforderungen an den Leser

b) Die Ziele des Verfassers und die Sprachfunktionen

Diese Vielschichtigkeit des Inhaltes weist schon darauf hin, daß der Verfasser eines Kommentars die unterschiedlichsten Absichten verfolgen kann. Folglich übernimmt die Sprache in Kommentaren auch mehrere Funktionen (Aufgaben).

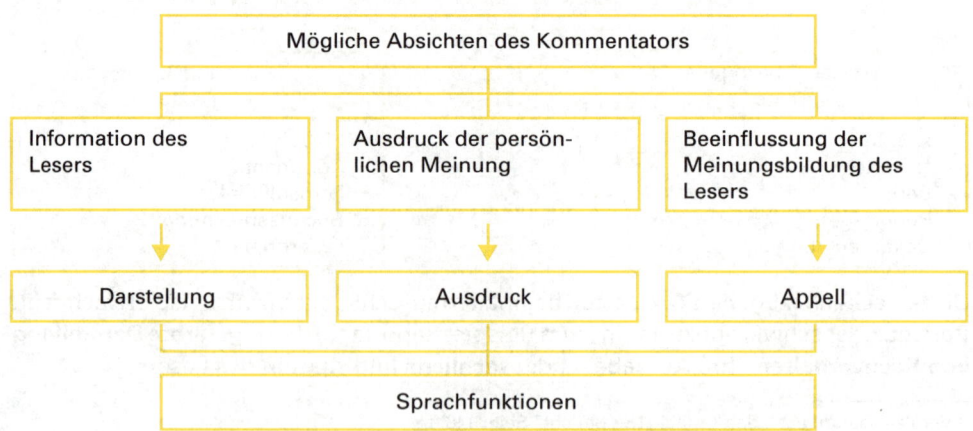

Die Übersicht macht deutlich, daß der Kommentar ein **Mischtext** ist. Das heißt, in der Regel lassen sich alle drei Absichten und Sprachfunktionen nachweisen. Die Gewichtung kann bei verschiedenen Kommentaren jedoch unterschiedlich sein.

c) Die sprachlichen Merkmale eines Kommentars

Die Absicht des Verfassers, aber auch der Inhalt (zum Beispiel Schwierigkeitsgrad der Gedankengänge) und der Adressatenkreis (z. B. Kommentar in einer Boulevard-Zeitung oder Fachzeitung) können sich in den sprachlichen Merkmalen widerspiegeln:

1. **Wortwahl**
   - Fach- und Fremdwörter
   - hoch- und umgangssprachliche Ausdrücke und Wendungen
   - wertende Adjektive
   - Über- und Untertreibungen
   - ironische Formulierungen
   - Vergleiche

2. **Satzbau**
   - einfacher oder verschachtelter Satzbau
   - Aussage-, Aufforderungs- und Fragesätze (rhetorische Fragen)
   - unvollständige Sätze als persönlicher Stil des Verfassers

3. **Zeitform**
   - Perfekt (vollendete Gegenwart), Präteritum (Vergangenheit): Darstellung oder Erläuterung zurückliegender Ereignisse oder Sachverhalte
   - Präsens (Gegenwart): Wertungen, Schlußfolgerungen

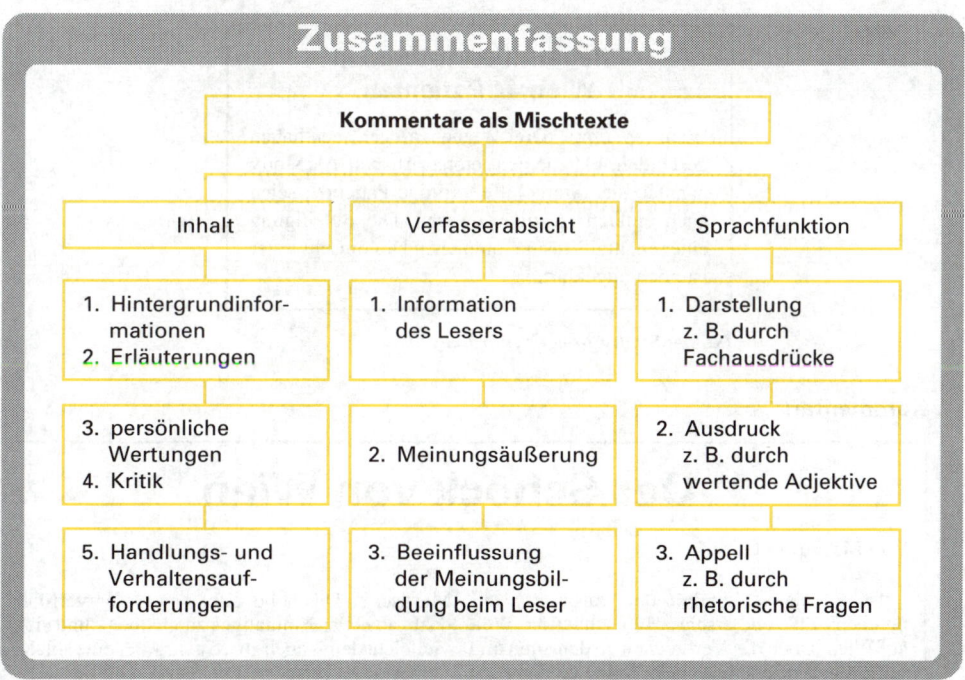

Zusammenfassung

Kommentare als Mischtexte

Inhalt	Verfasserabsicht	Sprachfunktion
1. Hintergrundinformationen 2. Erläuterungen	1. Information des Lesers	1. Darstellung z. B. durch Fachausdrücke
3. persönliche Wertungen 4. Kritik	2. Meinungsäußerung	2. Ausdruck z. B. durch wertende Adjektive
5. Handlungs- und Verhaltensaufforderungen	3. Beeinflussung der Meinungsbildung beim Leser	3. Appell z. B. durch rhetorische Fragen

1. Erklären Sie den Unterschied zwischen tatsachenbezogenen und meinungsbetonten Zeitungstexten. Begründen Sie die Notwendigkeit einer deutlich erkennbaren Trennung zwischen diesen beiden Arten von Zeitungstexten. Schneiden Sie aus einer aktuellen Tageszeitung jeweils drei Beispieltexte heraus.

2. Erläutern Sie, warum man einen Kommentar als Mischtext bezeichnen muß.

3. Welche Faktoren können die sprachliche Gestaltung eines Kommentars beeinflussen? In welchen sprachlichen Merkmalen können sich diese Einflußfaktoren niederschlagen?

4. Untersuchen Sie den untenstehenden Kommentar „Der Schock von Wien" mit Hilfe der folgenden Arbeitsanweisungen.

   a) Welche Zusatz- und Hintergrundinformationen enthält der Kommentar im Vergleich zur entsprechenden Nachricht?

   b) Welche Textstellen beinhalten persönliche Deutungen und Wertungen der Verfasserin? Fassen Sie die persönliche Meinung der Kommentatorin mit eigenen Worten zusammen.

   c) Mit welchen Textstellen versucht die Autorin, das Denken und die Meinung des Lesers zu beeinflussen?

   d) Welche Sprachfunktionen stehen in dem Text im Vordergrund?

   e) Worin sehen Sie persönlich die Hauptursachen für diese immer wieder vorkommenden schrecklichen Vorfälle in Pflegeheimen und Krankenhäusern?

Nachricht:

Pflegerinnen töteten in Wien 44 Patienten

Wien (ap, dpa) - Drei Wiener Pflegerinnen haben gestanden, 44 Patienten getötet zu haben. Als Motiv nannten sie „Sterbehilfe". Einige Patienten seien auch einfach „lästig" gewesen. Die Beteiligung einer ebenfalls festgenommenen Diplomschwester ist noch ungeklärt.

(Kölner Stadt-Anzeiger vom 10.04.1989)

Kommentar:

Der Schock von Wien

Von Marianne Quoirin

1   Ist ein neues Zeitalter der Barbarei angebrochen? Zu Tode erschrocken schaut die Welt auf Wien. Doch das Verbrechen an den alten und hilflosen Menschen ist leider keine einzigartige Mordserie. Die hohe Zahl der Opfer verführt 5 dazu, an etwas Einmaliges zu glauben - und sich vielleicht damit auch zu trösten. Aber eine solche Perspektive versperrt den Blick auf die viel-

schichtigen Probleme, die sich in dem Mordkomplott von vier Hilfskrankenschwestern spiegeln.

Als 1972 ein Krankenpfleger in Wuppertal mindestens zwei ihm anvertraute Menschen ermordete, glaubte man auch an einen Einzelfall. Doch in den Jahren danach kamen fortlaufend neue Verbrechen ans Licht. (...)

Morde in Kliniken und Altenheimen

1981 gestand der Leiter eines Altenheimes in Norwegen den Mord an 22 alten Menschen, wahrscheinlich jedoch hat er mehr als 60 auf dem Gewissen. Von 1984 bis 1988 wurden in Amerika mehrere Pfleger und Krankenschwestern wegen der Tötung von Patienten verurteilt. Und in Wuppertal steht seit Anfang dieses Jahres die Krankenschwester Michaela Roeder vor Gericht, die 17 ihr anvertraute Menschen zu Tode gespritzt haben soll.

Der Tatort für alle Verbrechen war entweder eine Intensivstation oder die Altersabteilung eines Krankenhauses. Über die Motive wurde jedesmal gerätselt: denn keiner der Täter hoffte auf eine Erbschaft oder einen sonstigen Vorteil. In allen Fällen waren die Täter beliebt bei Patienten und Vorgesetzten, galten als besonders tüchtig, aufopfernd und engagiert arbeitend - bis zu jenem Tag, an dem der Idealismus in Zynismus und Menschenverachtung umschlug. Der amerikanische Psychoanalytiker Freudenberger hat schon 1972 diesen plötzlichen Wechsel in der Psyche als „burn-out-Syndrom" beschrieben und das „Ausgebranntsein" vornehmlich bei Menschen in pflegerischen Berufen diagnostiziert.

Gewiß: Diese Erkenntnisse können nicht erklären, warum Krankenschwestern und -pfleger zu Mördern werden und schon gar nicht solch schreckliche Taten rechtfertigen. Aber sie signalisieren, daß Helfer oft selbst der Hilfe bedürfen. Viele Schwestern und Pfleger fliehen vor emotionalen Krisen am Arbeitsplatz, sie kündigen oder wechseln den Beruf. Die hohe Fluktuation auf Stationen, wo intensivste Pflege erforderlich ist, nur der miserablen Bezahlung und dem Schichtdienst zuzuschreiben, ist oberflächlich. (...)

Versäumnisse und Mißstände aufgedeckt

Prozesse gegen „Todesengel" und „Totpfleger" haben stets Mißstände und Versäumnisse in Krankenhäusern und Altenheimen offenbart. So auch diese Woche das Verfahren in Wuppertal: Feuerwehrmänner mußten Feuerwehr spielen für das fehlende Personal auf der Intensivstation. Niemals aber wurde bisher ein Arzt, ein Verwaltungschef oder eine Aufsichtsbehörde zur Verantwortung gezogen, selbst wenn zunächst gegen sie ermittelt wurde. Zufall? Oder ein Zeichen für Machtstrukturen in Kliniken, die nicht einmal vor Gericht erschüttert werden können?

Ärzte geben Anweisungen, aber die Schwestern setzen die Spritzen, haben auch den Schlüssel zum Giftschrank. Und oft müssen gar Lernschwestern, Hilfsschwestern und Medizinstudenten das tun, was streng genommen nur Fachkräfte tun dürfen; die aber fehlen. Solche Regelwidrigkeiten gehören zum Alltag, der plötzlich, wie in Wien oder Wuppertal, zum Alptraum werden kann.

Die Arbeitsbedingungen für das Pflegepersonal sind fast überall gleich schlecht: Streß, Knochenarbeit, hohe Verantwortung, hohe Ansprüche der Patienten. Beinahe täglich müssen die Pflegekräfte ihre Hilflosigkeit erleben - wenn ein alter Mensch von seiner Familie zum Sterben ins Krankenhaus gebracht wird, wenn der medizinische Fortschritt schwierigste Probleme heraufbeschwört, die vom Arzt auf das Pflegepersonal abgewälzt werden. (...)

Die meisten Helfer bewahren Idealismus

Wenn auch die Mehrheit der Helfer in den Kliniken ihren Idealismus nicht verloren hat, sich sogar zu Überstunden und Noteinsätzen an freien Tagen überreden läßt, muß man doch davon ausgehen, daß die bekanntgewordenen Fälle nur die Spitze eines Eisberges sind. Wie können sonst die Täter so lange unentdeckt bleiben? In Wien brachte ein Zufall die Morde ans Licht. In Wuppertal wollte den Pflegern, die Michaela Roeders Untaten beobachtet hatten, trotz handfester Beweise zunächst niemand glauben. (...)

Der hohe Einsatz für die Pflege Alter, Kranker und Sterbender wird kärglich belohnt, das gilt nicht nur für die Bezahlung. Die geringe Wertschätzung zeigt sich auch darin, wie wenig Schwestern und Pfleger in der Klinik-Hierarchie Einfluß nehmen können, obwohl sie dem Patienten oft viel näher sind als der Arzt. Erfahrene Mitarbeiter der Pflegedienste halten den seelischen Druck für das Schlimmste; denn die meisten Schwestern und Pfleger werden mit ihren Problemen alleingelassen. Nur wenige können das Bewältigen von Krisen lernen.

Die Verbrechen von Wien, die uns so erregen, sollten uns zum Nachdenken zwingen. Nicht nur über die Situation in Kliniken, sondern auch über das, was die dort arbeitenden Menschen aufgebürdet wird - ohne daß jemand bereit ist, mit ihnen die Last zu teilen.

(Kölner Stadt-Anzeiger vom 15./16.04.1989)

7 Der Werbetext

M EINE NEUE
GOLDWELL-DAUER-
WELLE PASST ZU
MIR - ZU MEINEM
TEMPERAMENT, ZU
MEINEM STIL!

■ MEIN SCHÖN-
HEITS-BERATER IST
MEIN **GOLDWELL**-
FRISEUR. ER WEISS,
WAS ICH WILL.

feeling well

feeling **GOLDWELL**

Arbeitsauftrag

1. Betrachten Sie die beiden obigen Werbeanzeigen. Welche Anzeige spricht Sie persönlich stärker an? Begründen Sie Ihre Entscheidung.

2. Die zwei Anzeigen wenden sich an unterschiedliche Adressatenkreise. Charakterisieren Sie diese beiden Zielgruppen. Nennen Sie Zeitschriften, in denen die beiden Werbeanzeigen jeweils erschienen sein könnten.

3. **a)** Zeitschriften werden oft nur flüchtig durchgeblättert. Für den Werbenden ist es daher wichtig, daß der Blick des Lesers gerade bei seiner Anzeige hängenbleibt. Auf welche Weise versuchen die beiden Anzeigen, die Aufmerksamkeit des Betrachters zu wecken?

   b) Beschreiben Sie die äußere Gestaltung der Anzeigen. Gehen Sie dabei insbesondere auf folgende Merkmale ein:
   - Raumaufteilung (Text-Bild-Verhältnis)
   - Schriftgröße, Schriftform, Schriftanordnung
   - Art und Weise der Darstellung des angebotenen Produktes

   Erläutern Sie, welche Wirkung der Werbende mit diesen gestalterischen Mitteln jeweils beabsichtigen könnte. Zum Beispiel: Welche Vorstellung soll beim Leser durch die handschriftlichen Textzeilen ausgelöst werden?

4. Informieren Sie sich auf den Seiten 166 f. über typische sprachliche Merkmale von Werbeanzeigen. Untersuchen Sie unter Heranziehung dieser Informationen die sprachliche Gestaltung der beiden obigen Anzeigen. Tragen Sie Ihre Ergebnisse stichwortartig in eine Tabelle der folgenden Art ein.

sprachliches Mittel	Wirkung/Absicht	Beispiel

5. Beurteilen Sie, ob alle Textteile der Anzeigen für das Verständnis und den Erfolg dieser Werbeanzeigen zwingend erforderlich sind.

6. Welche sachlichen Informationen über das jeweilige Produkt enthalten die beiden Anzeigen? Welche Sachangaben vermissen Sie als Leser? Warum wird auf diese Informationen verzichtet?

7. Erläutern Sie, welche Merkmale und Eigenschaften die beiden in den Anzeigen abgebildeten Frauen verkörpern. Welche Wünsche, Hoffnungen, Träume, Bedürfnisse werden beim Leser geweckt? Entscheiden Sie vor dem Hintergrund dieser Überlegungen, ob die beiden obigen Anzeigen eher den Verstand oder das Gefühl des Betrachters ansprechen.

8. Jemand benutzt ständig das gleiche Parfüm (Rasierwasser). Entwerfen Sie in Partnerarbeit eine Werbeanzeige, um sie (ihn) zum Kauf eines neuen Parfüms (Rasierwassers) zu verführen. Setzen Sie dabei bewußt die gestalterischen, inhaltlichen und sprachlichen Strategien ein, die für Werbeanzeigen typisch sind. Bei Bedarf können Sie sich über diese Techniken auf den folgenden Seiten informieren.

1. Werbetexte als appellative Texte

Werbeanzeigen sollen den Leser zu einer bestimmten Handlung veranlassen. Er soll das Produkt kaufen. Aufgrund dieser vorherrschenden Zielsetzung handelt es sich bei den meisten Anzeigen um appellative Texte.[1]) Nur in Ausnahmefällen (zum Beispiel bei Anzeigen in Fachzeitschriften) hat die Information des Lesers (darstellender Text) ein stärkeres Gewicht.

Um ihr Ziel besser zu erreichen, sprechen Werbetexte gezielt bestimmte Adressatenkreise an. Diese sogenannten **Zielgruppen** unterscheiden sich zum Beispiel nach Alter, Geschlecht oder sozialer Stellung.

Zielgruppen der Werbung	
1. Kinder	4. Junge Männer
2. Jugendliche	5. Eltern
3. Junge Frauen	6. Ältere Menschen usw.

2. Die Kennzeichen von Werbetexten

a) Die äußere Aufmachung der Anzeige

Werbeanzeigen werden in der Regel nur oberflächlich betrachtet. Aus diesem Grunde kommt der äußeren Aufmachung eine wesentliche Bedeutung zu.

Bilder, Graphiken, Hervorhebungen, Farbgestaltung usw. sollen die Aufmerksamkeit des Lesers wecken und ihn zum Kauf des Produktes verführen. Regelmäßig eingesetzte gestalterische Mittel sind:

Gestaltungsmittel	Beabsichtigte Wirkung
1. Bilder	a) Blickfang für den Leser b) Genaue Ansprache der Zielgruppe c) Veranschaulichung der angeblich positiven Wirkungen des Produktes für einen Benutzer
2. Abbildung des Produktes	a) Vermittlung einer klaren Vorstellung vom Aussehen des Produktes b) Hilfe für das Wiedererkennen des Produktes im Geschäft
3. Wirkungsvolle Gestaltung der – Schriftgröße – Schriftanordnung – Schriftform	a) Hervorhebung und damit Einprägung wichtiger Textteile, z. B. Produktname, Slogan b) Vortäuschung positiver persönlicher Erfahrungen mit dem Produkt durch handschriftliche Textzeilen
4. Harmonische Farbgestaltung	a) Erweckung der Aufmerksamkeit des Lesers b) Aufbau eines positiven optischen Gesamteindruckes von der Anzeige und damit vom Produkt

---

[1]) Vergleiche zu den Textfunktionen Seite 19 ff.

b) Die sprachliche Gestaltung des Werbetextes

Wenn auch bei vielen Anzeigen der Schwerpunkt auf die optische Wirkung gelegt wird, unterstützen mehr oder weniger umfangreiche Texte die bildlichen Informationen. Bei vielen Werbeanzeigen stellt sich das Verhältnis zwischen Bild und Wort dabei folgendermaßen dar:

---

1. Der Text tritt hinter das Bild zurück. Er ist für das Verständnis und die inhaltliche Aussage der Anzeige nicht zwingend erforderlich.

2. Bild und Text sind inhaltlich aufeinander abgestimmt.

Unabhängig davon haben aber auch die Textpassagen das Ziel, den Leser zum Kauf des Produktes zu bewegen. Diese Aufgabe beeinflußt entscheidend die sprachliche Gestaltung der Texte.

Die Wortwahl in Werbetexten

Kennzeichen	Beabsichtigte Wirkung	Beispiele
1. steigernde Wortzusammensetzungen	Aufwertung des Produktes	superleicht, leistungsintensiv, hochwirksam, seidenglatt
2. Hochwertwörter		wertvoll, perfekt, Harmonie, brilliant
3. gesteigerte Adjektive		zärtlichste, beste, ganz neu, besonders effizient
4. Wortneuschöpfungen	Illusion der Originalität des Produktes	Depot-Aufbau-System, Antifaltenwirkung
5. Fach- und Fremdwörter	a) Illusion der Wissenschaftlichkeit und damit der Wirksamkeit des Produktes (Wissenschaftsgläubigkeit der Verbraucher)	hypoallergen, dermatologisch, Amnioderm-Präparat Bio-Wirkstoff A.T.P.
	b) Eindruck der internationalen Verbreitung des Produktes	Lady Style, Hair Repair Programm
6. wohlklingende Produktnamen	Aufwertung des Produktes (z. B.: Exklusivität, Exotik, Wissenschaftlichkeit)	Passionata, Sans Soucis, Vichy, Babor,

Der Satzbau in Werbetexten

Kennzeichen	Beabsichtigte Wirkung	Beispiele
1. kurze Sätze	leichte Verständlichkeit auch bei oberflächlichem Lesen	Sie sehen es selbst. Und man sieht es Ihnen an.
2. unvollständige Sätze (häufiger Verzicht auf das Prädikat)	deutliche Hervorhebung der das Produkt aufwertenden Nomen und Adjektive	Die neue Marke aus Frankreich. Viele aktuelle Dessins. Modische Formen.
3. Einwortsätze	a) Erzielung von Aufmerksamkeit b) schlagwortartige Hervorhebung aufwertender Begriffe c) gute Einprägsamkeit	Neu. Ohne Risiko. Natürlich. Sympathisch.
4. Aussagesätze	Überzeugung des Lesers von den positiven Eigenschaften oder Wirkungen des Produktes	CD Duschgel ist so mild und rein.
5. Aufforderungssätze	Überredung des Lesers zum Kauf des Produktes (aber: keine direkte Aufforderung zum Kauf)	Bauen Sie trockene Haut auf.

Die rhetorischen[1]) Stilmittel in Werbetexten

Stilmittel	Beabsichtigte Wirkung	Beispiele
1. Endreim	a) Erzielung von Aufmerksamkeit b) Unterstützung der unbewußten Abspeicherung des Produktes im Langzeitgedächtnis des Kunden c) Unterstützung der Rückerinnerung an das Produkt in einer zukünftigen Kaufsituation	del**ial** bräunt id**eal**
2. Stabreim		Mein Gold**w**ell-Friseur. Er **w**eiß, **w**as ich **w**ill.
3. Slogan (einprägsamer, kurzer, laufend wiederholter Werbespruch)		An meine Haut lasse ich nur Wasser und CD.
4. Abwandlung von Redewendungen oder Sprichwörtern		POLY COLOR. Für Frauen, **die Farbe bekennen.**
5. Wiederholungen		ACTIVE NIGHT SERUM wirkt . . . wirkt . . . wirkt . . .
6. Wortspiele		Endlich eine **leichte** Nachtcreme, die **stark** wirkt.
7. persönliche Anrede des Lesers	Vortäuschung eines persönlichen Interesses am Leser und Illusion der besonderen Eignung des Produktes für den Leser	NIVEA GESICHT gibt **Ihrer** Haut alles, was sie braucht...

[1]) Rhetorische Stilmittel sind sprachliche Wendungen, die vom normalen Sprachgebrauch abweichen und dadurch hervorgehoben werden.

c) Die inhaltliche Gestaltung einer Werbeanzeige

🟡 **Der Appell an das Wunschdenken der Verbraucher**

Selbst ein appellativer Werbetext beinhaltet nur in den seltensten Fällen eine direkte Aufforderung zum Kauf. Der Kunde soll nicht zum Kaufentschluß gedrängt werden. Er soll das Gefühl der freien Entscheidung haben.

Außerdem ist ein Kauf immer mit der als unangenehm empfundenen Herausgabe von Geld verbunden. Aus diesem Grund setzt die Werbung eine psychologische Strategie[1] ein.

Jedes Handeln und Verhalten eines Menschen wird durch Triebe und aus ihnen entstehenden Bedürfnissen (Wünschen) ausgelöst. Diese Antriebskräfte spricht die Werbung mit dem Ziel an, sie zu wecken. Dabei redet sie dem Verbraucher gleichzeitig ein, daß gerade das angepriesene Produkt diese Wünsche, Hoffnungen und Träume erfüllte.

Folgende Triebe und Bedürfnisse werden in Werbetexten sehr häufig angesprochen:

Beispiele für Werbeaussage	Angesprochene Bedürfnisse	Zugrundeliegende Triebe
Die wirksame Kontrolle der Hautalterung . . . JUVENA	Wunsch, schön und jung zu bleiben	Geschlechtstrieb, Pflegetrieb, Gesellungstrieb
Es ist so leicht, sich wohlzufühlen. Medima	Verlangen nach Wohlbefinden	Pflegetrieb
Moltex. Da fühlt sich Ihr Baby immer wie frisch gewickelt	Verlangen, daß es dem eigenen Kind gutgeht	Muttertrieb
elmex - für gesunde Zähne bis ins hohe Alter	Verlangen nach Gesundheit	Gesundheitstrieb Selbsterhaltungstrieb
Lust auf Natur! Fixfrutta	Verlangen nach Genuß	Genußtrieb
Stil ist die persönlichste Art, sich zu unterscheiden. Meissen (Porzellan)	Wunsch, sich von anderen abzuheben	Geltungstrieb

🟡 **Der Aufbau und die Verbreitung von Leitbildern**

Werbetexte knüpfen inhaltlich an bestehende Leitbilder an. So verkörpern zum Beispiel die in Werbeanzeigen abgebildeten Personen Eigenschaften, Fähigkeiten und Verhaltensweisen, die allgemein als vorbildlich und wünschenswert gelten. Auf diese Weise trägt die Werbung zu einer weiteren Verfestigung dieser Vorstellungen bei. Diese Wirkung nutzt sie dann wieder für ihr eigentliches Ziel. Sie redet dem Verbraucher ein, daß er durch Kauf des jeweiligen Produktes diesen angeblichen Vorbildern entspricht.

---

[1] Psychologie: Wissenschaft von der menschlichen Seele
Strategie: genau geplantes Vorgehen

Folgende Verhaltensnormen, Wertvorstellungen und Leitbilder sind in Werbetexten sehr häufig zu finden:

1. **Das Leitbild vom Mann:** Aktivität, Selbstsicherheit, Erfolg, Potenz, Männlichkeit, Gesundheit

2. **Das Leitbild von der Frau:** Schönheit, Jugendlichkeit, Gesundheit, Wohlhabenheit, Selbständigkeit, Erfolg

3. **Das Leitbild von der Ehefrau:** zufriedene Dienerin der Familie

4. **Das Leitbild vom älteren Menschen:** Gesundheit, Zufriedenheit, Wohlhabenheit

● Das Vorherrschen appellativ-emotionaler Aussagen

Die meisten Werbeanzeigen sind **appellative Texte.** Ihr Ziel ist nicht die Information des Verbrauchers, sondern seine Verführung zum Kauf. Dies äußert sich in folgenden inhaltlichen Merkmalen:

Merkmale	Beabsichtigte Wirkung	Beispiele
1. unbewiesene, über-triebene Behauptungen oder Versprechungen über Qualität und Nutzen des Produktes		Shoynear Sensitive Systempflege wirkt nachhaltig mit wert-vollen, natürlichen, leistungsintensiven Wirkstoffen.
2. Aussparung von Sachinformationen über das Produkt		z. B. keine Preisangabe
3. vorgetäuschte Argumentation a) Beweis einer Behauptung durch eine andere unbewiesene Behauptung	**Überredung** und **Verführung** des Lesers zum Kauf des Produktes **anstelle** einer **Überzeugung** von den Vorzügen des Artikels	...und - weil's eine Creme ist - die besondere Scho-nung fürs Haar.
b) Herstellung eines Zusam-menhanges mit für wahr ge-haltenen Sach-verhalten		Aber häufiges Waschen und Duschen belastet die Haut. Wer also oft duscht, sollte BASIS pH nehmen
c) Vorgabe wissenschaftlicher Beweise		Dies beweisen der-matologische Tests.

3. Schlüsselfragen zur Untersuchung von Werbeanzeigen

Die folgenden Schlüsselfragen helfen bei der Untersuchung von Werbeanzeigen. Diese allgemeinen Fragen können nämlich problemlos auf jede Anzeige bezogen werden. Ihre Beantwortung löst dann zahlreiche Erkenntnisse bezüglich Aufmachung, Sprache und Inhalt des Werbetextes aus.

1. Fragen zur äußeren Gestaltung der Anzeige

a) Was wird als Blickfang eingesetzt?
b) Wie erfolgt die Raumaufteilung zwischen Bild und Text? Welche Absicht wird mit dieser Einteilung verfolgt?
c) Welche Schriftformen und -größen werden eingesetzt? Welche Ziele verfolgt der Werbende mit den unterschiedlichen Drucktechniken?
d) Welche Besonderheiten fallen hinsichtlich der Farbgestaltung auf? Welche Wirkung soll durch sie erzielt werden?
e) Auf welche Art und Weise wird das angebotene Produkt dargestellt? Warum erfolgt die Darstellung auf diese Weise?

2. Fragen zur sprachlichen Gestaltung des Werbetextes

a) Welche Auffälligkeiten sind hinsichtlich
   – der Wortwahl
   – des Satzbaus
   feststellbar? (Vergleiche die obige Übersicht)
b) Welche besonderen rhetorischen Mittel werden eingesetzt? (Vergleiche die obige Übersicht)
c) Welche Wirkung beabsichtigt der Werbende jeweils mit diesen Mitteln?
d) Erreichen die sprachlichen Mittel ihr beabsichtigtes Ziel? Begründen Sie Ihre Auffassung.

3. Fragen zum Inhalt der Werbeanzeige

a) Welche Zielgruppe wird angesprochen? Wie begründen Sie Ihre Entscheidung?
b) Welcher inhaltliche Zusammenhang besteht zwischen den Bildern und den Textpassagen?
c) Welche Wünsche, Träume, Gefühle, Bedürfnisse werden beim Leser angesprochen bzw. geweckt?
d) Welche Leitbilder und angeblich vorbildlichen Verhaltensweisen kommen zum Ausdruck?
e) Welche Aussagen sind sachlich-informativ, welche sind emotional-appellativ? Welches mengenmäßige Verhältnis besteht zwischen diesen beiden Arten von Aussagen?
f) Welche Techniken der Scheinargumentation werden eingesetzt?
g) Handelt es sich bei der Werbeanzeige um einen appellativen oder um einen darstellenden Text? Wie begründen Sie Ihre Entscheidung?

Zusammenfassung

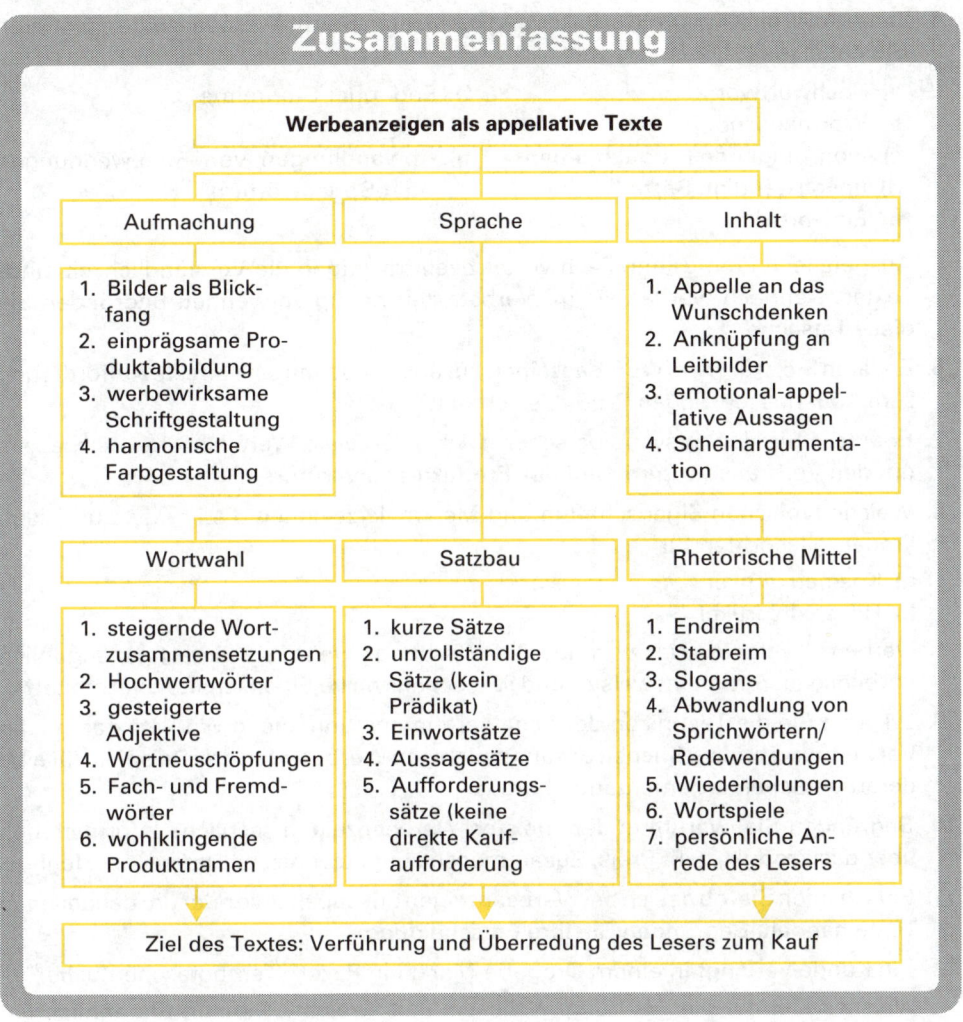

Werbeanzeigen als appellative Texte

Aufmachung	Sprache	Inhalt
1. Bilder als Blickfang 2. einprägsame Produktabbildung 3. werbewirksame Schriftgestaltung 4. harmonische Farbgestaltung		1. Appelle an das Wunschdenken 2. Anknüpfung an Leitbilder 3. emotional-appellative Aussagen 4. Scheinargumentation

Wortwahl	Satzbau	Rhetorische Mittel
1. steigernde Wortzusammensetzungen 2. Hochwertwörter 3. gesteigerte Adjektive 4. Wortneuschöpfungen 5. Fach- und Fremdwörter 6. wohlklingende Produktnamen	1. kurze Sätze 2. unvollständige Sätze (kein Prädikat) 3. Einwortsätze 4. Aussagesätze 5. Aufforderungssätze (keine direkte Kaufaufforderung	1. Endreim 2. Stabreim 3. Slogans 4. Abwandlung von Sprichwörtern/ Redewendungen 5. Wiederholungen 6. Wortspiele 7. persönliche Anrede des Lesers

Ziel des Textes: Verführung und Überredung des Lesers zum Kauf

Übung Übung Übung Übung Übung Übung

1. Erklären Sie, was in der Werbung unter einer Zielgruppe verstanden wird.

2. Werbeanzeigen verzichten nur selten auf eine photographische Abbildung des Produktes. Begründen Sie diese Tatsache.

3. Nehmen Sie Stellung zu folgender Aussage: „Viele appellative Werbeanzeigen könnten fast völlig ohne ihre Textpassagen auskommen."

4. Blättern Sie eine Illustrierte durch, und betrachten Sie die Werbeanzeigen. Notieren Sie dabei je drei Beispiele für:

a) Hochwertwörter
b) Wortneuschöpfungen
c) wohlklingende Produktnamen
d) unvollständige Sätze
e) Einwortsätze

f) End- oder Stabreime
g) Slogans
h) Abwandlungen von Redewendungen oder Sprichwörtern

5. Ausgefallene Fremd- und Fachwörter beeinträchtigen die Verständlichkeit eines Textes. Dennoch werden sie in Werbetexten häufig verwendet. Begründen Sie diese Tatsache.

6. Erklären Sie, warum in Werbeanzeigen nur äußerst selten eine direkte Aufforderung zum Kauf des jeweiligen Produktes enthalten ist.

7. Erläutern Sie den „psychologischen Trick", den viele Werbeanzeigen einsetzen, um den Verbraucher zum Kauf des Produktes zu verführen.

8. Welche typischen Eigenschaften und Merkmale zeichnen die Frauen aus, die in Frauenzeitschriften für

a) Kosmetikartikel
b) Haushaltsartikel

werben? Welches Ziel verfolgt die Werbung, wenn sie derartige angeblich vorbildliche Verhaltensweisen und wünschenswerte Eigenschaften verbreitet?

9. Erklären Sie die Techniken der Scheinargumentation, die in Werbetexten häufig Verwendung finden. Suchen Sie aus beliebigen Werbetexten drei Beispiele für eine derartige Scheinargumentation heraus.

10. Begründen Sie, warum in den meisten Werbeanzeigen sachliche Informationen über das Produkt, z. B. Preis, Zusammensetzung, technische Daten usw., fehlen.

11. Entscheiden Sie, ob es sich bei Werbeanzeigen um appellative oder um darstellende Texte handelt. Begründen Sie Ihre Entscheidung.

12. Ein Kunde verlangt in einem Drogerie-Markt ein Paket „Tempotaschentücher".

Welches Ziel hat die Werbung in diesem Fall erreicht? Nennen Sie ähnlich gelagerte Beispiele.

13. Erläutern Sie, inwiefern in dem folgenden Werbetext eine Scheinargumentation erfolgt.

Um sich rundum richtig wohlzufühlen, ist die tägliche Körperpflege unerläßlich. Aber jede Reinigung trocknet die Haut aus.
Wasser, Seifen, Duschgels können sogar ihre natürliche Funktion stören. Ein gesunder Weg, sich zu pflegen, führt deshalb über den Schutz der natürlichen Hautfunktionen. Die Penaten Körperpflege geht diesen Weg. Kamille Bad, Shampoo, Seife und Gesichts-
und Körperpflege Creme enthalten besonders milde und hautverträgliche Wirkstoffe.
Die ganze Serie ist klinisch getestet und hat sich bereits an zehnmal dünnerer Babyhaut hervorragend bewährt. Und was so pflegend und schützend für Babyhaut ist, ist auch für Erwachsene ein gesunder Weg, sich zu pflegen.

---

14. Untersuchen Sie eine beliebige Werbeanzeige. Gehen Sie dabei insbesondere auf

a) die angesprochene Zielgruppe

b) die äußere Gestaltung

c) den inhaltlichen Zusammenhang zwischen Bild und Text

d) die sprachlichen Stilmittel

e) die angesprochenen Wünsche und Leitbilder

ein.

15. Welche Kennzeichen der Werbung verarbeitet der Dichter Joachim Ringelnatz (1883-1934) in dem folgenden Gedicht?

Joachim Ringelnatz: **Reklame**

Ich wollte von gar nichts wissen.
Da habe ich eine Reklame erblickt,
Die hat mich in die Augen gezwickt
Und ins Gedächtnis gebissen.

5 Sie predigte mir von früh bis spät
Laut öffentlich wie im stillen
Von der vorzüglichen Qualität
Gewisser Bettnässer-Pillen.

Ich sagte: „Mag sein! Doch für mich nicht! Nein, nein!
10 Mein Bett und mein Gewissen sind rein!"

Doch sie lief weiter hinter mir her.
Sie folgte mir bis an die Brille.
Sie kam mir aus jedem Journal in die Quer
Und säuselte: „Bettnässer-Pille".

15 Sie war bald rosa, bald lieblich grün.
Sie sprach in Reimen von Dichtern.
Sie fuhr in der Trambahn und kletterte kühn
Nachts auf die Dächer mit Lichtern.

Und weil sie so zähe und künstlerisch
20 Blieb, war ich ihr endlich zu Willen.
Es liegen auf meinem Frühstückstisch
Nun täglich zwei Bettnässer-Pillen.

Die ißt meine Frau als „Entfettungsbonbon".
Ich habe die Frau belogen.
25 Ein holder Frieden ist in den Salon
Meiner Seele eingezogen.

(Joachim Ringelnatz. Das Gesamtwerk in sieben Bänden. Band 1. Herausgegeben von Walter Pape. Henssel Verlag: Berlin 1984, S. 344 f.)

16. „Die Produktion und der Konsum von Gütern gefährden zunehmend unsere natürlichen Lebensgrundlagen. Die Herstellung von Produkten, für die erst durch Werbung Bedarf geweckt werden muß, ist vor diesem Hintergrund nicht mehr zu verantworten. Die Produktwerbung sollte deshalb gesetzlich untersagt werden. Sie verführt die Konsumenten nur zum Kauf von Erzeugnissen, die sie eigentlich gar nicht benötigen."

Sammeln Sie im Gespräch mit anderen Auszubildenden Argumente für und gegen ein gesetzliches Werbeverbot.

8 Der Fachaufsatz

In einem Fachaufsatz hat der Schreiber bestimmte Sachverhalte eines Fachgebietes **verständlich** darzustellen. Gesichertes und begründetes **Fachwissen** ist dafür die wichtigste Voraussetzung.

Im übrigen ist das Aufsatzschreiben ein leicht erlernbares Handwerk. Es kommt eigentlich nur darauf an, drei Arbeitsschritte nacheinander durchzuführen:

1. Stoffsammlung	2. Gliederung	3. Ausführung

8.1 Die Stoffsammlung als Grundlage des Fachaufsatzes

Die Auszubildende Margret Neumann bereitet sich auf die Abschlußprüfung vor. Dazu will sie unter anderem wichtige Themenbereiche aus der Fachkunde systematisch wiederholen, und zwar in einer Form, daß sich die Inhalte auch gut einprägen.

Deshalb erhält sie von ihrer Ausbilderin Frau Dr. Hülshoff den Auftrag, einen Fachaufsatz zu dem Thema **„Maßnahmen zur Erhaltung und Wiedererlangung der Gesundheit"** anzufertigen.

Arbeitsauftrag

1. Notieren Sie stichwortartig alle Gedanken, die Ihnen zu diesem Thema spontan einfallen.

2. Informieren Sie sich auf den Seiten 175 ff. über die sogenannte Schlüsselfragen-Methode. Wenden Sie diese Vorgehensweise zur Ergänzung Ihrer Stoffsammlung an.

3. Vergleichen Sie in Partnerarbeit Ihre Stoffsammlung mit der Ihres Sitznachbarn. Ergänzen Sie gegenseitig Ihre bisherigen Auflistungen. Welche anderen Hilfsmittel stehen zur Verfügung, wenn man sich über einen bestimmten Sachverhalt informieren will? Nutzen Sie auch diese Möglichkeiten zur weiteren Vervollständigung Ihrer Gedankensammlung.

4. Die Stoffsammlung stellt die Grundlage für Ihre weitere Arbeit dar. Leiten Sie von daher ab, auf welche formalen Gesichtspunkte man beim Niederschreiben der Gedanken achten sollte. (Denken Sie zum Beispiel daran, daß Ihnen im nachhinein Ergänzungen zu bereits notierten Gesichtspunkten einfallen können.)

Auch bei noch so gutem Fachwissen kann nicht unmittelbar mit dem Schreiben des eigentlichen Aufsatzes begonnen werden. Jede anspruchsvollere Tätigkeit muß geplant und vorbereitet werden.

Beim Fachaufsatz ist die Stoffsammlung die erste Arbeitsvorbereitung.

1. Techniken der Stoffsammlung

a) Das Brainstorming[1])

In der ersten Phase der Stoffsammlung werden alle Gedanken, die Ihnen spontan zum Thema einfallen, stichwortartig notiert.

Da die Stoffsammlung die Grundlage für die weitere Arbeit darstellt, ist bereits zu diesem Zeitpunkt auf **Übersichtlichkeit und Ordentlichkeit** Wert zu legen. Jeder Gedanke sollte gut leserlich in eine neue Zeile geschrieben werden. Außerdem empfiehlt es sich, einen breiten Rand zu lassen. Punkte, die Ihnen nachträglich einfallen, können so übersichtlich ergänzt werden.

b) Die Schlüsselfragen-Methode

Insbesondere wenn man sich mit einem Themenbereich längere Zeit nicht beschäftigt hat, findet man nur schwer einen Zugang zu einem entsprechenden Fachaufsatzthema. Um neue Einfälle auszulösen, ist das Nachdenken gezielt zu unterstützen. Dies erfolgt mit den sogenannten Schlüsselfragen.

● **Das Wesen der Schlüsselfragen**

Mit den Schlüsselfragen werden die Hauptbegriffe des Themas und das allgemeine Themenumfeld befragt. Die Fragen sind vom Schreiber selbst zu entwickeln.

Es genügt jedoch, wenn er sich die Fragen in Gedanken stellt, denn nur die Antworten sind von Bedeutung. Sie beinhalten neue themenbezogene Gesichtspunkte, die stichwortartig notiert werden.

---

[1]) Verfahren, um durch Sammeln von spontanen Einfällen die beste Lösung eines Problems zu finden.

Die Entwicklung der Schlüsselfragen

Hilfe bei der Bildung von Schlüsselfragen leistet der folgende Fragenkatalog. Die aufgeführten Fragewörter und allgemeinen Fragen können leicht auf jedes Thema bezogen werden.

Schlüsselfragen für die Stoffsammlung

1. **Allgemeine Fragewörter**

    Wer? Was? Wie? Wann? Seit wann? Wie lange? Wo? Bei wem? Wohin? Woher? Wodurch? Warum? usw.

2. **Allgemeine Fragen**

    Welche Vor- und Nachteile ergeben sich?
    Mit welchen Mitteln wird etwas durchgeführt?
    Welche gesetzlichen Bestimmungen sind zu beachten?
    Welche gegenteiligen Sachverhalte oder Verhaltensweisen gibt es?
    Welche Beispiele können angeführt werden?
    Welche Vorbilder können angeführt werden?
    Welche Sprichwörter und Zitate weisen auf den Sachverhalt hin?

Hat man mit Hilfe der Schlüsselfragen einen ersten Zugang zum Thema gefunden, stellen sich in Form einer Kettenreaktion neue Ideen ein. Dieser Effekt kann dadurch unterstützt werden, daß bereits notierte Stoffsammlungspunkte selbst wieder befragt werden.

Beispiel

Thema: Erste Hilfe bei Notfällen

In Gedanken gestellte Schlüsselfragen	**Stichwortartig notierte Antwort als Stoffsammlungspunkt**
Was ist ein Notfall?	Unglücksfälle, Notsituationen von Mitmenschen, evtl. Lebensgefahr
Wo kann es zu Notfällen kommen?	im Verkehr, am Arbeitsplatz, in der Schule, im Haushalt
Was ist unter „Erster Hilfe" zu verstehen?	gezieltes schnelles Handeln, Sofortmaßnahmen zur Lebensrettung, Verhütung von Verschlimmerungen, Verhinderung weiterer Gefahren
Wer ist zur Hilfeleistung verpflichtet?	grundsätzlich jeder Staatsbürger aufgrund des Nothilfeparagraphen des Strafgesetzbuches, Bestrafung wegen unterlassener Hilfeleistung
Worauf ist bei einem Notfall als erstes zu achten?	Müssen Menschen aus einer gefährlichen Situation gerettet werden (z. B. Explosionsgefahr, Feuer, giftige Gase, Strom)?
	Beurteilung von Atmung und Kreislauf des Notfallpatienten
	Liegt eine starke, spritzende Blutung vor (z. B. Schlagaderverletzung)?
Wie beùrteilt man die Atmung?	Ertasten von Atembewegungen am Brustkorb oder am Oberbauch
Wie beurteilt man den Kreislauf?	Erfühlen des Pulses an der Hals- oder Beinschlagader

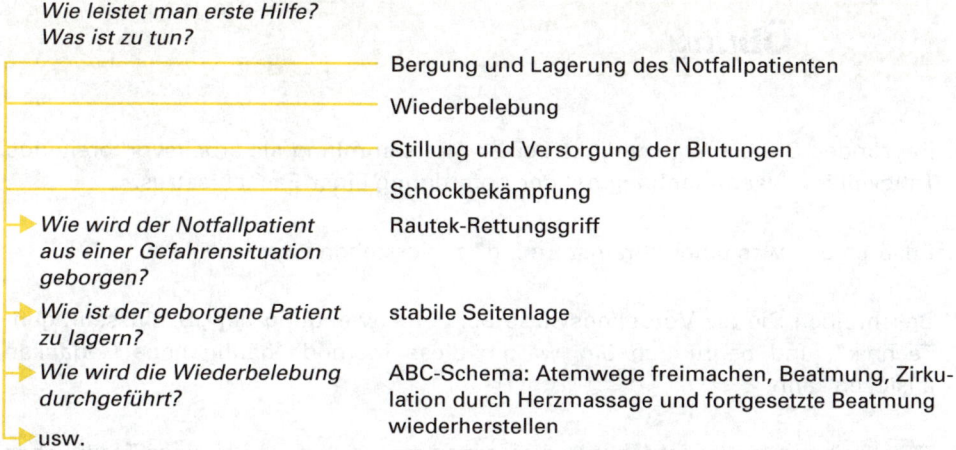

Wie leistet man erste Hilfe?
Was ist zu tun?

Bergung und Lagerung des Notfallpatienten

Wiederbelebung

Stillung und Versorgung der Blutungen

Schockbekämpfung

Wie wird der Notfallpatient
aus einer Gefahrensituation
geborgen?

Rautek-Rettungsgriff

Wie ist der geborgene Patient
zu lagern?

stabile Seitenlage

Wie wird die Wiederbelebung
durchgeführt?

ABC-Schema: Atemwege freimachen, Beatmung, Zirkulation durch Herzmassage und fortgesetzte Beatmung wiederherstellen

usw.

2. Hilfsmittel bei der Stoffsammlung

In einer Prüfungssituation, zum Beispiel bei einer Klassenarbeit, kann nur auf Informationen zurückgegriffen werden, die im Gedächtnis gespeichert sind. In anderen Schreibsituationen besteht dagegen oft die Möglichkeit, zusätzliche Hilfsmittel heranzuziehen. Als wichtigste Quellen für die Informationsbeschaffung im Rahmen der Stoffsammlung sind vor allem zu nennen:

1. Fachbücher
2. Lexika
3. Fachzeitschriften
4. Gespräche mit Fachleuten

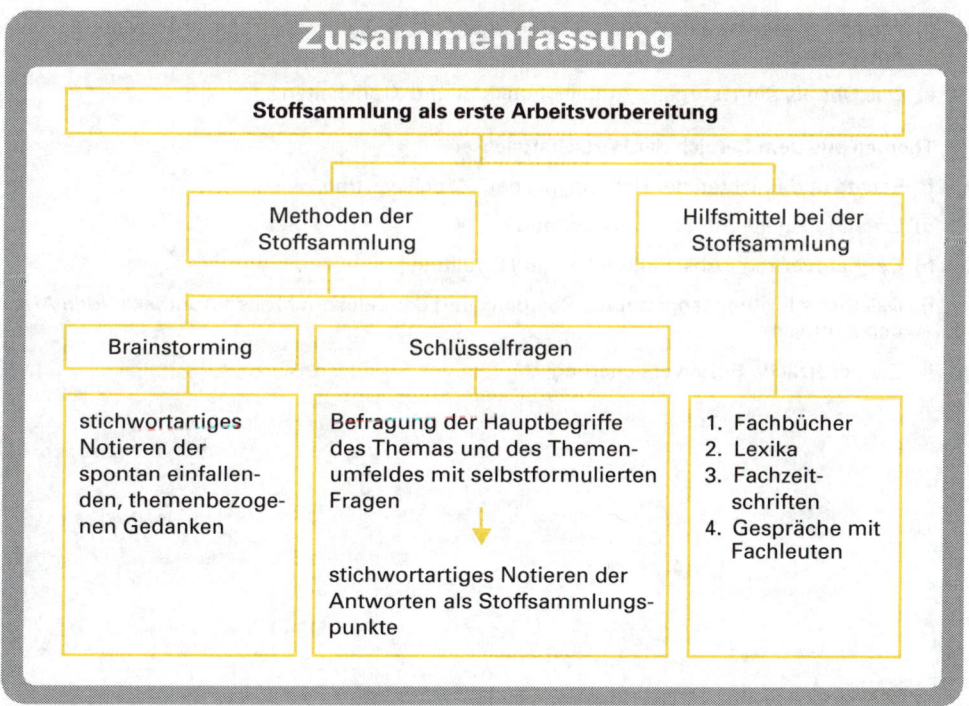

Zusammenfassung

Stoffsammlung als erste Arbeitsvorbereitung

Methoden der Stoffsammlung

Hilfsmittel bei der Stoffsammlung

Brainstorming

Schlüsselfragen

stichwortartiges Notieren der spontan einfallenden, themenbezogenen Gedanken

Befragung der Hauptbegriffe des Themas und des Themenumfeldes mit selbstformulierten Fragen

stichwortartiges Notieren der Antworten als Stoffsammlungspunkte

1. Fachbücher
2. Lexika
3. Fachzeitschriften
4. Gespräche mit Fachleuten

1. Begründen Sie die Notwendigkeit einer Stoffsammlung als arbeitsvorbereitende Tätigkeit im Zusammenhang mit der Anfertigung eines Fachaufsatzes.

2. Erklären Sie, was unter „Brainstorming" zu verstehen ist.

3. Beschreiben Sie die Vorgehensweise bei der Anwendung der „Schlüsselfragen-Technik", und begründen Sie, warum diese Methode häufig neue Gedanken auslösen kann.

4. Beschreiben Sie die Vorgehensweise, wenn man sich mit Hilfe eines Fachbuches über bestimmte ausgewählte Sachverhalte möglichst zeitsparend informieren will.

5. Fertigen Sie eine Stoffsammlung zu folgenden Themen an. Setzen Sie dabei gezielt die beiden Methoden des „Brainstorming" und der „Schlüsselfragen" ein. Ziehen Sie bei Bedarf auch weitere Hilfsmittel heran.

   Themen aus dem Bereich der medizinischen Fachkunde:

   a) Die Hepatitis - Eine vermeidbare Gesundheitsgefahr am Arbeitsplatz einer Helferin

   b) Aufzeichnungs-, Dokumentations- und Aufbewahrungspflicht in der (zahn-)ärztlichen Praxis

   c) Sorgfalts- und Haftpflicht in der (zahn-)ärztlichen Praxis

   d) Amalgam als zahnärztliches Füllungsmaterial - Zusammensetzung, Anwendung und Entsorgung

   e) Das Ohr als Sinnesorgan - Aufbau, Funktion und Krankheiten

   Themen aus dem Bereich der Wirtschaftslehre:

   f) Rechte und Pflichten der Helferin aus dem Arbeitsvertrag

   g) Erziehungsgeld und Erziehungsurlaub

   h) Der Kaufvertrag - Abschluß, Inhalt und Erfüllung

   i) Das Dienstleistungsangebot der Postbank und der Telekom für den Apotheker (den Arzt, den Zahnarzt)

   j) Die gesetzliche Sozialversicherung

8.2 Die Gliederung der Stoffsammlung

Eine Helferin muß einen Fachaufsatz zu dem Thema **„Erhaltung und Wiederherstellung der Gesundheit"** schreiben. Dazu hat sie die folgende Stoffsammlung erstellt.

(1) Erklärung des Begriffes Gesundheit
(2) sich gesund und vollwertig ernähren
(3) Warnhinweise einer möglichen Krebserkrankung beachten
(4) Teilnahme an Krebs-Früherkennungsuntersuchungen
(5) an Schutzimpfungen teilnehmen
(6) alltägliche Maßnahmen zur Krankheitsverhütung
(7) sorgfältige Pflege der Haut
(8) gesundheitsfördernde Bekleidung tragen
(9) regelmäßige Wahrnehmung der Kinder-Früherkennungsuntersuchungen U3 bis U8
(10) das Rauchen einstellen
(11) aktive Schutzimpfungen
(12) passive Schutzimpfungen
(13) Simultanimpfungen
(14) Neugeborenen-Erstuntersuchung
(15) Neugeborenen-Basisuntersuchung
(16) gründlich die Zähne pflegen
(17) Ausschaltung von persönlichen Risikofaktoren durch eine gesunde Lebensweise
(18) an Mutterschaftsvorsorgeuntersuchungen teilnehmen
(19) gesundheitsförderndes Freizeitverhalten
(20) arbeitsmedizinische Vorsorgeuntersuchungen
(21) das Jugendarbeitsschutzgesetz schreibt Vorsorgeuntersuchungen vor
(22) wachsende Bedeutung der Gesundheitsvorsorge aufgrund der Umweltbelastung
(23) diätetische Behandlung
(24) operative Therapie
(25) Erhebung der Anamnese
(26) Möglichkeiten der physikalischen Therapie
(27) Untersuchung und Diagnose
(28) Arzneimittel verabreichen
(29) Verordnung von Hilfsmitteln
(30) die Allgemeinuntersuchung durch den Arzt
(31) psycho-therapeutische Behandlungsmethoden
(32) technische Untersuchungsverfahren
(33) die Behandlung der Krankheit (Therapie)
(34) die Rehabilitation des Patienten

Arbeitsauftrag

1. Das obige Aufsatzthema gibt die Grundgliederung des Aufsatzes bereits vor. Nennen Sie die beiden Schwerpunkte, die laut Themenstellung zu behandeln sind. Ordnen Sie die Gedanken der Stoffsammlung diesen beiden Hauptgesichtspunkten zu. Welcher der aufgeführten Stoffsammlungsgedanken eignet sich besonders für die Einleitung des Aufsatzes, welcher für den Schlußabschnitt?

2. Der Stoffsammlungspunkt (6) „alltägliche Maßnahmen zur Krankheitsverhütung" ist ein übergeordneter Gesichtspunkt. Welche anderen Gedanken der Stoffsammlung sind ihm unterzuordnen?

3. Welcher gemeinsame Oberbegriff verbindet die Stoffsammlungspunkte (3), (4) und (10)? Formulieren Sie mit Hilfe dieses Oberbegriffes einen geeigneten übergeordneten Gliederungspunkt.

4. Suchen Sie in der vorgegebenen Stoffsammlung weitere inhaltlich zusammengehörende Gedanken. Ordnen Sie sie entweder einem in der Stoffsammlung bereits genannten übergeordneten Gesichtspunkt zu, oder formulieren Sie selbst einen derartigen höherrangigen Gliederungspunkt.

5. Welcher Unterschied besteht hinsichtlich der sprachlichen Gestaltung zwischen dem Stoffsammlungspunkt (7) „sorgfältige Pflege der Haut" und dem Gedanken (16) „gründlich die Zähne pflegen"? Passen Sie den Punkt (16) bezüglich seiner Formulierung dem Gesichtspunkt (7) an. Führen Sie diese sprachliche Verbesserung auch bei anderen Stoffsammlungspunkten durch.

6. Informieren Sie sich auf den Seiten 183 ff. über die verschiedenen Gliederungsschemata, über die Anforderungen an den logischen Aufbau einer Gliederung und über die angemessene sprachliche Formulierung eines Gliederungspunktes. Entwickeln Sie unter Beachtung dieser Richtlinien aus der obigen Stoffsammlung eine Gliederung zu dem Thema „Erhaltung und Wiederherstellung der Gesundheit".

1. Die Gliederung als geordnete Stoffsammlung

Das Material der Stoffsammlung ist noch ungeordnet. Als Plan für das Schreiben des Aufsatzes ist sie deshalb nicht geeignet. Dieses „Gerüst" stellt erst die Gliederung dar. Sie entsteht durch das systematische Ordnen der Stoffsammlungspunkte.

Arbeitsschritte beim Ordnen der Stoffsammlung

1. Bestimmung von inhaltlich zusammengehörenden Stoffsammlungsgedanken
2. Ermittlung von geeigneten Oberbegriffen
3. Festlegung einer angemessenen Gedankenabfolge
4. Auswahl passender Einleitungs- und Schlußgedanken

Bei dieser Überarbeitung der Stoffsammlung sind folgende Gesichtspunkte zu beachten:

2. Die Grundgliederung eines Fachaufsatzes

Wie nahezu jeder andere Text ist auch der Fachaufsatz in drei Teile zu gliedern.

Schon beim ersten Sichten der Stoffsammlung ist deshalb darauf zu achten, welche Gedanken sich besonders für die Ausgestaltung der Einleitung bzw. des Schlußabschnittes eignen.

3. Die Untergliederung des Hauptteiles

Der im Mittelpunkt stehende Hauptteil erfordert aufgrund seines Umfanges eine weitere Untergliederung. Sie muß sich jedoch an grundsätzlichen, übergeordneten Gesichtspunkten orientieren.

a) Die Vorgabe von Gliederungsschwerpunkten durch die Themenstellung

> Häufig gibt das Thema bereits die im Hauptteil zu bildenden Schwerpunkte ausdrücklich an. Diese Gliederungsvorgabe ist dann unbedingt zu befolgen.

Beispiel

Thema: Die Kennzeichnung, Aufbewahrung und Verschreibung von Arzneimitteln

Gliederung: A. Einleitung

B. Hauptteil

    I. Kennzeichnung

    II. Aufbewahrung   vorgegebene Gliederungspunkte aufgrund der Themenstellung

    III. Verschreibung

C. Schluß

b) Die chronologische Gliederung

Andere Themen erfordern die Darstellung von Arbeitsabläufen oder Zusammenhängen, bei denen eine bestimmte zeitliche Abfolge vorgegeben ist. Dann hat die Untergliederung des Hauptteiles entsprechend dieser natürlichen Chronologie des Sachverhaltes zu erfolgen.

Beispiel

Thema: „Erste-Hilfe-Maßnahmen" am Unfallort

Gliederung: A. Einleitung

B. Hauptteil

I. Beurteilung der Notfallsituation
II. Bergung des Notfallpatienten
III. Lagerung des Notfallpatienten
IV. Wiederherstellung bzw. Sicherung von Atmung und Kreislauf
V. Blutstillung und Verbinden der Wunden
VI. Überwachung des Patienten und Aufstellung eines Notfallprotokolles

Reihung der Gliederungspunkte entsprechend dem zeitlichen Ablauf der „Erste-Hilfe-Maßnahmen"

C. Schluß

c) Das Prinzip der Steigerung

Manchmal läßt die Themenstellung die Untergliederung des Hauptteiles vollkommen offen. Bei diesen Themen muß der Schreiber selbst entscheiden, zu welchen Schwerpunkten die Gedanken der Stoffsammlung zusammengefaßt werden können.

Bei der Entscheidung darüber, in welcher Reihenfolge diese einzelnen Hauptgesichtspunkte abzuhandeln sind, ist das Prinzip der Steigerung zu beachten. Danach sollte sich die Anordnung an folgenden Grundsätzen ausrichten:

1. vom weniger Wichtigen zum Wichtigen
2. vom weniger Schwierigen zum Schwierigen
3. vom Selbstverständlichen zum Neuen

oder auf andere Weise fortschreitend

Thema: Die Krankheiten der Verdauungsorgane

Gliederung: A. Einleitung

B. Hauptteil

    I. Krankheiten im Bereich der Mundhöhle
       1. Zahnverlust durch Zahnkaries
       2. Zahnverlust durch Zahnlockerung

    II. Krankheiten der Speiseröhre
       1. Entzündung der Speiseröhre
       2. Speiseröhrenkrebs

    III. Krankheiten des Magens
       1. Magenschleimhautentzündung
       2. Magengeschwüre
       3. Magenkrebs

    IV. Erkrankungen im Darmbereich
       1. Entzündungen im Darmtrakt
       2. Karzinome im Darmbereich

(1) Ordnung der einzelnen Krankheiten entsprechend der verschiedenen Organe

(2) Reihung gemäß dem Verdauungsvorgang

(3) Jeweiliges Fortschreiten von der weniger schwerwiegenden zur schwerwiegenden Krankheit

C. Schluß

4. Die Gliederungsschemata

Zur übersichtlichen Gestaltung der Gliederung stehen zwei Gliederungsschemata zur Verfügung.

a) Das alphanumerische Gliederungsschema

A. Einleitung

B. Hauptteil

    I. ...

       1. ...

         a) ...
         b) ...

       2. ...

    II. ...

       1. ...

       2. ...

       usw.

C. Schluß

b) Das numerische Gliederungsschema

1   Einleitung

2   Hauptteil

2.1   ...

2.1.1   ...

2.1.1.1 ...
2.1.1.2 ...

2.1.2   ...

2.2   ...

2.2.1   ...

2.2.2   ...

usw.

3   Schluß

5. Die Anforderungen an den logischen Aufbau der Gliederung

a) Alle Gliederungspunkte müssen in einem zutreffenden Unter-, Über- und Gleichordnungsverhältnis stehen.

Beispiel

Fehlerhafter Gliederungsaufbau	Berichtigter Gliederungsaufbau
A. ...	A. ...
B. ...	B. ...
I. Stoffwechselkrankheiten	I. Stoffwechselkrankeiten
1. Die Zuckerkrankheit (Diabetes mellitus)	1. Die Zuckerkrankheit (Diabetes mellitus)
a) Ursachen der Krankheit	a) Die Ursachen der Krankheit
b) Frühsymptome der Erkrankung	b) Die Frühsymptome der Erkrankung
2. Die Spätfolgen der Zuckerkrankheit	c) Die Spätfolgen der Zuckerkrankheit
3. Die Therapie des Diabetes mellitus	d) Die Therapie des Diabetes mellitus
4. Die Fettsucht (Adipositas)	2. Die Fettsucht (Adipositas)
5. Die Gicht	3. Die Gicht
II. ...	II. ...
C. ...	C. ...

b) Auch für die Erstellung einer Gliederung gilt: „Wer A sagt, muß auch B sagen." Das heißt, wird zum Beispiel der Gliederungspunkt „I." mit dem Unterpunkt „1." untergliedert, so muß mindestens noch der Punkt „I. 2." folgen.

Beispiel

Fehlerhafter Gliederungsaufbau	Berichtigter Gliederungsaufbau
A. ...	A. ...
B. ...	B. ...
I. ...	I. ...
II. Krankheiten der Leber	II. Krankheiten der Leber
1. Die Hepatitis	1. Die Hepatitis
	2. Die Leberzirrhose
III. Erkrankung der Bauchspeicheldrüse	III. Die Entzündung der Bauchspeicheldrüse (Pankreatitis)
1. Die Entzündung der Bauchspeicheldrüse (Pankreatitis)	
IV. ...	IV. ...
C. ...	C. ...

c) Jeder untergeordnete Gliederungspunkt hat eine gewisse inhaltliche Tiefe aufzuweisen. Das heißt, zu jedem dieser Punkte muß im Aufsatz ein Abschnitt mit angemessenem Umfang ausgeführt werden können.

Beispiel

Fehlerhafter Gliederungsaufbau	Berichtigter Gliederungsaufbau
A. ...	A. ...
B. ...	B. ...
I. Die Krankheiten der Lunge	I. Die Krankheiten der Lunge
1. Die typischen Symptome	1. Die typischen Symptome
a) Husten	2. Die Bronchitis
b) Auswurf	3. Die Lungenentzündung
c) Atemnot	4. ...
2. Die Bronchitis	
3. Die Lungenentzündung	II. ...
4. ...	C. ...
C. ...	

Die Gliederungspunkte a) bis c) haben nur ihre Berechtigung, wenn zu jedem Punkt ein umfangreicher eigener Absatz ausgeführt wird. Andernfalls handelt es sich um bloße Stoffsammlungspunkte zu dem Gliederungspunkt „1. Die typischen Symptome".

6. Die sprachliche Formulierung der Gliederungspunkte im Nominalstil

Der Informationscharakter der Gliederung erfordert eine prägnante, überschriftsmäßige sprachliche Fassung der Gliederungspunkte. Dies gewährleistet der sogenannte Nominalstil.

a) Grammatische Kennzeichen des Nominalstils

Bei Formulierungen im Nominalstil fehlen die Verben. Dagegen herrscht die Wortart der Nomen vor.

b) Die Umwandlung von Sätzen in den Nominalstil

Viele Stoffsammlungspunkte werden spontan in der Form vollständiger oder unvollständiger Sätze niedergeschrieben. Bei der Erstellung der Gliederung ist in diesen Fällen eine Übertragung in den Nominalstil erforderlich. Das dazu erforderliche Beseitigen der Verben kann auf dreierlei Weise erfolgen.

1. **Ersatzlose Streichung des Verbes** sowie anderer überflüssiger Satzteile und ausschließliche Beschränkung auf die aussagekräftigsten Nomen

2. **Ersatz des Verbes** durch ein sinnverwandtes Nomen

3. **Verwendung der Infinitivform** des zu ersetzenden Verbes als Nomen

Beispiel

Stoffsammlungspunkt als Satz	Umwandlungs- methode[1]	Gliederungspunkt im Nominalstil
Es gibt das Silberamalgam.	1.	Das Silberamalgam
Quecksilber ist ein Umweltgift.	1.	Quecksilber als Umweltgift
Die Helferin bereitet die Amalgamfüllung zu.	2.	Zubereitung der Amalgamfüllung
Mit Quecksilber muß man vorsichtig umgehen.	2.	Vorsichtiger Umgang mit Quecksilber
Die Füllung wird bearbeitet.	3.	Das Bearbeiten der Füllung

---

[1] Die Ziffern beziehen sich auf die unmittelbar vorangegangene Numerierung der drei möglichen Vorgehensweisen bei der Umwandlung von Sätzen in den Nominalstil.

7. Die Notwendigkeit der Übereinstimmung von Gliederung und Ausführung

Die Gliederung stellt nicht nur den Arbeitsplan für den Schreiber dar. Sie ist auch Orientierungshilfe für den Leser und kann mit dem Inhaltsverzeichnis eines Buches verglichen werden. Wie dieses sollte sie dem Aufsatz vorangestellt werden.

Das setzt aber voraus, daß eine enge Übereinstimmung von Gliederung und Aufsatz besteht. Der Leser muß die Ausführungen anhand der Gliederung verfolgen können. Aus diesem Grunde sollte die Reinschrift der Gliederung erst nach der Reinschrift des Aufsatzes erfolgen. Erst zu diesem Zeitpunkt ist gewährleistet, daß keine Ergänzungen und Umstellungen erfolgen.

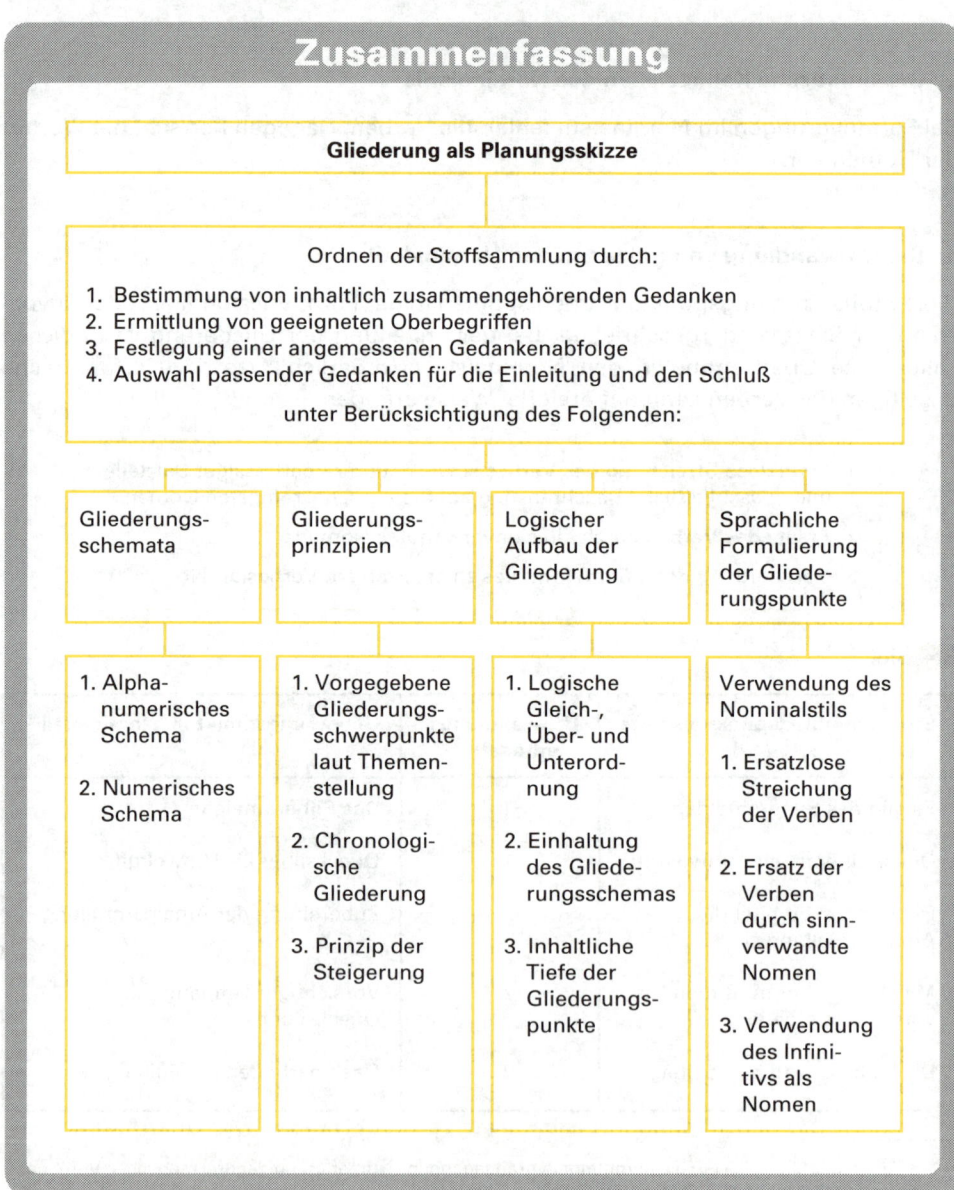

Zusammenfassung

Gliederung als Planungsskizze

Ordnen der Stoffsammlung durch:

1. Bestimmung von inhaltlich zusammengehörenden Gedanken
2. Ermittlung von geeigneten Oberbegriffen
3. Festlegung einer angemessenen Gedankenabfolge
4. Auswahl passender Gedanken für die Einleitung und den Schluß

unter Berücksichtigung des Folgenden:

Gliederungs-schemata	Gliederungs-prinzipien	Logischer Aufbau der Gliederung	Sprachliche Formulierung der Gliede-rungspunkte
1. Alpha-numerisches Schema 2. Numerisches Schema	1. Vorgegebene Gliederungs-schwerpunkte laut Themen-stellung 2. Chronologi-sche Gliederung 3. Prinzip der Steigerung	1. Logische Gleich-, Über- und Unterord-nung 2. Einhaltung des Gliede-rungsschemas 3. Inhaltliche Tiefe der Gliederungs-punkte	Verwendung des Nominalstils 1. Ersatzlose Streichung der Verben 2. Ersatz der Verben durch sinn-verwandte Nomen 3. Verwendung des Infini-tivs als Nomen

1. Nehmen Sie zu folgender Aussage einer Auszubildenden Stellung.

   „Alle Deutschlehrer behaupten, dem Schreiben des Aufsatzes müßten eine Stoffsammlung und Gliederung vorangehen. Das ist meiner Meinung nach nur Zeitverschwendung. Ich beginne immer sofort mit dem eigentlichen Aufsatz und habe noch nie eine schlechtere Aufsatznote als befriedigend erhalten."

2. Nach welchen Gesichtspunkten ist die Stoffsammlung zu überarbeiten, wenn man die Gliederung des Aufsatzes erstellt?

3. Bei der Untergliederung des Hauptteiles muß der Schreiber bestimmte durch die Themenstellung vorgegebene Gliederungsgesichtspunkte und -prinzipien beachten. Erläutern Sie diese Gliederungsvorgaben, und weisen Sie sie auch bei den Fachaufsatzthemen der Seite 178 nach.

4. Welche Gliederungsschemata können verwendet werden? Wie unterscheiden sich diese Schemata?

5. Welche Fehler müssen hinsichtlich des logischen Aufbaus einer Gliederung unbedingt vermieden werden?

6. Erläutern Sie allgemein, auf welche Weise Gliederungspunkte im Verbalstil (Satzform) in den geeigneteren Nominalstil überführt werden können. Übertragen Sie die folgende Gliederung zu dem Thema „Die Pflichten aus dem Arbeitsvertrag" in den Nominalstil.

   A. Einleitung:
   Arzt und Helferin schließen einen Arbeitsvertrag ab.

   B. Hauptteil:
   I. Der Arbeitsvertrag verpflichtet die Helferin.
   1. Sie hat die vereinbarten Dienste zu leisten.
   2. Sie muß berufsbezogene Weisungen befolgen.
   3. Sie ist zur Verschwiegenheit verpflichtet.
   II. Der Arbeitsvertrag verpflichtet den Arzt.
   1. Er muß die vereinbarte Vergütung zahlen.
   2. Er ist zur Fürsorge verpflichtet.
   3. Er muß Urlaub gewähren.

   C. Schluß:
   Pflichtverletzungen beeinträchtigen das Arbeitsklima.

7. Bilden Sie selbst je drei Fachaufsatzthemen aus den Bereichen der medizinischen Fachkunde oder der Wirtschaftslehre, bei denen folgende Bedingungen erfüllt sind:

   a) Das Thema gibt Gliederungsschwerpunkte ausdrücklich vor.
   b) Es ist eine chronologische Gliederung erforderlich.
   c) Der Schreiber muß selbst Schwerpunkte bilden und diese nach dem Prinzip der Steigerung ordnen.

8. Erstellen Sie zu einem auf Seite 178 angegebenen Thema, zu dem Sie bereits eine Stoffsammlung angelegt haben, eine Gliederung.

9. Gliedern Sie den folgenden Fachaufsatz zu dem Thema „Die Übertragung von Krankheitserregern und Maßnahmen gegen Infektionen in der Praxis" (siehe Seite 188 f.).

8.3 Die Ausführung des Aufsatzes

**Die Übertragung von Krankheitserregern und Maßnahmen
gegen Infektionen in der Praxis**

(1)[1] Die Alarmierung der Weltöffentlichkeit durch die Ausbreitung der Infektionskrankheit AIDS hat auch viele Beschäftigte im Gesundheitswesen verunsichert. Besteht nicht gerade in diesem Arbeitsbereich eine große Gefahr, sich durch den Kontakt mit infizierten Patienten anzustecken? Nein, bei Beachtung bestimmter Vorbeugemaßnahmen kann das AIDS-Infektionsrisiko auf ein Minimum reduziert werden. Aber noch viele andere Infektionsgefahren lauern am Arbeitsplatz einer Helferin. Sie muß deshalb darüber informiert sein, auf welchen Wegen Krankheitserreger übertragen werden und welche Maßnahmen gegen Infektionen in der Praxis zu ergreifen sind.

(2) Eine wichtige Übertragungsweise von Krankheitskeimen ist die sogenannte Tröpfcheninfektion. Beim Husten oder Niesen, ja sogar beim normalen Sprechen werden Erreger in Form schwebender Tröpfchen an die Luft abgegeben. Sie dringen dann durch Einatmen in den Körper ein. Aber nicht nur diese Tröpfchen, sondern auch mit Krankheitskeimen beladener Staub können auf diesem Luftwege eine Infektion verursachen. Die Erreger von Diphtherie, Scharlach, Masern, Windpocken und Grippe werden zum Beispiel durch Tröpfcheninfektion über die Atemwege weitergegeben.

(3) Von diesem Infektionsweg über die Luft ist die Schmierinfektion zu unterscheiden. In diesem Fall gelangen die Krankheitserreger durch Verschmieren von keimbelastetem Material in den Körper. Ein Beispiel ist der fäkal-orale Infektionsweg. Krankheitskeime, die mit dem Stuhl ausgeschieden wurden, werden verschmiert und über den Mund wieder aufgenommen.

(4) Letztlich ist noch die perkutane[2] Infektion möglich. Die Übertragung der pathogenen[3] Mikroorganismen erfolgt hierbei durch die Haut. Dies kann durch Bisse oder Stiche von Tieren, durch Injektionen oder aufgrund sonstiger Hautverletzungen geschehen. Ein Beispiel für die perkutane Infektion ist die Übertragung des Malaria-Erregers durch Stechmücken im tropischen und subtropischen Raum. Aber auch die Infektion mit Hepatitisviren durch Verletzungen mit keimbeladenen medizinischen Instrumenten ist diesem Infektionsweg zuzuordnen. Durch welche gezielten Maßnahmen kann man nun eine Übertragung von Krankheitserregern auf diesen verschiedenen Wegen verhindern?

---

[1] Die Numerierung der Absätze soll nur die Analyse des Textes erleichtern. Ansonsten erfolgt bei der Ausführung des Aufsatzes keine besondere Kennzeichnung der einzelnen Absätze.
[2] perkutan: „durch die Haut hindurch"
[3] pathogen: krankheitserregend

(5) Die regelmäßige Händereinigung und -desinfektion kann viele Infektionen verhindern. Denn die Hand ist der häufigste Keimüberträger. Durch eine gründliche Händedesinfektion werden die Krankheitskeime, die sich auf der Haut befinden, unschädlich gemacht. Sie können folglich nicht mehr über die verschiedenen Infektionswege in den Körper eindringen und sich dort vermehren.

(6) Aber nicht nur auf der Haut, sondern auch auf der Kleidung können sich Krankheitskeime ablagern. Die Kleidung wird damit zu einer bedenklichen Quelle, von der Infektionen ausgehen können. Bei Arbeiten, bei denen die Kleidung mit Erregern verschmutzt wird, muß daher entsprechende Schutzkleidung getragen werden. Sie hat in ausreichender Menge zur Verfügung zu stehen. Nur dann ist gewährleistet, daß sie rechtzeitig gewechselt werden kann, um das Risiko einer Übertragung so gering wie möglich zu halten. Dies macht also deutlich, daß die Verwendung von Schutzkleidung Infektionen verhütet.

(7) Eine spezielle Form von Schutzkleidung stellen unter anderem Mundschutz und Brille dar. Auch ihre Benutzung trägt wesentlich zum Schutz vor Infektionen bei. Denn insbesondere bei vielen zahnärztlichen Behandlungen entstehen Nebel, durch die virushaltige Tröpfchen in die Luft versprüht werden können. Der Mundschutz verhindert, daß diese gefährlichen Schwebstoffe auf dem Luftweg in den Körper geraten können. So ist zum Beispiel eine Infektion mit HIV-Viren durch virushaltigen Nebel noch nicht direkt nachgewiesen worden, sie liegt aber dennoch im Bereich des Möglichen.

(8) Genauso wie die Verwendung von Mundschutz und Brille ist der Gebrauch von Schutzhandschuhen eine wirkungsvolle Maßnahme zur Verhütung von Infektionen. Denn bei Arbeiten mit menschlichem Untersuchungsmaterial können die Hände mit diesen Stoffen in Berührung kommen. Über kleinste, äußerlich nicht sichtbare Verletzungen oder Hautrisse an den Händen dringen krankheitserregende Mikroorganismen durch die Haut in den Makroorganismus ein. Schutzhandschuhe verhindern den direkten Kontakt mit dem infektiösen Material und beugen somit einer perkutanen Infektion vor. So sind zum Beispiel beim Reinigen benutzter Instrumente und Geräte feste, flüssigkeitsundurchlässige Handschuhe zu tragen.

(9) Die Arzt- oder Zahnarztpraxis ist ein Arbeitsplatz mit vielen Infektionsquellen. Die obigen Ausführungen haben deutlich gemacht, auf welch verschiedenen Wegen von diesen Quellen eine Infektion ausgehen kann. Es ist aber zugleich auch deutlich geworden, wie diese Gefahren minimiert werden können. Aus Verantwortung gegenüber der eigenen Gesundheit, aber auch aus der Verantwortung gegenüber Kollegen und Patienten ergibt sich für jede Helferin die Pflicht, diese Vorsorgemaßnahmen unter allen Umständen genauestens zu beachten.

Arbeitsauftrag

1. Der erste Absatz stellt die Einleitung des Aufsatzes dar.

   Fassen Sie den Inhalt dieser Einleitung stichwortartig in Form eines Gliederungspunktes zusammen. Erklären Sie, welche Aufgaben die Einleitung eines Fachaufsatzes hat. Beurteilen Sie, ob die obige Einleitung diese Aufgaben erfüllen kann. Welche Absicht verfolgt der Schreiber in diesem Zusammenhang mit der innerhalb der Einleitung gestellten Frage? Mit welchen anderen Gedanken hätte man den obigen Aufsatz ebenfalls einleiten können?

2. Eine Auszubildende stellt zu dem Thema „Die Übertragung von Krankheitserregern und Maßnahmen gegen Infektionen in der Praxis" folgendes fest:

   „Das ist doch kein Aufsatzthema, denn dazu kann man höchstens zwei Sätze schreiben. Der erste Satz lautet: Krankheitserreger werden durch Tröpfchen-, Schmier- und Nahrungsmittelinfektion bzw. durch perkutane Infektion übertragen."

   Welchen Fehler macht die Auszubildende? Erläutern Sie am Beispiel des zweiten Absatzes, auf welche Weise es dem Schreiber des obigen Aufsatzes gelingt, den Stoffsammlungsstichpunkt „Tröpfcheninfektion" gedanklich auszubauen.

3. a) Welche Behauptung wird im ersten Satz des fünften Abschnittes aufgestellt? Eine Behauptung alleine überzeugt nicht. Wie gelingt es dem Schreiber dennoch, überzeugend zu argumentieren?

   b) Auch der sechste Abschnitt enthält eine Behauptung darüber, wie Infektionen verhindert werden können. Erklären Sie jedoch den Unterschied, der zwischen dem fünften und sechsten Abschnitt hinsichtlich ihres argumentativen Aufbaus besteht.

   c) Beschreiben Sie auch die argumentative Gedankenführung in den Abschnitten (7) und (8).

4. Welche Aufgabe kommt dem neunten Abschnitt zu?

5. a) Welche Absicht(en) verfolgt der Schreiber des obigen Fachaufsatzes mit seiner Arbeit? Wie wirken sich diese Ziele auf die Wortwahl und den Satzbau aus?

   b) Ein Zentralbegriff des obigen Aufsatzes ist das Wort „Krankheitserreger". Wie gelingt es dem Schreiber aber dennoch, eine allzu häufige Wiederholung dieses Ausdruckes zu vermeiden?

6. a) Erläutern Sie, wie der Verfasser vorgeht, um von der Einleitung zum Hauptteil überzuleiten.

b) Auch die einzelnen Absätze des Hauptteils werden nicht unvermittelt aneinandergereiht, sondern sie sind miteinander verknüpft. Erläutern Sie am Beispiel der Absätze (2) bis (6), auf welche Weise diese Verknüpfung hergestellt werden kann.

7. Begründen Sie am Beispiel des obigen Aufsatzes die Notwendigkeit der Absatzbildung in Texten.

Die Stoffsammlung als Materialsammlung und die Gliederung als Planungsskizze sind Grundlage für die Ausführung des Aufsatzes.

1. Die inhaltliche Gestaltung des Fachaufsatzes

a) Die Ausführung der Einleitung

Man fällt nicht mit der Tür ins Haus. Diese Aussage gilt im übertragenen Sinn auch für den Fachaufsatz.

Eine Einleitung hat deshalb zum Thema hinzuführen. Gleichzeitig soll sie beim Leser Interesse wecken.

Für die inhaltliche Ausgestaltung der Einleitung stehen verschiedene Anknüpfungspunkte zur Verfügung.

Mögliche Einleitungsgedanken

1. Erklärung des Hauptbegriffes aus dem Thema
2. Hinweis auf einen themenbezogenen aktuellen Anlaß
3. Erläuterung eines themenbezogenen Sprichwortes oder Zitates
4. Geschichtlicher Rückblick zum Thema
5. Darstellung eigener Erfahrungen mit dem im Thema genannten Sachverhalt
6. Erläuterung einer bekannten Tatsache zum Thema

Zu beachten ist, daß die Einleitung nicht etwas vorwegnimmt, was eigentlich in den Hauptteil gehört und dort erneut abgehandelt wird.

Aus Gründen der **Überleitung zum Hauptteil** schließt die Einleitung mit der **Wiederholung der Themenstellung** ab. Die sprachliche Formulierung kann dabei abgeändert werden, indem man das Thema zum Beipiel in eine Frage überführt.

b) Die Ausführung des Hauptteiles

Im Hauptteil sind die gefundenen Gesichtspunkte entsprechend der Gliederung gedanklich zu entfalten. Das heißt, es genügt nicht, die Gedanken der Stoffsammlung und Gliederung nur kurz in Form vollständiger Sätze zu wiederholen. Es kommt jetzt darauf an, jeden Gliederungspunkt erläuternd und argumentierend auszubauen.

Grundsätzliche Vorgehensweise bei der Ausgestaltung von Gedanken

Bezüglich der Ausführung der Gliederungspunkte sind im wesentlichen zwei Fälle zu unterscheiden.

1. *Erläuterung eines Fachbegriffes*

Hauptbestandteil eines Gliederungspunktes ist häufig ein bestimmter Fachausdruck. Die Ausformulierung dieses Punktes erfolgt dann in drei Schritten.

1. Schritt	2. Schritt	3. Schritt
Nennung des Begriffes	Erklärung, Erläuterung des Begriffes	Veranschaulichung durch ein Beispiel

Beispiel

1. Schritt	2. Schritt	3. Schritt
Die Desinfektion von Instrumenten, Geräten, Flächen oder sonstigen Materialien ist eine wichtige Aufgabe der Helferin.	Beim Desinfizieren werden alle Krankheitserreger unschädlich gemacht. Es wird also keine vollkommene Keimfreiheit der Gegenstände angestrebt. Mikroorganismen, die nicht krankheitserregend sind, bleiben also bestehen. Die Desinfektion kann durch Bestrahlung Auskochen, Pasteurisieren oder mit chemischen Mitteln erfolgen.	Bei der hygienischen Händedesinfektion werden zum Beispiel 1 bis 2 ml Desinfektionsmittel über Hände und Unterarme verteilt. Dann wird nach Zugabe von Leitungswasser sorgfältig gewaschen. Abschließend sind Unterarme und Hände mit fließendem Wasser abzuspülen.

2. *Begründung einer Behauptung*

Manchmal beinhaltet ein Gliederungspunkt nicht oder nicht nur einen erläuterungsbedürftigen Fachausdruck, sondern in ihm wird eine Behauptung aufgestellt. Die dann erforderliche argumentative Gedankenführung verläuft ebenfalls in drei Schritten.

1. Schritt	2. Schritt	3. Schritt
Aufstellen der Behauptung	Begründung der Behauptung	Beweis durch ein anschauliches Beispiel

Beispiel

1. Schritt	2. Schritt	3. Schritt
Schutzimpfungen können eine Infektion wirksam verhüten.	Denn durch derartige Impfungen wird künstlich eine Immunität aufgebaut. Bei einer Schutzimpfung werden dem Impfling abgetötete oder abgeschwächte Krankheitserreger zugeführt. Das Immunsystem entwickelt Antikörper, die vor einer Erkrankung schützen. Werden dagegen unmittelbar körperfremde Antikörper verabreicht, spricht man von einer passiven Schutzimpfung.	Ein Beispiel ist die Impfung gegen Hepatitis B. Sie ist seit 1982 möglich und wird allen Beschäftigten empfohlen, die bei Assistenz- bzw. Laborarbeiten mit Blut, Speichel oder anderem infiziösen Material in Kontakt kommen können.

Die Reihenfolge der drei Schritte kann aus Gründen einer abwechslungsreicheren sprachlichen Gestaltung auch wie folgt abgeändert werden.

1. Schritt	2. Schritt		3. Schritt
Begründung, Erklärung der Behauptung	Veranschaulichendes Beispiel	also	Ableitung der allgemeinen Behauptung

Nicht zu jedem Gliederungspunkt wird man ein treffendes Beispiel finden. Dann kann dieser Schritt auch entfallen.

● **Die Signalisierung des gedanklichen Fortschreitens**

Wichtig ist jedoch, daß in die Formulierung des jeweils ersten Schrittes stets ein **Zentralbegriff** aus dem entsprechenden Gliederungspunkt einfließt. Dadurch wird dem Leser unmittelbar signalisiert, daß zu einem neuen Gesichtspunkt übergegangen wird. Auf diese Weise kann er den übersichtlichen Aufbau des Aufsatzes auch anhand der Gliederung verfolgen. Dies trägt wesentlich zum besseren Verständnis des Fachaufsatzes bei.

c) Die Ausführung des Schlußabschnittes

Ein persönliches Gespräch bricht man in der Regel nicht abrupt ab. Gleiches gilt für den Fachaufsatz. Auch er stellt ja einen Gedankenaustausch zwischen zwei Personen, dem Schreiber und dem Leser, dar.

Mögliche Schlußgedanken

1. Rückgriff auf den Grundgedanken der Einleitung
2. Ausblick auf die zukünftige Entwicklung des Problems
3. Hinweis auf Verpflichtungen, die sich aus der Problematik des Themas ergeben
4. Zusammenfassende Wiederholung der Hauptgedanken des Aufsatzes

2. Die sprachliche Gestaltung des Fachaufsatzes

Ein Fachaufsatz soll den Leser über ein bestimmtes Fachgebiet sachlich informieren. In einer Ausbildungs- oder Prüfungssituation will der Schreiber außerdem beweisen, daß er über Fachwissen verfügt und dieses auch in angemessener sprachlicher Form schriftlich darlegen kann. Diese Textfunktionen beeinflussen die sprachliche Gestaltung des Aufsatzes.

a) Wortwahl und Satzbau

Bezüglich der Wortwahl und des Satzbaus sind folgende Richtlinien zu beachten.

Anforderungen an Wortwahl und Satzbau

1. Bevorzugter Einsatz der Fachbegriffe eines Sachgebietes
2. Vermeidung von Wortwiederholungen durch Verwendung von Ersatzausdrücken
3. Übersichtlicher und verständlicher Satzbau
4. Grundsätzliche Verwendung der Gegenwartszeitformen (Präsens, Perfekt)
5. Fehlerfreiheit bezüglich der Rechtschreibung und der Zeichensetzung

---

b) Techniken zur Überleitung zwischen den Absätzen

Der gesamte Aufsatz bildet eine Einheit. Die einzelnen Abschnitte dürfen deshalb nicht isoliert nebeneinanderstehen. Dies kann durch verschiedene Überleitungstechniken sichergestellt werden.

Überleitungstechniken

1. **Die Fragetechnik:** Am Ende eines Abschnittes wird eine rhetorische Frage[1]) gestellt, die im folgenden Absatz beantwortet wird.

2. **Die Hinweistechnik:** Im letzten Satz eines Abschnittes wird ein kurzer Hinweis auf den Inhalt des folgenden Absatzes gegeben.

3. **Die Wiederholungstechnik:** Zu Beginn eines neuen Abschnittes wird noch einmal ein Hauptbegriff aus dem vorangegangenen Absatz aufgegriffen.

4. **Die Verwendung von Überleitungswörtern:** Die Verknüpfung aufeinanderfolgender Absätze erfolgt durch überleitende Einzelwörter. Typische Überleitungswörter sind: außerdem, weiterhin, weiter, darüber hinaus, auch, ebenfalls, neben, daneben usw.

Die verschiedenen Überleitungsmethoden sind abwechslungsreich einzusetzen. Die ersten beiden Vorgehensweisen eignen sich dabei besonders für den Übergang zwischen Einleitung und Hauptteil oder zur Verknüpfung höherrangiger Gliederungspunkte. Die beiden anderen Techniken sind vorzugsweise für die Verbindung von Unterpunkten heranzuziehen.

---

[1]) Rhetorische Fragen sind Fragen, auf die der Sprecher oder Schreiber keine Antwort erwartet, da er sie zum Beispiel selbst im unmittelbaren Anschluß an die Frage gibt.

3. Die äußere Gestaltung des Fachaufsatzes

Eine übersichtliche äußere Form und ein gut lesbares Schriftbild erleichtern dem Leser wesentlich das Verständnis des Fachaufsatzes. Wenn genügend Zeit zur Verfügung steht, sollte man deshalb vorschreiben. Unabhängig davon sind jedoch folgende formale Anforderungen unbedingt zu beachten.

Anforderungen an die äußere Gestaltung

1. **Bildung von deutlichen Absätzen entsprechend der Gliederung:** Die inhaltliche Gliederung des Aufsatzes muß auch äußerlich deutlich werden.

2. **Voranstellung der Gliederung:** Die Gliederung ist das Inhaltsverzeichnis des Aufsatzes.

3. **Berücksichtigung eines angemessenen Korrekturrandes:** Er erleichtert dem Leser die Übersicht und ermöglicht ihm Notizen.

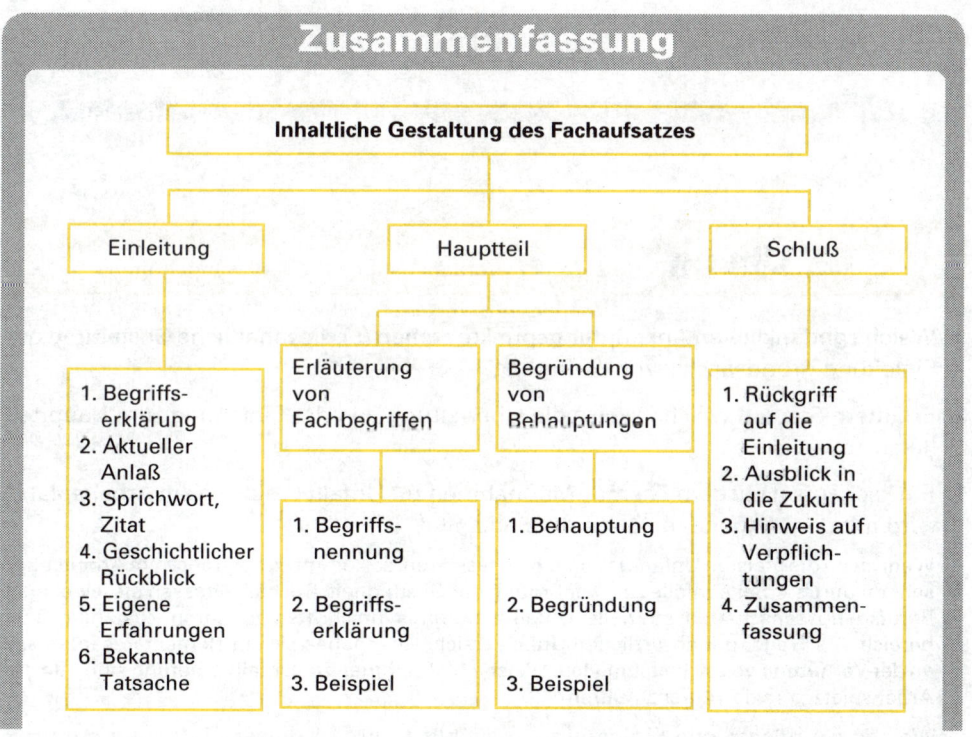

Zusammenfassung

Inhaltliche Gestaltung des Fachaufsatzes

Einleitung

Hauptteil

Schluß

Einleitung	Erläuterung von Fachbegriffen	Begründung von Behauptungen	Schluß
1. Begriffserklärung			1. Rückgriff auf die Einleitung
2. Aktueller Anlaß			2. Ausblick in die Zukunft
3. Sprichwort, Zitat	1. Begriffsnennung	1. Behauptung	3. Hinweis auf Verpflichtungen
4. Geschichtlicher Rückblick			
5. Eigene Erfahrungen	2. Begriffserklärung	2. Begründung	4. Zusammenfassung
6. Bekannte Tatsache	3. Beispiel	3. Beispiel	

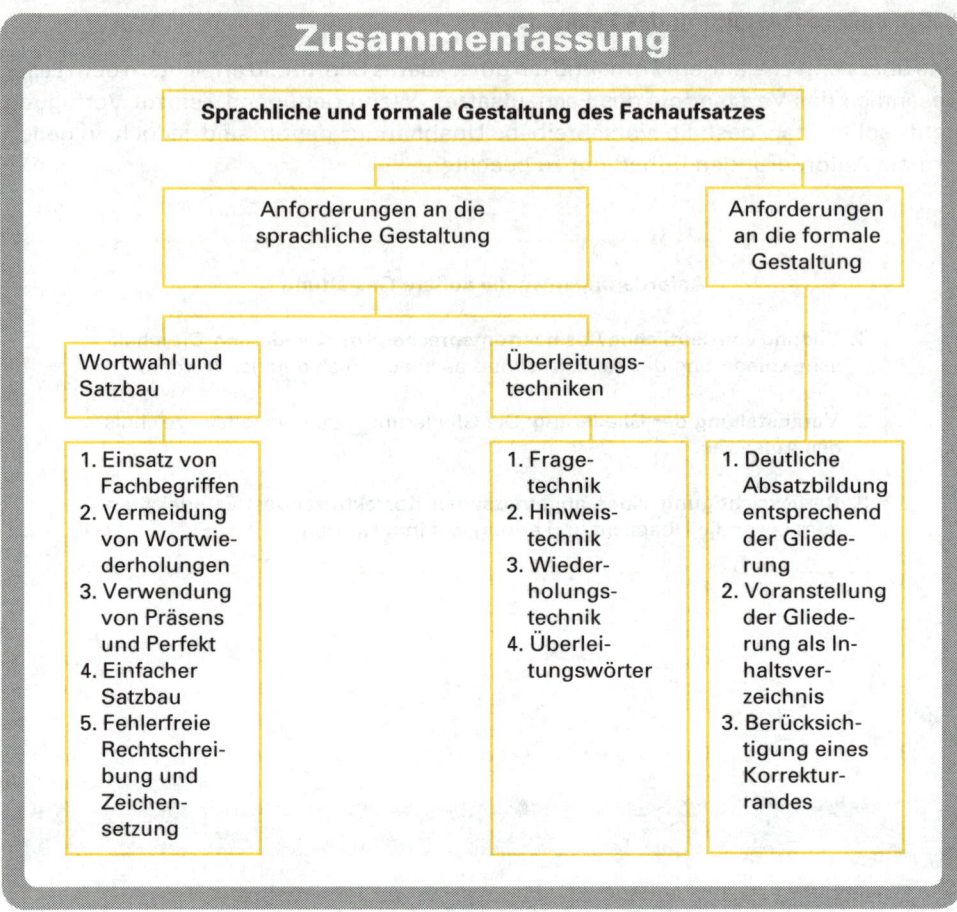

Zusammenfassung

Sprachliche und formale Gestaltung des Fachaufsatzes

Anforderungen an die sprachliche Gestaltung

Anforderungen an die formale Gestaltung

Wortwahl und Satzbau

Überleitungstechniken

1. Einsatz von Fachbegriffen
2. Vermeidung von Wortwiederholungen
3. Verwendung von Präsens und Perfekt
4. Einfacher Satzbau
5. Fehlerfreie Rechtschreibung und Zeichensetzung

1. Fragetechnik
2. Hinweistechnik
3. Wiederholungstechnik
4. Überleitungswörter

1. Deutliche Absatzbildung entsprechend der Gliederung
2. Voranstellung der Gliederung als Inhaltsverzeichnis
3. Berücksichtigung eines Korrekturrandes

Übung Übung Übung Übung Übung Übung

1. Welche gedanklichen Anknüpfungspunkte stehen für die inhaltliche Gestaltung der Einleitung grundsätzlich zur Verfügung?

2. Erläutern Sie, auf welche Weise die Überleitung von der Einleitung zum Hauptteil herzustellen ist.

3. Ein Fachaufsatz zu dem Thema „Maßnahmen zur Unfallverhütung am Arbeitsplatz" wird mit dem folgenden Abschnitt eingeleitet.

Wenn auch die meisten Unfälle im Haushalt passieren, so kommt es doch auch am Arbeitsplatz sehr oft durch Arbeitsunfälle zur Gefährdung der Gesundheit. Deshalb erlassen die jeweiligen Berufsgenossenschaften spezielle Unfallverhütungsvorschriften für ihren Zuständigkeitsbereich. Als Träger der gesetzlichen Unfallversicherung haben sie ein elementares Interesse an der Verhütung von Arbeitsunfällen. Welche Maßnahmen zur Unfallverhütung sind nun am Arbeitsplatz „Praxis" durchzuführen?

Welche grundsätzliche Einleitungsmöglichkeit wird in dieser Einleitung genutzt? Beurteilen Sie die Überleitung zum Hauptteil. Verfassen Sie eine alternative Einleitung zu diesem Thema, die von einer persönlichen Erfahrung ausgeht.

4. Verfassen Sie eine Einleitung zu einem der folgenden Themen.

   a) Erziehungsgeld und Erziehungsurlaub
   b) Die Kündigung des Arbeitsvertrages
   c) Möglichkeiten und Vorteile der bargeldlosen Zahlung
   d) Das außergerichtliche und gerichtliche Mahnverfahren beim Zahlungsverzug von Privatpatienten
   e) Der Einkauf von Labormaterial - Von der Anfrage bis zur Erfüllung des Kaufvertrages
   f) Möglichkeiten der physikalischen Therapie

5. Auf welche Weise kann man verhindern, daß man bei der Ausführung des Aufsatzes bei einer bloßen satzmäßigen Aufzählung von Stoffsammlungsgedanken stehenbleibt?

6. Zu dem Thema „Die Übertragung von Krankheitserregern und Maßnahmen gegen Infektionen in der Praxis" sind unter anderem die beiden folgenden Absätze ausgeführt worden.

   (1) Des weiteren besteht die Möglichkeit, daß Krankheitserreger auf oralem Weg durch die Wasser- und Nahrungsmittelinfektion übertragen werden. Trinkwasser und andere Nahrungsmittel können mit krankheitserregenden Keimen verunreinigt sein. Durch den Verzehr gelangen die Erreger in den Verdauungstrakt. Auf diese Weise werden zum Beispiel Salmonellen als Auslöser des Typhus oder verschiedener Lebensmittelvergiftungen in den Körper aufgenommen.

   (2) Auch die Desinfektion und Reinigung von Behandlungsinstrumenten und Laborgeräten und die damit verbundene ordnungsgemäße Entsorgung von infiziertem Abfall dient der Verhütung von Infektionen. Denn verschmutzte Instrumente stellen eine gefährliche Infektionsquelle dar und können auf verschiedenem Wege zu Überträgern von Krankheitskeimen werden. Gleiches gilt für Abfälle und Ausscheidungen, die in der Regel höchst infektiös sind und auch Personen außerhalb der Praxis gefährden können. Spritzen, Kanülen und andere spitze, scharfe Gegenstände dürfen zum Beispiel nur in geschlossenen Behältern mit ausreichender Wandstärke in den Abfall gegeben werden.

   Erläutern Sie den argumentativen Aufbau dieser beiden Absätze. Schreiben Sie den Abschnitt (2) um, so daß die allgemeine Behauptung als Schlußfolgerung am Ende des Absatzes steht.

7. Begründen Sie, warum im ersten Satz eines jeden neuen Abschnittes ein Zentralbegriff aus dem entsprechenden Gliederungspunkt erscheinen muß.

8. Von welchen Grundgedanken kann man bei der Formulierung des Schlußabschnittes ausgehen? Verfassen Sie einen Schluß zu einem der Themen der 4. Aufgabe.

9. Welche Kennzeichen muß ein Fachaufsatz hinsichtlich der Wortwahl und des Satzbaus aufweisen?

10. Erklären Sie, was eine rhetorische Frage ist, und erläutern Sie, zu welchem Zweck dieses Stilmittel in einem Fachaufsatz eingesetzt werden kann.

11. Erläutern Sie die verschiedenen Möglichkeiten zur Überleitung zwischen den einzelnen Absätzen eines Fachaufsatzes.

12. Führen Sie zwei beliebige aufeinanderfolgende Abschnitte zu dem Thema „Die gesetzliche Sozialversicherung" aus. Achten Sie dabei insbesondere auf eine angemessene Überleitung.

13. Welche Anforderungen sind an die formale Gestaltung eines Fachaufsatzes zu stellen?

14. Verfassen Sie einen Fachaufsatz zu dem Thema „Die Anfertigung eines Fachaufsatzes".

15. Schreiben Sie einen Aufsatz zu einem Thema aus dem Bereich der medizinischen Fachkunde oder der Wirtschaftslehre. Sie können auf eine der Themenstellungen zurückgreifen, die oben unter der 4. Aufgabe oder auf der Seite 178 (5. Aufgabe) aufgeführt sind.

III Das Betrachten von fiktionalen Texten

1 Die Gattungen fiktionaler Texte

Text 1

> 💬 Bärlach war anfangs November 1948 ins Salem eingeliefert worden, in jenes
> Spital, von dem aus man die Altstadt Berns mit dem Rathaus sieht. Eine
> Herzattacke schob den dringend gewordenen Eingriff zwei Wochen hinaus. Als die
> schwierige Operation unternommen wurde, verlief sie glücklich, doch ergab der
> 5 Befund jene hoffnungslose Krankheit, die man vermutete. Es stand schlimm um den
> Kommissär. Zweimal schon hatte sein Chef, der Untersuchungsrichter Lutz, sich mit
> dessen Tod abgefunden, und zweimal durfte er neue Hoffnung schöpfen, als endlich
> kurz vor Weihnachten die Besserung eintrat. Über die Feiertage schlief zwar der Alte
> noch, aber am siebenundzwanzigsten, an einem Montag, war er munter und schaute
> 10 sich alte Nummern der amerikanischen Zeitschrift ‹Life› aus dem Jahre fünfund-
> vierzig an.
> «Es waren Tiere, Samuel», sagte er, als Dr. Hungertobel in das abendliche Zimmer
> trat, seine Visite zu machen, «es waren Tiere», und reichte ihm die Zeitschrift. «Du
> bist Arzt und kannst es dir vorstellen. Sieh dir dieses Bild aus dem Konzentrationslager
> 15 Stutthof an! Der Lagerarzt Nehle führt an einem Häftling eine Bauchoperation ohne
> Narkose durch und ist dabei photographiert worden.»
> Das hätten die Nazis manchmal getan, sagte der Arzt und sah sich das Bild an,
> erbleichte jedoch, wie er die Zeitschrift schon weglegen wollte.
> «Was hast du denn?» fragte der Kranke verwundert.
> 20 Hungertobel antwortete nicht sofort. Er legte die aufgeschlagene Zeitschrift auf
> Bärlachs Bett, griff in die rechte obere Tasche seines weißen Kittels und zog eine
> Hornbrille hervor, die er - wie der Kommissär bemerkte - sich etwas zitternd aufsetzte;
> dann besah er sich das Bild zum zweiten Mal. 💬

(Friedrich Dürrenmatt: Der Verdacht. Reinbeck bei Hamburg. 8. Auflage 1980, S. 1)

Text 2

> 💬 *Stube beim Lehrer. Andri sitzt und wird vom Doktor untersucht, der ihm einen*
> *Löffel in den Hals hält, die Mutter daneben.*
> ANDRI Aaaandorra.
> DOKTOR Aber lauter, mein Freund, viel lauter!
> 5 ANDRI Aaaaaaandorra.
> DOKTOR Habt Ihr einen längeren Löffel?
> *Die Mutter geht hinaus.*
> Wie alt bist du?
> ANDRI Zwanzig.
> 10 *Doktor zündet sich einen Zigarillo an.*
> Ich bin noch nie krank gewesen.

DOKTOR Du bist ein strammer Bursch, das seh ich, ein braver Bursch, ein gesunder
    Bursch, das gefällt mir, mens sana in corpore sano, wenn du weißt, was das heißt.
ANDRI Nein.
15 DOKTOR Was ist dein Beruf?
ANDRI Ich wollte Tischler werden – (...)
MUTTER Ist es schlimm, Doktor?
DOKTOR Was Doktor! Ich heiße Ferrer.

Der Doktor mißt den Puls.

20 Professor, genau genommen, aber ich gebe nichts auf Titel, liebe Frau. Der
    Andorraner ist nüchtern und schlicht, sagt man, und da ist etwas dran. Der
    Andorraner macht keine Bücklinge. Ich hätte Titel haben können noch und noch.
    Andorra ist eine Republik, das hab ich ihnen in der ganzen Welt gesagt: Nehmt euch
    ein Beispiel dran! Bei uns gilt ein jeder, was er ist. Warum bin ich zurückgekom-
25 men, meinen Sie, nach zwanzig Jahren?

Der Doktor verstummt, um den Puls zählen zu können.

    Hm.
MUTTER Ist es schlimm, Professor?
DOKTOR Liebe Frau, wenn einer in der Welt herumgekommen ist wie ich, dann weiß
30 er, was das heißt: Heimat! Hier ist mein Platz, Titel hin oder her, hier bin ich
    verwurzelt.

Andri hustet.

    Seit wann hustet er?
ANDRI Ihr Zigarillo, Professor, Ihr Zigarillo! (...)
35 *Der Doktor steckt ihm nochmals den Löffel in den Hals.*
    Aaaaaaaa-Aaaaaaaaaaaaaaaandorra.
DOKTOR So ist's gut, mein Freund, so muß es tönen, daß jeder Jud in den Boden
    versinkt, wenn er den Namen unseres Vaterlandes hört.

Andri zuckt.

40 Verschluck den Löffel nicht!
MUTTER Andri...

Andri ist aufgestanden.

DOKTOR Also tragisch ist es nicht, ein bißchen entzündet, ich mache mir keinerlei
    Sorgen, eine Pille vor jeder Mahlzeit -
45 ANDRI Wieso - soll der Jud - versinken im Boden?
DOKTOR Wo habe ich sie bloß.

Der Doktor kramt in seinem Köfferchen.

    Das fragst du, mein junger Freund, weil du noch nie in der Welt gewesen bist. Ich
    kenne den Jud. Wo man hinkommt, da hockt er schon, der alles besser weiß, und du,
50 ein schlichter Andorraner, kannst einpacken. So ist es doch. Das Schlimme am Jud
    ist sein Ehrgeiz. In allen Ländern der Welt hocken sie auf allen Lehrstühlen, ich
    hab's erfahren, und unsereinem bleibt nichts andres übrig als die Heimat. Dabei
    habe ich nichts gegen den Jud. Ich bin nicht für Greuel. Auch ich habe Juden
    gerettet, obschon ich sie nicht riechen kann. Und was ist der Dank? Sie sind nicht
55 zu ändern. Sie hocken auf allen Lehrstühlen der Welt. Sie sind nicht zu ändern.

Der Doktor reicht die Pillen.

    Hier deine Pillen!

Andri nimmt sie nicht, sondern geht.

(Max Frisch: Andorra. Frankfurt. 15. Auflage 1981, S. 37 ff.)

Text 3

Helmut Lamprecht: **Belsen**

Auf der Lüneburger Heide,
In dem wunderschönen Land

Schwarz klagt das Schweigen im
Krähenflug. Moorwege und Kiefern,
5   düstere Drohung von gestern.

Da ging ich auf, da ging ich unter,
allerlei am Weg ich fand

Here lie buried 5000 bodies.
Here lie buried 2000 bodies.
10   Here lie buried. Here lie buried.

Valleri, vallera,
und juchheissassa

Schwarz ist der Regen. Schwarz.
Schwarz auf die Hügel und Erika.

15   Bester Schatz, bester Schatz

Ich flehe um den Tod meiner Gedanken.
Here lie buried. Here lie buried.

Denn du weißt, du weißt es ja

(Zeitgedichte. Deutsche politische Lyrik seit 1945. Herausgegeben von H. Bingel. München 1963, S. 98 f.)

Arbeitsauftrag

1. Bei allen drei Arbeitstexten handelt es sich um fiktionale Texte. Erklären Sie mit Hilfe der Erläuterungen des Kapitels „Die Unterscheidung zwischen Gebrauchstexten und fiktionalen Texten" (Seite 93 ff.) die Wesensmerkmale fiktionaler Texte.

2. Welcher gemeinsame Inhalt verbindet die drei Texte? Tragen Sie im Gespräch mit den anderen Auszubildenden Ihrer Klasse Informationen über diese Thematik, insbesondere über die Bedeutung der Ortschaft Bergen-Belsen während der Zeit des Nationalsozialismus, zusammen.

3. Text 1 ist der Beginn des Romans *Der Verdacht* von Friedrich Dürrenmatt.

   Welche Informationen erhält der Leser auf dieser ersten Romanseite? Auf welche Art und Weise werden diese Informationen an den Leser vermittelt? Welche Frage wird beim Leser bereits zu Beginn des Romans aufgeworfen?

4. Text 2 ist ein Auszug aus dem Stück *Andorra* von Max Frisch.

Was erfährt der Leser über das Leben und den Charakter des Doktors? Auf welchem Wege erhält der Leser diese Informationen? Welcher grundsätzliche Unterschied besteht hinsichtlich der Darstellungsweise zwischen Text 1 und Text 2?

5. Text 3 ist ein Gedicht des Autors Helmut Lamprecht.

a) Welche Empfindungen, Gefühle und Gedanken werden in diesem Text zum Ausdruck gebracht? Belegen Sie Ihre Aussagen jeweils mit entsprechenden Textstellen.

b) Die Wirkung von Text 3 wird entscheidend auch durch das Aufeinanderprallen von Gegensätzen geprägt. Ermitteln Sie im Text Beispiele für derartige Kontraste. Welche Absicht könnte der Verfasser mit dem Aufbau dieser Widersprüche verfolgen?

c) Welche weiteren Auffälligkeiten weist Text 3 hinsichtlich der sprachlichen Gestaltung und der äußeren Form auf?

d) Tragen Sie den Text 3 sinnentsprechend vor.

e) Der Philosoph Theodor W. Adorno (1903-1969) hat einmal gesagt, daß es nach Auschwitz nicht mehr möglich sei, ein Gedicht zu schreiben. Erläutern Sie, wie diese Aussage gemeint sein könnte. Nehmen Sie zu diesem Urteil persönlich Stellung.

6. „Man sollte die Vergangenheit endlich auf sich beruhen lassen. Andere Völker haben zu anderen Zeiten auch schwere Schuld auf sich geladen. Aber nur den Deutschen hält man ihre Vergangenheit immer wieder vor. Dabei kann die heutige Generation für diese Verbrechen gar nicht mehr verantwortlich gemacht werden."

Sprechen Sie mit den anderen Auszubildenden Ihrer Klasse über diesen oft zu hörenden Standpunkt.

Bei fiktionalen Texten ist eine große Vielfalt zu beobachten. Dabei sind bei verschiedenen Texten jedoch grundsätzliche Gemeinsamkeiten feststellbar. Aufgrund dieser herausragenden Wesensmerkmale unterscheidet man drei Gattungen fiktionaler Texte: **epische, dramatische und lyrische Texte.**

1. Die Wesensmerkmale epischer Texte (Epik)

Epische Dichtung ist erzählende Dichtung. In der Epik werden als vergangen angenommene Geschehnisse durch einen Erzähler wiedergegeben.

Bei einer **Ich-Erzählung** nimmt der Autor oder ein von ihm erdachter Erzähler selbst an der Handlung teil. Häufiger ist allerdings die **Erzählung in der dritten Person**. In diesem Fall tritt der Erzähler nicht als Person in der von ihm erzählten Handlung auf.

Entspricht die für das Erzählen benötigte Zeit (Erzählzeit) genau der Zeitspanne, die im Text inhaltlich dargestellt wird (**erzählte Zeit**), spricht man von **zeitdeckendem Erzählen**. Werden Geschehnisse eines längeren Zeitraumes zusammengefaßt wiedergegeben, liegt **zeitraffendes Erzählen** vor. Beim **zeitdehnenden Erzählen** werden Ereignisse, die zum Beispiel in Bruchteilen von Sekunden abgelaufen sind, ausführlich geschildert.

Die Vielzahl verschiedenartiger epischer Texte kann nach unterschiedlichen Gesichtspunkten geordnet werden. Am verbreitetsten ist die Untergliederung in **Großepik** (zum Beispiel Roman) und **Kurzepik** (zum Beispiel Kurzgeschichte).

2. Die Wesensmerkmale dramatischer Texte (Dramatik)

> Ein dramatischer Text ist die schriftliche Grundlage für die szenische Aufführung einer Handlung in Form von Rede und Gegenrede durch Schauspieler auf einer Bühne. Die Dialoge (eventuell auch Monologe) werden dabei durch Mimik, Gestik und Bewegungen der Darsteller unterstützt.

Auslöser und Antriebskraft einer dramatischen Handlung sind **Konflikte**. Unter einem Konflikt ist das Aufeinanderprallen zweier gegensätzlicher oder widersprüchlicher Kräfte zu verstehen. Dabei kann es sich zum Beispiel um den Kampf zweier Personen des Dramas um die Gunst oder Liebe einer dritten Figur handeln. In diesem Fall liegt ein **äußerer Konflikt** vor. Im Gegensatz dazu wird bei einem **inneren Konflikt** eine Person des Dramas vor eine innere Entscheidung gestellt, indem von verschiedenen Seiten entgegengesetzte Ansprüche an sie herangetragen werden.

In Abhängigkeit von der Art der Konfliktlösung sind zwei Grundformen des Dramas zu unterscheiden:

a) Die Tragödie (Trauerspiel)

In der Tragödie scheitert der Held des Dramas an einem unaufhebbaren Konflikt, dem er ausgesetzt ist. Es gibt für ihn keinen Ausweg. Wie er sich auch entscheidet oder handelt, immer verstößt er gegen einen Grundsatz, oder er ist machtlos gegenüber seinen übermächtigen Gegenspielern.

b) Die Komödie (Lustspiel)

In der Komödie wendet sich die Handlung letztlich zum Guten. Die Hauptperson scheitert nicht wie in der Tragödie, sondern sie kann den Konflikt ausgleichen oder ertragen. Vor diesem Hintergrund entlarvt die Komödie kritisch und oft zum Lachen auffordernd menschliche Schwächen oder legt Mißstände in der Gesellschaft bloß.

3. Die Wesensmerkmale lyrischer Texte (Lyrik)

In lyrischen Texten kommen oft Gedanken, Gefühle und Empfindungen zum Ausdruck. Dabei wird eine besonders gestaltete Sprache verwendet. Die Normalform der Sprache (Prosa) hat im wesentlichen nur die Vorschriften der Grammatik und der Rechtschreibung oder Aussprache zu beachten. Die in lyrischen Texten verwendete Verssprache ist darüber hinaus an besondere Regeln und Formen gebunden.

Auffällige sprachliche Merkmale lyrischer Texte, die sich durch Einhaltung dieser besonderen Vorgaben ergeben, sind vor allem:

a) Aufteilung des Gesamttextes in Verse (Verszeilen)

Der Gesamttext ist in Wortreihen gegliedert. Jede Wortreihe (Zeile) bildet einen Vers. Beim Lesen des Textes wird am Schluß eines Verses in der Regel eine Sprechpause eingelegt.

b) Metrischer Aufbau eines jeden Verses

Der einzelne Vers weist eine mehr oder weniger geregelte Abfolge von betonten und unbetonten Silben auf.

c) Gesteigerte rhythmische Gestaltung der Sprache

Die Aufteilung des Textes in Verse führt zu geregelten Sprechpausen. Aufgrund des metrischen Aufbaus werden in regelmäßiger Folge bestimmte Silben durch Betonung hervorgehoben. Durch diese Sprechpausen und Sprechakzente entsteht in lyrischen Texten ein besonderer Sprachrhythmus.

d) Verbindung von Versen durch Reime

Der Reim ist der Gleichklang zweier oder mehrerer Wörter von ihrem letzten betonten Vokal an. Am häufigsten erscheint er am Ende der Verszeile. Man spricht dann vom Endreim.

e) Zusammenfassung von Versen zu Strophen

Mehrere aufeinanderfolgende Verse bilden eine Strophe. Die einzelnen Strophen werden auch rein äußerlich durch entsprechende Absatzbildung hervorgehoben. Insbesondere in Abhängigkeit von der Anzahl der Verse in einer Strophe unterscheidet man verschiedene Strophenformen (zum Beispiel Terzett, Quartett). Mehrere Strophen stellen ein Gedicht dar.

Neuzeitliche Lyriker durchbrechen aber nicht selten ganz bewußt diese Formen. Sie sind der Auffassung, daß die „Unordnung in der Welt" nicht mit einer wohlgeformten Sprache zum Ausdruck gebracht werden kann.

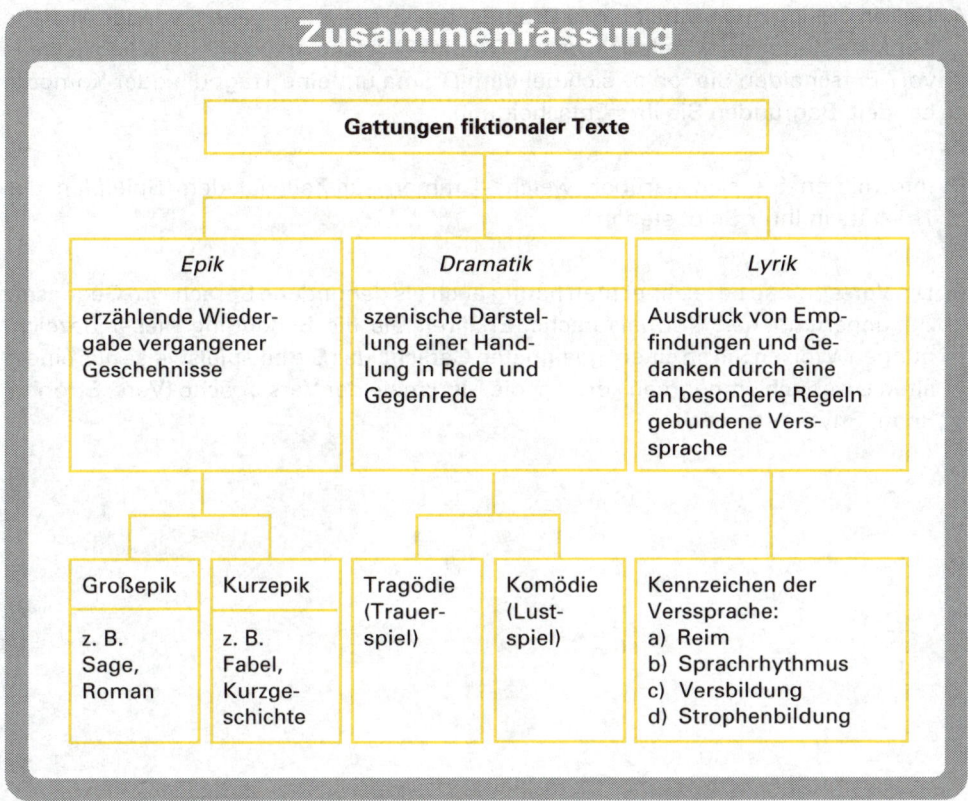

Gattungen fiktionaler Texte

Epik	Dramatik	Lyrik
erzählende Wiedergabe vergangener Geschehnisse	szenische Darstellung einer Handlung in Rede und Gegenrede	Ausdruck von Empfindungen und Gedanken durch eine an besondere Regeln gebundene Verssprache

Großepik	Kurzepik	Tragödie (Trauerspiel)	Komödie (Lustspiel)	Kennzeichen der Verssprache:
z. B. Sage, Roman	z. B. Fabel, Kurzgeschichte			a) Reim b) Sprachrhythmus c) Versbildung d) Strophenbildung

Übung Übung Übung Übung Übung Übung

1. Schreiben Sie die folgende Erklärung der drei Gattungen ab, und ergänzen Sie dabei die fehlenden Begriffe.

   „Wo uns etwas erzählt wird, da handelt es sich um ..., wo verkleidete Menschen auf einem Schauplatz etwas agieren, um ..., und wo ein Zustand empfunden und von einem „Ich" ausgesprochen wird, um ..."
   (Wolfgang Kayser: Das sprachliche Kunstwerk. 15. Auflage. Bern 1971. S. 332)

2. Nennen Sie für jede Gattung fiktionaler Texte drei Ihnen bekannte Beispieltexte.

3. Geben Sie den Inhalt eines epischen Textes wieder, den Sie gelesen haben. Erklären Sie am Beispiel dieses Textes folgende Begriffe:

   Ich-Erzählung, Erzählung in der dritten Person, Erzählzeit, erzählte Zeit, zeitdeckendes Erzählen, zeitraffendes Erzählen, zeitdehnendes Erzählen

4. Geben Sie kurz den Inhalt eines Dramas, das Sie gelesen haben, wieder. Welche Konflikte stehen im Mittelpunkt dieses Dramas? Welche Art von Konflikt liegt jeweils vor? Entscheiden Sie, ob es sich bei dem Drama um eine Tragödie oder Komödie handelt. Begründen Sie ihre Entscheidung.

5. Informieren Sie sich darüber, welche Dramen zur Zeit auf dem Spielplan des Theaters in Ihrer Stadt stehen.

6. Die Verssprache bezeichnet man häufig auch als gebundene Sprache im Gegensatz zur ungebundenen Normalsprache. Erklären Sie die Bedeutung dieser Bezeichnungen. Weisen Sie an einem geeigneten Gedicht, das Sie beispielsweise aus einem alten Lesebuch entnehmen können, die Merkmale der Verssprache (Vers, Strophe, Reim, Rhythmus) nach.

2 Epische Kurzformen

2.1 Die Fabel

Text 1

Wilhelm Busch: **Sängerwettstreit**

Auf leichten Schwingen frei und flink
Zum Lindenwipfel flog der Fink
Und sang an dieser hohen Stelle
Sein Morgenlied so glockenhelle.

5 Ein Frosch, ein dicker, der im Grase
Am Boden hockt, erhob die Nase,
Strich selbstgefällig seinen Bauch
Und denkt: Die Künste kann ich auch.

Alsbald am rauhen Stamm der Linde
10 Begann er, wenn auch nicht geschwinde,
Doch mit Erfolg, emporzusteigen,
Bis er zuletzt von Zweig zu Zweigen,
Wobei er freilich etwas keucht,
Den höchsten Wipfelpunkt erreicht
15 Und hier sein allerschönstes Quacken
Ertönen läßt aus vollen Backen.

Der Fink, dem dieser Wettgesang
Nicht recht gefällt, entfloh und schwang
Sich auf das steile Kirchendach.

20 »Wart«, rief der Frosch, »ich komme nach.«
Und richtig ist der fortgeflogen,
Das heißt, nach unten hin im Bogen.
So daß er schnell und ohne Säumen,
Nach mehr als zwanzig Purzelbäumen,
25 Zur Erde kam mit lautem Quack,
Nicht ohne großes Unbehagen.

207

Er fiel zum Glück auf seinen Magen,
Den dicken, weichen Futtersack,
Sonst hätt' er sicher sich verletzt.
30 Heil ihm! Er hat es durchgesetzt.
Wenn einer, der mit Mühe kaum
Gekrochen ist auf einen Baum,
Schon meint, daß er ein Vogel wär',
So irrt sich der. 🙶

(Alverdes, Paul: Rabe Fuchs und Löwe. Fabeln der Welt. Ehrenwirth Verlag: München 1965)

Text 2

Äsop: **Der aufgeblasene Frosch**

🙶 Ein Frosch hockte bei seinen Kindern im Sumpf, als er einen Ochsen erblickte, der am Ufer sein Futter suchte. Da wollte er gerne auch so groß sein und blies sich auf, so stark er nur konnte. »Bin ich nun so groß wie der Ochse?« fragte er. »Nein«, antworteten die Kinder. Da blies er sich noch stärker auf und fragte
5 abermals: »Bin ich jetzt so groß?« - »Noch immer nicht«, antworteten die Kinder. Da blies der Frosch sich mit solcher Gewalt auf, daß er zerbarst.
Wer es den Großen und Mächtigen gleichtun will, ohne die Kräfte dazu, der wird kläglich enden. 🙶

(Alverdes: Rabe Fuchs und Löwe, a. a. O.)

Arbeitsauftrag

1. Zahlreichen Tieren spricht man bestimmte menschliche Eigenschaften zu. Nennen Sie dafür einige Beispiele.

2. Beschreiben Sie mit eigenen Worten das Verhalten der Tiere in den beiden obigen Arbeitstexten. Erläutern Sie, welche Charaktereigenschaften in diesen Verhaltensweisen zum Ausdruck kommen.

3. Vergleichen Sie die beiden Texte hinsichtlich ihrer inhaltlichen Aussage und sprachlichen Gestaltung. Welche Gemeinsamkeiten und Unterschiede sind feststellbar?

4. Informieren Sie sich auf den folgenden Seiten über die inhaltlichen und sprachlichen Merkmale einer Fabel. Überprüfen Sie im Anschluß daran, ob die zwei Arbeitstexte diese typischen Kennzeichen aufweisen. Belegen Sie Ihre jeweiligen Feststellungen nach Möglichkeit mit Textstellen.

1. Die Entstehungsgeschichte der Fabel

Die beiden Texte sind typische Beispiele für die Erzählform der Fabel. Diese **epische Kurzform** hat in der ganzen Welt eine lange Tradition. Die ältesten europäischen Texte, die uns heute überliefert sind, stammen von dem Sklaven Äsop. Er lebte um 550 v.Chr. in Phrygien (Kleinasien). Die äsopischen Fabeln sind immer wieder Grundlage für Fabelsammlungen gewesen. Im Verlaufe der Jahrhunderte erfolgte dabei jedoch eine ständige Ergänzung durch neues Erzählgut.

2. Inhaltliche Merkmale der Fabel

a) Übertragung menschlicher Eigenschaften in einen außermenschlichen Bereich

> Wesentliches Merkmal der Fabel ist die Verkörperung menschlicher Denk- und Verhaltensweisen durch Tiere, manchmal auch durch Pflanzen oder Gegenstände.

Folglich sind bei einer Fabel ein **Bildbereich** und ein **Sachbereich** zu unterscheiden. Die dargestellte Tierhandlung ist nur ein Bild. Es soll die eigentlich gemeinte Sache, das heißt menschliches Verhalten, gleichnishaft vertreten.

Diese Darstellungsweise kann zwei Ziele verfolgen, die sich nur auf den ersten Blick widersprechen:

● Die Veranschaulichung als Ziel der bildlichen Darstellungsweise

Zum ersten soll im Bild das anschaulich zum Ausdruck gebracht werden, was sich anders vielleicht nur sehr allgemein und deshalb weniger wirkungsvoll darstellen ließe. Die Verlagerung der Handlung in die Tierwelt trägt damit zur Verdeutlichung des eigentlichen Sachverhaltes bei.

● Die Verschlüsselung als Ziel der bildlichen Darstellungsweise

Zum zweiten ermöglicht die Übertragung in einen Bildbereich gleichzeitig die verschlüsselte Kritik an gesellschaftspolitischen Zuständen. Die Fabel dient in diesem Falle dazu, Wahrheiten auszusprechen, die aufgrund der politischen Situation in offener Form nicht beim Namen genannt werden dürfen.

So verkleideten während des 1. Weltkrieges einige Schriftsteller ihre Verurteilung des Krieges in Fabeln. Die öffentliche Meinung und später die Zensur machten es unmöglich, diese Kritik offen zum Ausdruck zu bringen. Aber auch in früheren Zeiten war die Fabel ein Mittel, um auf getarnte Weise mit den gesellschaftlichen oder politischen Verhältnissen abzurechnen, wenn man es nicht riskieren konnte, dies offen zu tun.

b) Gegenüberstellung von Gegensätzen

Ein weiteres Kennzeichen der Fabel ist das Aufeinandertreffen von Gegensätzen. Die handelnden Tiere, Pflanzen oder Sachen zeichnen sich jeweils durch *eine* besondere Eigenschaft oder Verhaltensweise aus, zum Beispiel der listige Fuchs oder der eitle Rabe. Aus dieser Gegensätzlichkeit entwickelt sich dann die Handlung der Fabel.

Der auf diese Weise erzielte Kontrast soll die eigentliche Aussage des Textes besonders deutlich werden lassen.

c) Ausrichtung der Handlung auf eine wirkungsvolle Schlußpointe

In der Regel mündet die Handlung einer Fabel zielstrebig in eine Pointe. Unter einer Pointe ist ein geistreicher, überraschender, oft humorvoller Schlußeffekt zu verstehen. So kann zum Beispiel die Handlung eine unerwartete Wende nehmen.

Auch die Pointe dient wieder dazu, die eigentlich gemeinte Sache schlagartig deutlich werden zu lassen.

d) Veranschaulichung einer allgemeinen Lehre

Ein letztes inhaltliches Merkmal der Fabel ist ihr Charakter als Lehrdichtung. Der Verfasser einer Fabel verfolgt die Absicht, den Leser zu belehren.

Dabei kann es sich zum Beispiel um die Darstellung einer Lebensweisheit, um die Entlarvung menschlicher Schwächen, um die Anprangerung zwischenmenschlicher Unbarmherzigkeit oder um die Verurteilung gesellschaftlicher Zustände handeln. Der Leser soll diese Mißstände klar erkennen und sein eigenes Verhalten zum Guten ändern.

Diese allgemeine Lehre stellt den eigentlichen Inhalt (Sachbereich) dar. Das Bild der Tier- oder Pflanzenhandlung (Bildbereich), der gegensätzliche Aufbau der Fabel und die Pointe sollen diese Aussage besonders deutlich zum Ausdruck bringen.

In manchen Fabeln erfolgt durch einen einleitenden oder abschließenden Lehrsatz ein zusätzlicher Hinweis auf diese eigentliche Textaussage. In anderen Texten muß der Bildbereich für sich alleine sprechen.

3. Sprachliche Merkmale der Fabel

a) Verwendung von Verssprache oder Prosa

Eine Fabel kann in Vers oder Prosa abgefaßt sein. Unter Prosa versteht man die Normalform der Sprache. Sie hat im wesentlichen nur die Regeln der Grammatik und der Rechtschreibung zu beachten. Verssprache ist darüber hinaus an zusätzliche Formvorschriften gebunden, zum Beispiel Reim, Strophenbildung usw.[1])

b) Ausschmückende oder gezielt knappe Darstellungsweise

Der Dichter G. E. Lessing war in Anlehnung an den antiken Fabeldichter Äsop der Meinung, daß die Darstellungsweise in einer Fabel ernsthaft, nüchtern, zielgerichtet und treffend sein müsse. Nur dann könne sie ihrer Aufgabe als Lehrdichtung gerecht

---

[1]) Vergleiche zur Unterscheidung von Verssprache und Prosa S. 204 f.

werden. Ausschmückende Wendungen und überflüssige Passagen, die nur der Vergnüglichkeit dienten, lenkten von der eigentlichen Aussage ab. Lessing lehnte deshalb die Versfabel aufgrund ihrer Weitschweifigkeit ab und bevorzugte die prägnant-knappe Prosaform.

Andere Fabelautoren haben aber vor und nach Lessing bewiesen, daß eine Belehrung auch in ausmalender, amüsanter Form möglich ist. Vielleicht erzielen solche Texte aufgrund ihres Unterhaltungswertes sogar eine stärkere Wirkung beim Leser.

c) Mischung von Erzählerbericht und Personenrede

In vielen Fabeln nimmt die direkte Rede der handelnden Tiere einen größeren Raum ein. Auch bei Verwendung der Verssprache wird versucht, einen gewissen Anteil an Personenrede einzubauen. Diese Dialoge verleihen der Erzählung eine gewisse Un-mittelbarkeit und tragen auf diesem Wege zu einer Veranschaulichung der Lehre bei.

d) Einfachheit der Sprache

Ein gemeinsames Kennzeichen aller Fabeln ist ihre einfache Sprache. Dies gilt sowohl für den Satzbau, als auch für die Wortwahl. Verschachtelte Sätze, Fremdwörter und verschlüsselte Sprachbilder beeinträchtigten die Aufgabe der Fabel. Sie soll ja eine allgemeine Lehre oder Moral möglichst einfach und für jeden verständlich veran-schaulichen.

4. Schlüsselfragen zur Deutung einer Fabel

Die folgenden Schlüsselfragen und Arbeitsanweisungen helfen bei der Deutung von Fabeln. Diese allgemeinen Fragen können nämlich problemlos auf jede Fabel bezogen werden. Ihre Beantwortung löst dann Gedanken zur eigentlichen Aussage des Textes aus.

Schlüsselfragen zur Deutung von Fabeln

1. Welche Eigenschaft(en) spricht man gewöhnlich den im Text vorkom-menden Tieren zu?

2. Bestätigen die Tiere diese(s) Merkmal(e) durch ihr Verhalten, oder läßt sich aus der Handlung ein anderer Wesenszug ableiten? Begründen Sie Ihre Auffassung.

3. Handelt es sich bei den dargestellten Charakteren um Gegensätze? Be-gründen Sie Ihre Antwort.

4. Stellen Sie fest, ob der Text eine Pointe aufweist, und erklären Sie diese gegebenenfalls.

5. Welche Lehre, Lebensweisheit oder Moral will der Verfasser mit seiner Fabel vermitteln?

6. Wird der Fabel ein allgemeiner Lehrsatz vor- oder nachgestellt? Wenn ja, geben Sie den Sinn dieses Satzes mit eigenen Worten wieder.

7. Inwiefern spiegelt die Handlung der Fabel den einleitenden oder nach-gestellten Lehrsatz wider?

8. Welche typischen sprachlichen Merkmale einer Fabel können im Text nachgewiesen werden?

Zusammenfassung

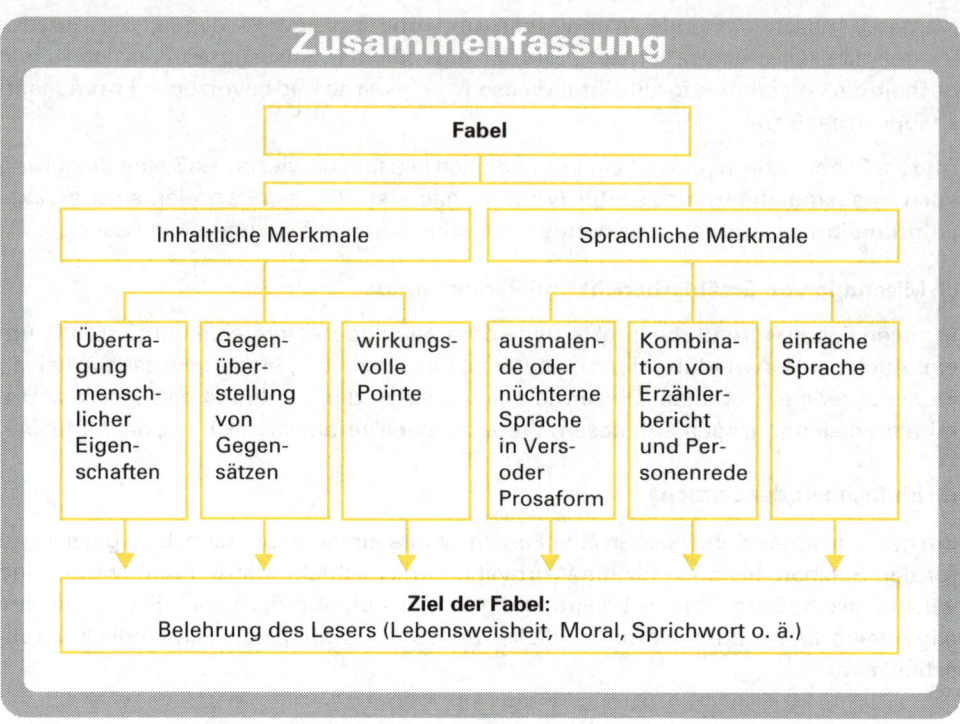

Fabel

Inhaltliche Merkmale			Sprachliche Merkmale		
Übertragung menschlicher Eigenschaften	Gegenüberstellung von Gegensätzen	wirkungsvolle Pointe	ausmalende oder nüchterne Sprache in Vers- oder Prosaform	Kombination von Erzählerbericht und Personenrede	einfache Sprache

Ziel der Fabel:
Belehrung des Lesers (Lebensweisheit, Moral, Sprichwort o. ä.)

Übung Übung Übung Übung Übung Übung

1. Informieren Sie sich auf den Seiten 210 f. noch einmal über die Anforderungen, die der Fabeldichter G. E. Lessing an die Darstellungsweise in einer Fabel stellt. Erläutern Sie anschließend, inwiefern Lessing seine Auffassung in dem folgenden Text „Der Besitzer des Bogens" gleichnishaft veranschaulicht. Nehmen Sie persönlich zu der Ansicht Lessings Stellung.

Gotthold Ephraim Lessing (1729-1781): **Der Besitzer des Bogens**

    ,,Ein Mann hatte einen trefflichen Bogen von Ebenholz, mit dem er sehr weit und sehr sicher schoß, und den er ungemein werth hielt. Einst aber, als er ihn aufmerksam betrachtete, sprach er: Ein wenig zu plump bist du doch: Alle deine Zierde ist die Glätte. Schade! - Doch dem ist abzuhelfen, fiel ihm ein. Ich will hingehen und den besten Künstler Bilder in den Bogen schnitzen lassen. - Er ging
5 hin; und der Künstler schnitzte eine ganze Jagd auf den Bogen; und was hätte sich besser auf einen Bogen geschickt, als eine Jagd?
Der Mann war voller Freuden. »Du verdienest diese Zierrathen, mein lieber Bogen!« - Indem will er ihn versuchen; er spannt, und der Bogen - zerbricht.,,

(Reinhard Dithmar: Fabeln, Parabeln und Gleichnisse. München 1978. Seite 228 f.)

2. Interpretieren Sie die folgenden Fabeln. Setzen Sie dabei den Schlüsselfragenkatalog (Seite 211) als Hilfsmittel ein.

Text 1

J. W. L. Gleim (1719-1803): **Das Pferd. Der Esel.**

> Einst trug auf seinem schmalen Rükken
> Ein Esel schwere Last,
> Die fähig war ihn todt zu drükken.
> Ein ledig Pferd gieng neben ihm. Du hast
> 5 Auf deinen Rükken nichts, sprach das geplagte Thier,
> Hilf liebes Pferdchen hilf! ich bitte dich hilf mir.
>
> Was helfen! sagt der grobe Gaul,
> Du bist der rechte Gast, du bist ein wenig faul,
> Trag zu! - - - Ich sterbe, liebes Pferd, - - -
> 10 Die Last erdrükkt mich, rette mich!
> Die Helfte wär ein Spiel für dich!
> Ich kan nicht, sprach das Pferd.
>
> Kurz: Unter dem zu schweren Sakk
> Erlag der Esel. Sakk und Pakk
> 15 Schmiß man so gleich dem Rappen auf;
> Des Esels Haut, noch oben drauf.

(Dithmar: Fabeln. a.a.O., S. 220)

Text 2

Gotthold Ephraim Lessing: **Gans bleibt Gans**

Die Federn einer Gans beschämten den neugeborenen Schnee. Stolz auf dieses blendende Geschenk der Natur, glaubte sie, eher zu einem Schwane als zu dem, was sie war, geboren zu sein. Sie sonderte sich von ihresgleichen ab und schwamm einsam majestätisch auf dem Teiche herum. Bald dehnte sie ihren Hals, dessen verräterischer Kürze sie mit aller Macht abhelfen wollte. Bald suchte sie ihm die
5 prächtige Biegung zu geben, in welcher der Schwan das würdigste Ansehen eines Vogels des Apollo hat. Doch vergebens; cr war zu steif, und mit aller ihrer Bemühung brachte sie es nicht weiter, als daß sie eine lächerliche Gans ward, ohne ein Schwan zu werden.

(Alverdes: Rabe, Fuchs und Löwe. a.a.O., S. 206)

Text 3

Artur Schopenhauer (1788-1860): **Der Apfelbaum und die Tanne**

Hinter einem in seiner vollen Blütenpracht ausgebreiteten Apfelbaum erhob eine gerade Tanne ihren spitzen dunklen Gipfel. Zu dieser sprach jener: »Siehe die Tausende meiner schönen muntern Blüten, die mich ganz bedecken! Was hast du dagegen aufzuweisen? Schwarzgrüne Nadeln.« - »Wohl wahr«, erwiderte die Tanne, »aber wenn der Winter kommt, wirst du entlaubt dastehen; ich aber
5 werde sein, was ich jetzt bin.«

(Dithmar: Fabeln. a.a.O., S. 256)

Text 4

Wilhelm Busch (1832-1908): **Ein dicker Sack**

Ein dicker Sack - den Bauer Bolte,
der ihn zur Mühle tragen wollte,
um auszuruhn, mal hingestellt
dicht an ein reifes Ährenfeld -
5 legt sich in würdevolle Falten
und fängt 'ne Rede an zu halten.

»Ich«, sprach er, »bin der volle Sack.
Ihr Ähren seid nur dünnes Pack.
Ich bins, der euch auf dieser Welt
10 in Einigkeit zusammenhält.
Ich bins, der hoch von Nöten ist,
daß euch das Federvieh nicht frißt;
ich, dessen hohe Fassungskraft
euch schließlich in die Mühle schafft.
15 Verneigt euch tief, denn ich bin der!
Was wäret ihr, wenn ich nicht wär?«

Sanft rauschen die Ähren:
»Du wärst ein leerer Schlauch,
wenn wir nicht wären.«

(Dithmar: Fabeln. a.a.O., S. 267)

Text 5

Ernst Moritz Arndt (1769-1860): **Die Zaunranke und der Klee**

Zum Klee die Zaunranke sprach:
»Nachbar, komm mir doch nach!
Stiegen wir doch zugleich aus den Schollen,
Warum hast du nicht mit mir wollen?«

5 Lächelnd erwidert der Klee:
»Darfst auf die stattliche Höh'
Eben so trotzig nicht pochen;
Ich stehe, du bist gekrochen!«

(Alverdes: Rabe, Fuchs und Löwe. a.a.O., S. 250)

Text 6

Heinz Scharpf: **Kleine Fabel**

»Liebe auf den ersten Blick ist meist eine Selbsttäuschung«, seufzte ein Glühwürmchen.
»Meine glühendste Liebeserklärung machte ich einmal einem Zigarettenstummel.«

(Alverdes: Rabe, Fuchs und Löwe. a.a.O., S. 369)

Text 7

James Thurber (1894-1961): **Die ziemlich intelligente Fliege**

Eine große Spinne hatte in einem alten Haus ein schönes Netz gewoben, um Fliegen zu fangen. Jedesmal, wenn eine Fliege sich auf dem Netz niederließ und darin hängenblieb, verzehrte die Spinne sie schleunigst, damit andere Fliegen, die vorbeikamen, denken sollten, das Netz sei ein sicherer und gemütlicher Platz. Eines Tages schwirrte eine ziemlich intelligente Fliege so lange um das Netz
5 herum, ohne es zu berühren, daß die Spinne schließlich hervorkroch und sagte: »Komm, ruh dich bei mir ein bißchen aus.« Aber die Fliege ließ sich nicht übertölpeln.
»Ich setze mich nur an Stellen, wo ich andere Fliegen sehe«, antwortete sie, »und ich sehe bei dir keine anderen Fliegen.«
Damit flog sie weiter, bis sie an eine Stelle kam, wo sehr viele Fliegen saßen. Sie wollte sich gerade zu
10 ihnen gesellen, als eine Biene ihr zurief: »Halt, du Idiot, hier ist Fliegenleim. Alle diese Fliegen sitzen rettungslos fest.«
»Red keinen Unsinn«, sagte die Fliege. »Sie tanzen doch.«
Damit ließ sie sich nieder und blieb auf dem Fliegenleim kleben wie all die anderen Fliegen.
Moral: Der Augenschein kann ebenso trügerisch sein wie die Sicherheit, in der man sich wiegt.

(Dithmar: Fabeln. a.a.O., S. 316)

Text 8

Helmut Arntzen (*1931): **Fabel**

Ein Kaninchen traf einen Hasen.
Kümmerlich, bemerkte der Hase, sich von den Menschen in einem Stall gefangen halten zu lassen.
Da wir beide Braten werden, sagte das Kaninchen, ist der ganze Unterschied: ich warte und du
5 rennst.

(Dithmar: Fabeln. a.a.O., S. 322)

3. Bei einigen Fabeln kann der Sinn nur dann umfassend erschlossen werden, wenn der Leser über bestimmte Hintergrundinformationen verfügt. Besonders wichtig ist die Kenntnis der ursprünglichen Situation, in der die Fabel entstanden ist. Die folgenden zwei Texte sollen dies verdeutlichen.

Text 1

Wolfdietrich Schnurre (1920-1989): **Ein Beitrag zur Farbenlehre**

Das Eichhörnchen wurde vor einen Ausschuß befohlen und sollte Rechenschaft über die Farbe seines Felles ablegen. »Aber du bist doch genauso gefärbt!« sagte das Eichhörnchen zum Fuchs, der am Vorstandstisch saß. »Der Augenschein trügt«, sagte der Fuchs: »Ich habe mich längst von meinem Fell distanziert.«

Text 2

Wolfdietrich Schnurre: **Ein folgenschwerer Unglücksfall**

Ein Chamäleon, das sich gerade auf Grün eingestellt hatte, mußte entdecken, daß es seine Gabe, die Farbe zu wechseln, verloren hatte. »Aber warum weinst du denn?« fragte man es. »Weil ich grün sein muß, auch wenn die Blauen ans Ruder kommen«, schluchzte es.

(Dithmar: Fabeln. a.a.O., S. 321)

a) Erschließen Sie die eigentliche Aussage der Fabel „Ein Beitrag zur Farbenlehre" unter Berücksichtigung folgender Bedingungen:

– Die Fabel ist zu Beginn der fünfziger Jahre entstanden.
– Die Farbe Braun hat eine besondere politische Bedeutung.

b) Deuten Sie den Sinn der Fabel „Ein folgenschwerer Unglücksfall". Vergleichen Sie die Lehre dieser Fabel mit der Aussage des Textes „Ein Beitrag zur Farbenlehre". Welche Gemeinsamkeiten und Unterschiede sind feststellbar?

4. In der Vergangenheit wurde die Fabel häufig dazu benutzt, versteckt Kritik an den politischen Zuständen zu üben. Der folgende Text ist dafür ein Beispiel.

Martin Luther (1483-1546): **Der Fuchs**

,, Der Löwe hatte viele Tiere zu sich in die Höhle geladen, darinnen es gar übel roch und stank. Als er nun den Wolf fragte, wie es ihm gefiele in seinem königlichen Hause, da sprach der Wolf: »O, es stinkt übel hierinnen.« Da fuhr der Löwe zu und zerriß den Wolf.
Danach, als er den Esel fragte, wie es ihm gefiele, und der arme Esel sehr erschrocken war über des Wolfs
5 Tod und Mord, da wollte er aus Furcht heucheln und sprach: »O, Herr König, es riecht wohl allhier.« Aber der Löwe fuhr über ihn her und zerriß ihn auch.
Als er nun den Fuchs fragte, wie es ihm gefiele und wie es röche in seiner Höhle, da sprach der Fuchs: »O, ich habe jetzt den Schnupfen, ich kann nichts riechen.« ,,

a) Informieren Sie sich in einem Lexikon über Leben und Werk Martin Luthers und über die politischen und gesellschaftlichen Verhältnisse seiner Zeit.

b) Welchen Rang spricht man den in der obigen Fabel vorkommenden Tieren in der Tierwelt zu? Wer könnte zur Zeit Luthers im menschlichen Bereich mit dem Löwen gemeint sein?

c) Charakterisieren Sie den Löwen der Fabel aufgrund seines Verhaltens. Leiten Sie aus Ihren bisherigen Überlegungen die eigentliche versteckte Aussage dieser Fabel ab.

5. Nehmen Sie zu folgender Behauptung Stellung:

„Einige *comic-strips* (zum Beispiel *Mickey Mouse*) sind eine Weiterführung der Fabel."

2.2 Die Anekdote

Text 1

Rudolf Virchow (1821–1902)

❝ Neben der epochalen theoretischen Neubegründung der Heil-
kunde steht die Betätigung Virchows im praktischen ärztlichen
Leben. Sie ist charakterisiert durch wahres Arzttum, Menschenliebe,
Verstehen für Probleme des ärztlichen Standes und die sozialen Fra-
5 gen der Zeit. Er hatte in Berlin als Assistent der Charité, auch noch
als Pathologe in Würzburg und später noch in Kleinasien und Ägyp-
ten als Arzt praktiziert und Beobachtungen am Krankenbett gemacht.
Darauf war er sein ganzes Leben lang stolz. Er hatte die Nöte des
kleinen Mannes in kranken Tagen kennengelernt und erkannt, wie
10 notwendig Reformen waren. Diesen zum Leben zu verhelfen, dafür
setzte er seine ganze Energie und organisatorische Begabung ein. ❞

Rudolf Virchow

*(Paul Diepgen: Rudolf Virchow. In: Hermann Heimpel, Theodor Heuss, Benno Reifen-
berg: Die großen Deutschen. Bd. 4. Berlin 1956 (1966), S. 31)*

Text 2

Umsonst

❝ Geheimrat Virchow, der durchaus darauf hielt, von zahlungsfähigen Patienten
angemessen honoriert zu werden, wurde einmal zu einem Kranken gerufen, dessen
Tod er aber nur noch feststellen konnte, obwohl er sich unverzüglich auf den Weg zum
Krankenbett gemacht hatte.

5 „Ich bedaure sehr, daß ich Sie umsonst bemüht habe", sagte die Witwe zu dem berühmten Arzt.

Virchow strich sich nachdenklich über den Bart, schaute die Witwe mit ernstem Ausdruck
an und antwortete mit ruhiger, aber bestimmt klingender Stimme:

„Umsonst ja nun nicht, gnädige Frau, sondern nur vergeblich." ❞

Text 3

1 **Anekdote** [von griechisch anékdota „nicht
Herausgegebenes, Unveröffentlichtes"]:
Bezeichnung nach der Schrift „Anékdota"
des Prokop (6. Jahrhundert) mit entlarven-
5 den Geschichten vom byzantinischen Hof,
die er in seiner offiziellen Geschichte der
Regierung Justinians nicht veröffentlicht
hatte. Heute eine knappe, oft heitere oder
witzige Prosaerzählung, in der eine bekann-
10 te Person, eine denkwürdige Begebenheit, eine Gesellschaftsschicht oder ein
Menschentyp in einer charakteristischen
Besonderheit blitzartig beleuchtet wird. Der
Verfasser ist um Objektivität bemüht. Er
15 läßt die mitgeteilte Episode, die meist nur
als möglich vorstellbar und nicht auch his-
torisch belegbar ist, am Schluß in einer
Pointe gipfeln, d.h. in einer überraschenden
Wendung der Handlung oder in einer in der
20 gegebenen Situation nicht erwarteten Äußerung einer Person, wodurch verborgene
Zusammenhänge deutlich werden. In ge-
schichtlichen Werken und Lebens-
beschreibungen erfreuten sich Anekdoten,
wenn auch nicht ausdrücklich so bezeich- 25
net, seit ältester Zeit großer Beliebtheit,
ebenso als Einschübe in geistlichen Schrif-
ten (z.B. bei Abraham a Sancta Clara) oder
in den Schwanksammlungen des 16. Jahr-
hunderts. Besonders bedeutsam sind die in 30
den „Berliner Abendblättern" (1810/11) er-
schienenen Anekdoten H. von Kleists, noch
bekannter die Anekdoten J. P. Hebels aus
seinem „Schatzkästlein des rheinischen
Hausfreundes" (1811), wenngleich sie nicht 35
immer genau den Kriterien der Gattung
entsprechen. Überhaupt ergeben sich bei
der Anekdote viele Berührungspunkte mit
den literarischen Gattungen Witz,
Aphorismus, Epigramm, Kalender- 40
geschichte, Kurzgeschichte und sogar Novelle. Das 19. und 20. Jahrhundert kennen
eine unübersehbare Fülle populärer
Anekdoten, die sich v.a. um bekannte Persönlichkeiten ranken. Auch B. Brecht ließ 45
z.B. in seinen „Kalendergeschichten" (1949)
einen Trend hin zum anekdotenhaften Erzählen erkennen.

(Schüler-Duden. Die Literatur. Mannheim 1980, S. 26)

Arbeitsauftrag

1. Der erste Text ist ein Auszug aus einer Biographie über den Pathologen Rudolf Virchow. Schildern Sie den Gesamteindruck, der aufgrund dieses Textauszuges von dem Wesen dieser Persönlichkeit entsteht.

2. Welche Charaktereigenschaften des Arztes stellt der zweite Arbeitstext besonders heraus? Belegen Sie Ihre Aussagen mit entsprechenden Textstellen.

3. Vergleichen Sie den Eindruck, den der zweite Text von dem Arzt Rudolf Virchow vermittelt, mit der Vorstellung, die man aufgrund der Biographie gewinnt.

4. Der dritte Text informiert unter anderem über die Stilmerkmale der Anekdote. Arbeiten Sie diese typischen Merkmale heraus, und weisen Sie sie am zweiten Arbeitstext nach.

5. Informieren Sie sich auf den Seiten 219 ff. über den Inhalt, den Aufbau und die Sprache einer Anekdote. Entwerfen Sie mit diesem Wissen in Partnerarbeit einen passenden Schluß für die folgende Anekdote „Das Saitenspiel". Denken Sie vor allem daran, daß es sich um eine wirkungsvolle Pointe handeln muß.

Das Saitenspiel

Ein Goldschmiedegesell, der von Wuchs etwas klein geraten war, kam vor die Werkstatt eines Meisters in Paderborn und sprach um Arbeit ein. Der Meister, der sich gerne auf anderer Leute Kosten fröhlich machte, steckte den Kopf zum Schiebefenster heraus, blickte hin und her, stellte sich, als sähe er niemanden, und fragte, wo der Geselle denn stecke. „Hier", sagte der Kleine bescheiden, „hier unten stehe ich, Meister." - „Ei, mein Goliath", scherzte der Goldschmied, „kannst du denn auch reißen und entwerfen, wie es sich gehört?" Der Kleine bejahte das, und als ihm der Meister eine Schiefertafel herausreichte und eine Laute darauf gezeichnet haben wollte, so entwarf er sie ihm nach allen Regeln der Kunst. „Nicht übel", sagte der Alte, „aber sie hat keine Saiten." Der Kleine zeichnete ihm die Saiten hinein. „Alle Achtung", meinte der Meister und hielt sich die Tafel ans Ohr, „aber sie klingen nicht, wie?" ...

---

1. Das Ziel der Anekdote

Schon Prokop, mit dessen Schrift die Anekdote ihren Ursprung hatte (vergleiche Text 3, Seite 217), hatte zum Ziel, die antiken Herrscher nicht, wie sonst üblich, als unfehlbare Helden und Übermenschen darzustellen, sondern ihre allzu menschlichen Eigenschaften aufzudecken.

> Diese Vermenschlichung von Persönlichkeiten ist ein wichtiges Ziel der Anekdote als literarischer Textsorte.

2. Der Inhalt einer Anekdote

a) Die wirklichkeitsnahe Darstellung einer Persönlichkeit oder eines Menschentyps

> Im Mittelpunkt einer Anekdote steht in der Regel eine bekannte historische Persönlichkeit oder eine Person der Zeitgeschichte, manchmal auch ein bestimmter Menschentyp oder der Vertreter einer Gesellschaftsschicht.

Die Episode aus dem Leben dieser Figur wird so erzählt, daß der Leser sich vorstellen kann, sie sei tatsächlich geschehen. Zu diesem realistischen Eindruck tragen die Nennung konkreter Namen oder genaue Angaben über Ort und Zeit des Geschehens bei.

b) Die treffende Charakterisierung der Person durch Herausstellung einer bestimmten Eigenschaft

> Die im Mittelpunkt stehende Person wird im Text treffend durch die Herausstellung einer vielsagenden Eigenschaft charakterisiert.

Dabei handelt es sich häufig um ein Wesensmerkmal, das im offiziellen Bild von dieser Person nicht enthalten ist. Doch das ist gerade die Absicht vieler Anekdoten. Sie wollen bewußt machen, daß auch bedeutende Persönlichkeiten des öffentlichen Lebens Menschen mit menschlichen Stärken und Schwächen sind.

c) Die Beschränkung auf ein einzelnes Ereignis

In einer Anekdote wird kein umfassender Überblick über das Leben oder Wesen der charakterisierten Figur gegeben.

> Die Anekdote beschränkt sich vielmehr auf die Darstellung einer einzelnen bezeichnenden Situation.

Diese bestimmte Begebenheit verdeutlicht jedoch blitzartig die besondere Eigentümlichkeit der Person. Die Anekdote kann also mit einer Momentaufnahme verglichen werden und weist damit eine Gemeinsamkeit mit der Kurzgeschichte auf.[1]

3. Der Aufbau einer Anekdote

> Der Inhalt einer Anekdote spitzt sich auf eine Schlußpointe zu. Diese Pointe besteht entweder aus einer überraschenden Wendung der Handlung, oder es kommt zu einer Äußerung, die man als Leser in der geschilderten Situation nicht erwartet hat.

---

[1] Vergleiche dazu das Kapitel „Die Stilmerkmale der Kurzgeschichte". S. 224 ff.

Aber gerade in diesem plötzlichen unvorhergesehenen Schluß offenbart sich dem Leser blitzartig die eine Charaktereigenschaft.

Da die Pointe die eigentliche Aussage des Textes verdeutlicht, führt der Inhalt der Anekdote zielgerichtet auf dieses Ende hin. Dadurch wird beim Leser sehr schnell eine Erwartungshaltung aufgebaut. Er ahnt, daß etwas Unerwartetes eintreten wird, und ist auf dieses Ende gespannt. Diese Spannung löst sich dann schlagartig in der Pointe.

4. Die Sprache in einer Anekdote

a) Die kurze und treffende Erzählweise

> Die Anekdote ist eine kurze Prosaerzählung.

Unter Prosa versteht man die Normalform der Sprache. Im Gegensatz zur Verssprache ist sie nur an die üblichen Regeln der Grammatik und Rechtschreibung gebunden.[1]

Der Kürze des Textes entspricht auch die knappe und treffende Erzählweise. Der Erzähler kommt schnell auf den Punkt. Das heißt, er steuert ohne Umschweife auf die Pointe am Schluß zu.

b) Das Zusammenwirken von Erzählerbericht und Personenrede

> In den meisten Anekdoten werden Erzählerbericht und Personenrede wirkungsvoll miteinander verknüpft. Auf einen einführenden Erzählabschnitt folgt ein Ausspruch oder ein kurzer Dialog in direkter Rede.

Diese Personenrede erweckt einmal den Eindruck, daß sich die geschilderte Begebenheit auch tatsächlich so abgespielt hat. Hinzu kommt, daß das überraschende Ende einer Anekdote ja häufig in einer unerwarteten Äußerung besteht. Und in direkter Personenrede kann diese Pointe unmittelbarer und wirkungsvoller zum Ausdruck gebracht werden.

c) Die Einfachheit der Sprache

> In einer Anekdote wird in aller Regel eine einfache Umgangssprache verwendet.

Dies bezieht sich vor allem auf die **Wortwahl**. Fremdwörter und verschlüsselte Sprachbilder beeinträchtigten nur die Aufgabe einer Anekdote. Sie soll ja einen typischen Charakterzug besonders deutlich werden lassen.

Hinsichtlich des **Satzbaus** wird jedoch von diesem Grundsatz der Einfachheit des öfteren abgewichen. Der Erzähler verwendet dann bewußt tief geschachtelte Satzgefüge, längere Satzreihen oder umfangreich ausgebaute Einzelsätze.

---

[1] Vergleiche zur Unterscheidung von Verssprache und Prosa S. 204.

Ein derartiger Bau der wenigen Sätze steht zum einen im auffälligen Gegensatz zu der gedrängten Kürze des Erzählten. Zum zweiten wird beim Leser eine gespannte Erwartungshaltung erzeugt, da er aufgrund der weitschweifigen Sätze erwartungsvoll dem Ende entgegensieht. Die auf diese Weise aufgestaute Spannung kann sich dann plötzlich in der Pointe lösen, die dadurch um so eindrucksvoller wirkt.

5. Schlüsselfragen zur Deutung einer Anekdote

Die folgenden Schlüsselfragen helfen bei der Deutung von Anekdoten. Diese allgemeinen Fragen können nämlich problemlos auf jede Anekdote bezogen werden. Ihre Beantwortung löst dann zahlreiche Gedanken bezüglich Inhalt, Aufbau und Sprache des untersuchten Textes aus. Diese Gedanken sind zu einer Gesamtdeutung (Interpretation) zusammenzufassen.

Schlüsselfragen zur Deutung von Anekdoten

1. Welche Figur (Persönlichkeit oder Menschentyp) steht im Mittelpunkt der Anekdote?

2. a) Welche konkreten Angaben über die Personen und über den Ort und die Zeit des Geschehens sind im Text enthalten?
   b) Welche Absicht verfolgt der Erzähler mit diesen genauen Angaben?

3. a) Welche besondere Situation wird dargestellt?
   b) Warum hält der Erzähler der Anekdote gerade diese Situation für erzählenswert?

4. a) Welche Charaktereigenschaft einer Person wird besonders herausgestellt?
   b) An welchen Textstellen wird diese Eigenschaft besonders deutlich?

5. a) Welche Textstelle beinhaltet die Pointe?
   b) Warum sind Sie als Leser über diese Pointe belustigt, verblüfft oder nachdenklich?
   c) Welche Charaktereigenschaft offenbart die Pointe?

6. Wodurch wird man als Leser veranlaßt, die Anekdote bis zum Schluß zu lesen?

7. a) In welche Abschnitte kann der Text gegliedert werden?
   b) In welcher Reihenfolge folgen Erzählerbericht und Personenrede aufeinander?
   c) Warum verwendet der Erzähler die direkte Rede?

8. a) Welche Besonderheiten fallen bezüglich der Wortwahl auf? Warum verwendet der Erzähler diese ungewöhnlichen Ausdrücke?
   b) Verwendet der Erzähler einen einfachen oder einen tiefgeschachtelten Satzbau? Warum entscheidet er sich für diesen Satzbau?

Merkmale der Anekdote

Inhalt	Aufbau	Sprache
1. wirklichkeitsnahe Darstellung einer Persönlichkeit oder eines Menschentyps	1. Abschluß mit einer Pointe a) unerwartete Wendung der Handlung b) überraschende Äußerung	1. Prosaerzählung
		2. knappe und treffende Erzählweise
2. Herausstellung einer typischen Charaktereigenschaft	2. Zuspitzung des gesamten Inhaltes auf diese Pointe	3. Kombination von Erzählerbericht und Personenrede
		4. Einfachheit der Sprache
3. Beschränkung auf eine bemerkenswerte Begebenheit		5. Verwendung eines weitschweifigen Satzbaus zum Aufbau einer Erwartungshaltung beim Leser

Ziel der Anekdote:

Vermenschlichung einer „hochgestellten" Persönlichkeit

Übung Übung Übung Übung Übung Übung

1. Erklären Sie den Ursprung des Begriffes „Anekdote".

2. Welches Ziel verfolgen viele Anekdoten, die von einer historischen Persönlichkeit oder einer Person der Zeitgeschichte berichten?

3. Erklären Sie drei inhaltliche Merkmale einer Anekdote. Welche inhaltliche Gemeinsamkeit weist die Anekdote mit der Kurzgeschichte auf?

4. Beschreiben Sie den typischen Aufbau einer Anekdote. Gehen Sie dabei insbesondere auf den Begriff der Pointe ein.

5. In vielen Anekdoten sind Erzählerbericht und direkte Personenrede miteinander vermischt. Erläutern Sie jeweils die besondere Aufgabe dieser beiden Darstellungsweisen.

6. Häufig wird in Anekdoten ein weitschweifiger Satzbau verwendet. Welches Ziel verfolgt der Verfasser mit dieser Ausdrucksweise?

7. Deuten Sie - gegebenenfalls mit Hilfe der Schlüsselfragen auf Seite 221 - die folgenden Texte. Weisen Sie dabei auch nach, daß es sich um typische Beispiele für die Textsorte der Anekdote handelt.

Text 1

„Einer der berühmtesten Kritiker der ärztlichen Kunst war Friedrich der Große, der bereits in der Schrift „De la littérature allemande" seinen Freunden den Rat gegeben hatte, wenn sie krank seien, nicht einen jungen, unerfahrenen Arzt zu nehmen, sondern einen, „der schon mehr als einen Kirchhof" angefüllt habe. Als dem alten Fritz der hannoversche Leibarzt Johann Georg Ritter von Zimmermann
5 vorgestellt wurde, fragte er ihn prompt: „Wie viele Kirchhöfe hat Er schon angefüllt?" Würdevoll entgegnete Zimmermann: „Nicht so viele wie Eure Majestät und mit viel weniger Ruhm."

Text 2

„In Berlin war an der Wende vom 18. zum 19. Jahrhundert der weitaus populärste Arzt Ernst Ludwig Heim. Eine adelige Dame kam zu Heim, der am Schreibtisch saß, mit dem Ausstellen eines Rezeptes beschäftigt war und flüchtig aufblickend lediglich sagte: „Bitte, nehmen Sie einen Stuhl." Entschuldigen Sie", sagte die Patientin empört, „ich bin Gräfin!" Heim darauf ungerührt: „Dann nehmen
5 Sie zwei Stühle."

(Birkmayer, Walther / Heindl, Gottfried: Der liebe Gott ist Internist. Paul Neff Verlag: Wien 1978, S. 16/17 und S. 26)

Text 3

„Als Napoleon 1812 anfangs Dezember nach Grodno kam, hatte er den kläglichen Rest seines geschlagenen Heeres seit dreien Tagen verlassen, sich unbekannt und nur von ein paar Getreuen begleitet aus dem verlorenen Feldzug in Rußland nach Frankreich zu retten. In dunkler Frühe fuhr sein Schlitten auf die Fähre nach Grodno, über den Nyemen zu setzen, der trotz der grausamen Kälte noch
5 offen war.

„Sind schon viele französische Desertörs hinüber?" fragte der Kaiser aus seinem Schlitten den Fährmann.

Der konnte nicht ahnen, wer in Pelzen vermummt ihn so fragte. „Nein, Herr", entgegnete er, „Sie sind der erste."

(Schäfer, Wilhelm: Der Fährmann. Zitiert nach: Moderne Erzähler 3. Paderborn 1966, S. 45)

2.3 Die Kurzgeschichte

2.3.1 Die Stilmerkmale der Kurzgeschichte

Peter Bichsel: **Die Tochter**

Abends warteten sie auf Monika. Sie arbeitete in der Stadt, die Bahnverbindungen sind schlecht. Sie, er und seine Frau, saßen am Tisch und warteten auf Monika. Seit sie in der Stadt arbeitete, aßen sie erst um halb acht.

Früher hatten sie eine Stunde eher gegessen. Jetzt warteten sie täglich eine Stunde
5 am gedeckten Tisch, an ihren Plätzen, der Vater oben, die Mutter auf dem Stuhl nahe der Küchentür, sie warteten vor dem leeren Platz Monikas. Einige Zeit später dann auch vor dem dampfenden Kaffee, vor der Butter, dem Brot, der Marmelade. Sie war größer gewachsen als sie, sie war auch blonder und hatte die Haut, die feine Haut der Tante Maria. „Sie war immer ein liebes Kind", sagte die Mutter, während
10 sie warteten.

In ihrem Zimmer hatte sie einen Plattenspieler, und sie brachte oft Platten mit aus der Stadt, und sie wußte, wer darauf sang. Sie hatte auch einen Spiegel und verschiedene Fläschchen und Döschen, einen Hocker aus marokkanischem Leder, eine Schachtel Zigaretten.
15 Der Vater holte sich seine Lohntüte auch bei einem Bürofräulein. Er sah dann die vielen Stempel auf einem Gestell, bestaunte das sanfte Geräusch der Rechenmaschine, die blondierten Haare des Fräuleins, sie sagte freundlich „Bitte schön", wenn er sich bedankte.

Über Mittag blieb Monika in der Stadt, sie aß eine Kleinigkeit, wie sie sagte, in
20 einem Tearoom. Sie war dann ein Fräulein, das in Tearooms lächelnd Zigaretten raucht.

Oft fragten sie sie, was sie alles getan hätte in der Stadt, im Büro. Sie wußte aber nichts zu sagen.

Dann versuchten sie wenigstens, sich genau vorzustellen, wie sie beiläufig in der
25 Bahn ihr rotes Etui mit dem Abonnement aufschlägt und vorweist, wie sie den Bahnsteig entlanggeht, wie sie sich auf dem Weg ins Büro angeregt mit Freundinnen unterhält, wie sie den Gruß eines Herrn lächelnd erwidert.

Und dann stellten sie sich mehrmals vor in dieser Stunde, wie sie heimkommt, die Tasche und ein Modejournal unter dem Arm, ihr Parfüm; stellten sich vor, wie sie
30 sich an ihren Platz setzt, wie sie dann zusammen essen würden.

Bald wird sie sich in der Stadt ein Zimmer nehmen, das wußten sie, und daß sie dann wieder um halb sieben essen würden, daß der Vater nach der Arbeit wieder seine Zeitung lesen würde, daß es dann kein Zimmer mehr mit Plattenspieler gäbe, keine Stunde des Wartens mehr. Auf dem Schrank stand eine Vase aus blauem
35 schwedischem Glas, eine Vase aus der Stadt, ein Geschenkvorschlag aus dem Modejournal.

„Sie ist wie deine Schwester", sagte die Frau, „sie hat das alles von deiner Schwester. Erinnerst du dich, wie schön deine Schwester singen konnte."

„Andere Mädchen rauchen auch", sagte die Mutter.
40 „Ja", sagte er „das habe ich auch gesagt."

„Ihre Freundin hat kürzlich geheiratet", sagte die Mutter.

„Sie wird auch heiraten", dachte er, „sie wird in der Stadt wohnen."

Kürzlich hatte er Monika gebeten: „Sag mal etwas auf französisch." Sie wußte aber nichts zu sagen.
45 „Stenografieren kann sie auch", dachte er jetzt. „Für uns wäre das zu schwer", sagten sie oft zueinander.

Dann stellte die Mutter den Kaffee auf den Tisch. „Ich habe den Zug gehört", sagte sie.

(Peter Bichsel: Eigentlich möchte Frau Blum den Milchmann kennenlernen. Walter-Verlag: Freiburg i. Br., 1964)

Arbeitsauftrag

1. Geben Sie den Inhalt des Textes „Die Tochter" von Peter Bichsel mit eigenen Worten wieder. Schildern Sie Ihre spontanen Gedanken und Eindrücke, die sich nach einem ersten Lesen eingestellt haben. Woran könnte es Ihrer Meinung nach liegen, daß sich die Personen dieser Geschichte „nichts zu sagen" haben?

2. Der obige Arbeitstext unterscheidet sich zum Beispiel von einem Roman ganz wesentlich aufgrund seines geringen Umfanges. In der jüngeren Vergangenheit erfreuten sich aber gerade literarische Kurztexte einer zunehmenden Beliebtheit. Welche Gründe sind dafür denkbar?

3. Lesen Sie noch einmal den Anfang des Romans *Der Verdacht* von Friedrich Dürrenmatt (siehe Seite 199).

   Der Erzählbeginn dieses Romans unterscheidet sich grundsätzlich von dem des obigen Arbeitstextes. Beschreiben Sie diesen Unterschied. Welche Absicht könnte der Autor Peter Bichsel mit der besonderen Art seines Erzählbeginns verfolgen?

4. Lesen Sie noch einmal die Ausführungen über „Die Wesensmerkmale epischer Texte" (Seiten 202 f.). Erklären Sie dann mit eigenen Worten die Begriffe

   – Erzählzeit,
   – erzählte Zeit,
   – zeitdeckendes, zeitraffendes, zeitdehnendes Erzählen.

   Bestimmen Sie auf der ersten Seite des Romans und in der Bichsel-Erzählung die erzählte Zeit, und entscheiden Sie bei beiden Texten, ob zeitdeckendes, zeitraffendes oder zeitdehnendes Erzählen vorliegt.

5. In dem Roman *Der Verdacht* tragen die Ermittlungen des Kommissärs Bärlach letztlich dazu bei, den ehemaligen KZ-Arzt Nehle zu überführen. Diesem Verbrecher war es nach dem Krieg gelungen, unerkannt zu bleiben und unter dem falschen Namen Dr. Emmenberger eine Privatklinik aufzubauen. Nach seiner Entlarvung endet der Roman mit folgendem Absatz:

   Der Alte [Kommissär Bärlach] schloß die Augen. Der Friede, der über ihn kam, tat ihm wohl; um so mehr, da er nun wußte, daß in der leise sich öffnenden Türe [sein Freund] Hungertobel stand, ihn nach Bern zurückzubringen.

   Welcher grundsätzliche Unterschied besteht zwischen diesem Ende des Romans und dem Schluß des Bichsel-Textes? Welches Ziel könnte Peter Bichsel mit seiner besonderen Schlußgestaltung verfolgen?

6. Welche Personen stehen jeweils im Mittelpunkt beider Texte? Wie werden diese Personen im Roman und in der Erzählung bezeichnet? Welche
Absicht könnte Peter Bichsel mit seiner Art der Personenbezeichnung
verfolgen?

7. Schon auf der ersten Seite des Romans *Der Verdacht* wird der Leser mit
einem ungeheuerlichen Vorfall konfrontiert. Vergleichen Sie damit die
Art des Geschehens, das in dem Text „Die Tochter" geschildert wird.

8. Informieren Sie sich auf den folgenden Seiten über die typischen
Stilmerkmale einer Kurzgeschichte. Prüfen Sie, ob es sich bei dem Text
„Die Tochter" von Peter Bichsel um eine Kurzgeschichte handelt.
Begründen Sie Ihre Entscheidung.

Die epische Kleinform der Kurzgeschichte kam in Deutschland nach dem Zweiten
Weltkrieg in Anlehnung an die **amerikanische Short story** auf.

1. Die Auseinandersetzung mit der Gegenwart als inhaltliches Kennzeichen der Kurzgeschichte

> Die Kurzgeschichte setzt sich grundsätzlich mit aktuellen Problemen der Zeit
> auseinander.

Unmittelbar nach 1945 waren naturgemäß die Kriegsereignisse und die Sorgen der
Menschen in den ersten Nachkriegsjahren bevorzugte Themen. Bedeutende
Kurzgeschichten aus dieser Zeit stammen zum Beispiel von Wolfgang Borchert,
Heinrich Böll und Elisabeth Langgässer. Später rücken zusehends die Probleme der
Wohlstandsgesellschaft in den Mittelpunkt. So behandeln viele Kurzgeschichten von
Gabriele Wohmann, Peter Bichsel oder Ilse Aichinger zum Beispiel die wachsende
Anonymität und die Entfremdung zwischen den Menschen.

2. Die charakteristischen Stilmerkmale der Kurzgeschichte

Neben diesem gemeinsamen inhaltlichen Gegenwartsbezug weisen viele
Kurzgeschichten auch übereinstimmende Stilmerkmale auf. Typische Kennzeichen
der Kurzgeschichte sind:

a) Der geringe Umfang des Textes

Dieses Merkmal hat der Erzählform ihren Namen gegeben. Es erinnert aber gleichzeitig
an den Ursprung der Kurzgeschichte. Viele Kurzgeschichten sind ursprünglich für die
Veröffentlichung in einer Zeitschrift verfaßt worden. Nicht zuletzt diese Absicht machte

die Beschränkung auf wenige Seiten erforderlich. Allerdings kann der Umfang einer Kurzgeschichte sehr unterschiedlich sein. So gibt es auch Beispiele, die mehrere Seiten umfassen.

Abgelenkt durch moderne Medien (zum Beispiel Radio, Fernsehen, Video) können die Menschen immer weniger Zeit aufs Lesen verwenden. In dieser Situation kommt ihnen die Kurzgeschichte mit ihrem geringen Umfang entgegen. Vor diesem Hintergrund ist der Erfolg dieser Erzählform in der jüngeren Vergangenheit sicherlich auch auf ihre Kürze zurückzuführen.

b) Der unvermittelte Beginn der Darstellung

Die Kurzgeschichte verzichtet auf eine Einleitung. Der Leser wird unvorbereitet mit einer abrupt einsetzenden Handlung oder Situationsschilderung konfrontiert.

Das Ziel des Verfassers ist es, den Leser von Anfang an zu „fesseln". Der unvermittelte Beginn wirft beim Leser Fragen auf, da ihm einführende Zusatzinformationen zunächst vorenthalten werden. Er wird deshalb bestrebt sein, diese für das Verständnis erforderlichen Informationen durch Weiterlesen zu erhalten.

c) Die schlaglichtartige Herausstellung eines bedeutungsvollen Augenblickes

Die Zeitspanne, die in einer Kurzgeschichte inhaltlich dargestellt wird (erzählte Zeit), macht nur einen kurzen Augenblick aus. Demzufolge ist in vielen Kurzgeschichten **zeitdeckendes Erzählen** – das heißt, die Erzählzeit stimmt mit der erzählten Zeit überein – festzustellen. Manchmal liegt sogar **zeitdehnendes Erzählen** – das heißt, die Erzählzeit ist länger als die erzählte Zeit – vor.

Durch diese Vorgehensweise wird ein entscheidender Moment oder ein bestimmtes Ereignis ausschnitthaft hervorgehoben. Es gelingt dem Autor, die ganze Aufmerksamkeit des Lesers auf diese eine Situation oder Begebenheit zu konzentrieren.

d) Die scheinbare Beschränkung auf eine vordergründige Alltagssituation

Bei dem ausschnitthaft herausgestellten Geschehen handelt es sich in den meisten Fällen um eine gewöhnliche Alltagssituation. Bestimmte Textstellen oder sprachliche Auffälligkeiten lassen den Leser jedoch skeptisch werden. Sie signalisieren ihm, daß sich hinter der banalen alltäglichen Begebenheit zentrale Fragen und Probleme verbergen.

Der Autor will durch diese indirekte Vorgehensweise erreichen, daß der Leser sich intensiver mit der eigentlichen Thematik auseinandersetzt. Der Leser erkennt zunächst eher gefühlsmäßig diesen Kontrast zwischen dem an der Oberfläche Dargestellten und dem dahinter verborgenen Inhalt. Es wird ihn jedoch reizen, diesem empfundenen Gegensatz nachzuspüren und den versteckten Sinn der Erzählung zu erschließen. Dies führt dann zwangsläufig zu einer gründlicheren Beschäftigung mit dem Text und zu einem intensiveren Nachdenken über die eigentliche Aussage. Vordergründige Belehrungen dagegen werden in der Regel nur flüchtig wahrgenommen und erreichen deshalb selten ihr Ziel.

e) Die Typisierung der Personen

Im Mittelpunkt der Kurzgeschichte stehen keine individuell gezeichneten Einzelpersonen, sondern bestimmte Menschentypen.

Dadurch soll zum Ausdruck gebracht werden, daß es sich bei dem dargestellten Geschehen nicht um ein einzigartiges Einzelschicksal handelt. Der erzählten Begebenheit kommt vielmehr eine gewisse Allgemeingültigkeit zu. Sie kann auf das Leben zahlreicher anderer Menschen, zu denen vielleicht auch der Leser gehört, übertragen werden.

f) Der offene Schluß der Kurzgeschichte

Ebenso unvermittelt wie der Anfang ist der Schluß einer Kurzgeschichte. Der Erzähler bricht seine Ausführungen plötzlich ab. In Verbindung mit dem abrupt einsetzenden Beginn und der Ausschnitthaftigkeit der Darstellung führt der offene Schluß dazu, daß die Kurzgeschichte einer photographischen Momentaufnahme gleicht. Aus einem längeren Zeitabschnitt wird schnappschußartig ein kurzer Augenblick festgehalten.

Das Ziel dieser Offenheit ist, den Leser zu einem selbständigen Nach- und Weiterdenken anzuregen. Der Erzähler bietet ihm keine Lösung für das dargestellte Problem; diese muß der Leser selbst finden.

3. Die stilistische Vielfalt der modernen Kurzepik

Die erläuterten Kennzeichen sind typische Stilmerkmale der Kurzgeschichte. Sie können in vielen Beispieltexten festgestellt werden. Das heißt aber nicht, daß eine Erzählung nur dann eine Kurzgeschichte ist, wenn alle diese Punkte exakt nachzuweisen sind. Es gibt auch viele Texte, die als Kurzgeschichten bezeichnet werden müssen, obwohl der Verfasser bewußt gegen bestimmte Stilvorgaben verstößt. Viele Autoren sind nicht bereit, sich und ihre Arbeit in feste Schablonen pressen zu lassen. Mit anderen Worten: Die genannten Merkmale stellen nur eine Orientierungshilfe für die grundsätzliche Einordnung epischer Texte dar. Sie ermöglichen zum Beispiel die Abgrenzung zwischen Fabel, Anekdote und Kurzgeschichte.

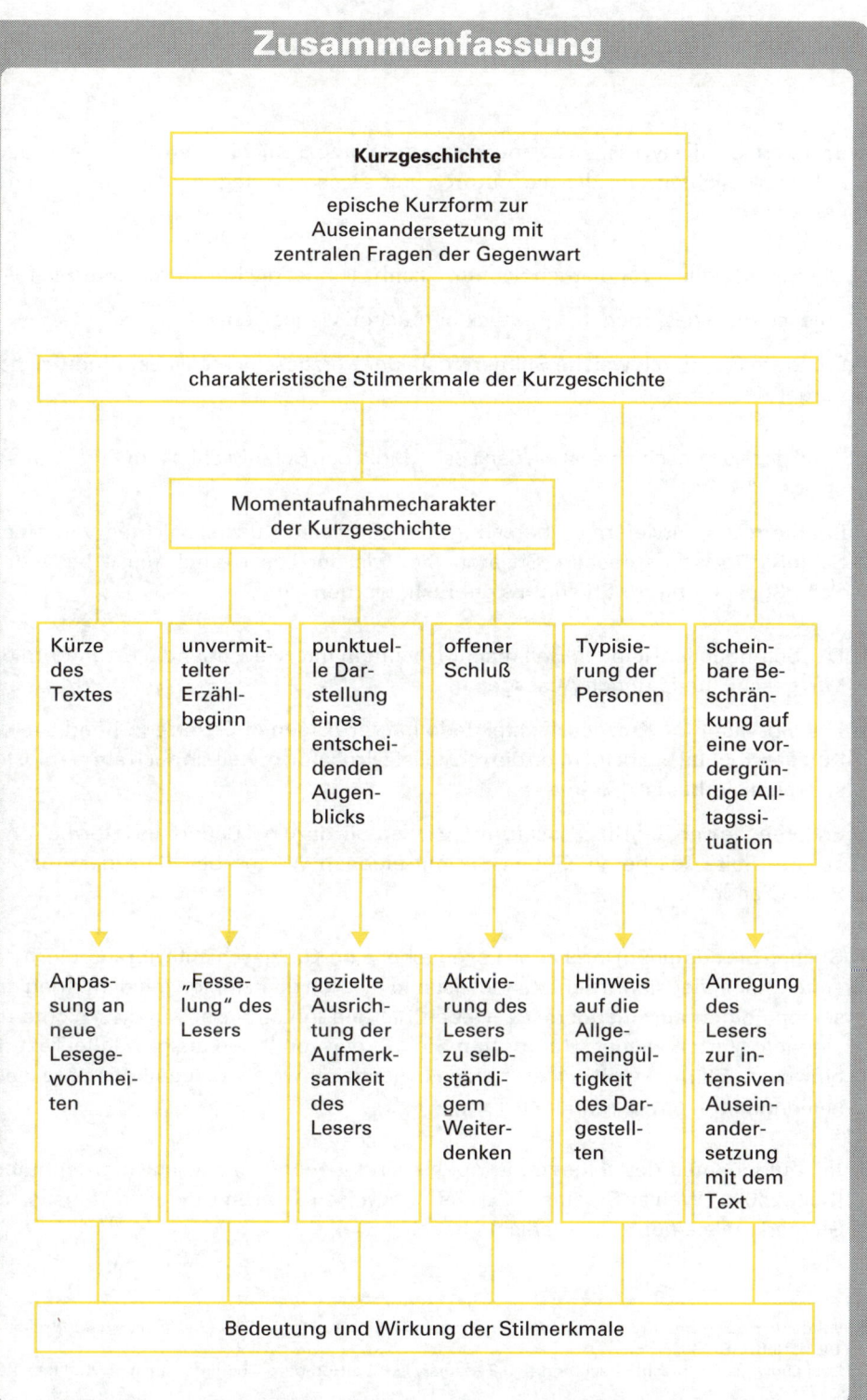

Kurzgeschichte

epische Kurzform zur Auseinandersetzung mit zentralen Fragen der Gegenwart

charakteristische Stilmerkmale der Kurzgeschichte

Momentaufnahmecharakter der Kurzgeschichte

Kürze des Textes	unvermittelter Erzählbeginn	punktuelle Darstellung eines entscheidenden Augenblicks	offener Schluß	Typisierung der Personen	scheinbare Beschränkung auf eine vordergründige Alltagssituation
Anpassung an neue Lesegewohnheiten	„Fesselung" des Lesers	gezielte Ausrichtung der Aufmerksamkeit des Lesers	Aktivierung des Lesers zu selbständigem Weiterdenken	Hinweis auf die Allgemeingültigkeit des Dargestellten	Anregung des Lesers zur intensiven Auseinandersetzung mit dem Text

Bedeutung und Wirkung der Stilmerkmale

1. Erläutern Sie die typischen Stilmerkmale der Kurzgeschichte. Gehen Sie dabei auch auf die Absichten ein, die die Autoren mit diesen Gestaltungsmitteln erreichen wollen.

2. Der Schriftsteller Wolfdietrich Schnurre kennzeichnet die Kurzgeschichte wie folgt:

   „Sie ist, grob gesprochen, ein Stück herausgerissenes Leben."[1])

   Erläutern Sie, durch welche Stilmerkmale der Kurzgeschichte dieser Eindruck hervorgerufen wird.

3. „Ziel der Kurzgeschichte ist es, den Leser durch den Schlußschock zur Erkenntnis zu bringen."[2])

   Erläutern Sie, inwiefern es berechtigt ist, bei vielen Kurzgeschichten von einem Schlußschock zu sprechen. Erklären Sie, wie der Leser durch diese besondere Schlußgestaltung zur Erkenntnis gebracht werden kann.

4. Der Schriftsteller Heinrich Böll machte in einem Interview über die Erzählform der Kurzgeschichte folgende Aussage:

   „Es gibt nicht *die* Kurzgeschichte. Jede hat ihre eigenen Gesetze [...] und sie [die Kurzgeschichte] bleibt für mich die reizvollste Prosaform, weil sie auch am wenigsten schablonisierbar ist."[3])

   Erklären Sie den Begriff „Prosaform". Ziehen Sie dazu bei Bedarf die Informationen auf der Seite 204 heran. Geben Sie mit eigenen Worten den Sinn der Aussage Bölls wieder.

5. Suchen Sie aus einem Ihrer alten Lesebücher eine Kurzgeschichte heraus, die in den ersten Nachkriegsjahren entstanden ist und die sich demzufolge mit dem Krieg und seinen Folgen auseinandersetzt. Geben Sie den Inhalt dieser Kurzgeschichte mit eigenen Worten wieder. Überprüfen Sie, ob der von Ihnen ausgewählte Text die typischen Stilmerkmale einer Kurzgeschichte aufweist. Belegen Sie Ihre Feststellungen mit entsprechenden Textstellen.

6. Im Aufgabenteil des folgenden Kapitels sind weitere Kurzgeschichten enthalten (Seite 240 ff.). Wählen Sie einen Text aus, und weisen Sie an ihm die charakteristischen Stilmerkmale einer Kurzgeschichte nach.

---

[1]) Wolfdietrich Schnurre: Kritik und Waffe. Zur Problematik der Kurzgeschichte. In: Deutsche Rundschau 87 (1961). Heft 1, S. 61
[2]) Horst Ludwigsen: Sprachbetrachtung und Textanalyse. Bad Homburg / Berlin / Zürich. 3. Auflage. 1979, S. 117
[3]) Horst Bienek: Werkstattgespräche mit Schriftstellern. München 1965, S. 170

Text 1

Gabriele Wohmann: **Schönes goldenes Haar**

„Ich versteh dich nicht", sagte sie, „sowas von Gleichgültigkeit versteh ich einfach nicht. Als wär's nicht deine Tochter, dein Fleisch und Blut da oben." Sie spreizte den Zeigefinger von der Faust und deutete auf die Zimmerdecke. Aufregung fleckte ihr großes freundliches Gesicht. Sie ließ die rechte Hand wieder fallen, schob
5 den braunen Wollsocken unruhig übers Stopfei. Gegenüber knisterte die Wand der Zeitung. Sie starrte seine kurzen festen Finger an, die sich am Rand ins Papier krampften: fette Krallen, mehr war nicht von ihm da, keine Augen, kein Mund. Sie rieb die Fingerkuppe über die Wollrunzeln.
„Denk doch mal nach", sagte sie. „Was sie da oben vielleicht jetzt treiben. Man könnt
10 meinen, du hättest deine eigene Jugend vergessen.
Seine Jugend? Der fremde freche junge Mann; es schien ihr, als hätten seine komischen dreisten Wünsche sie nie berührt. Sie starrte die fleischigen Krallenpaare an und fühlte sich merkwürdig losgelöst. Es machte ihr Mühe, sich Laurela vorzustellen, da oben, über ihnen, mit diesem netten, wirklich netten und sogar hübschen und auch
15 höflichen jungen Mann, diesem Herrn Fetter - ach, war es überhaupt ein Vergnügen für Frauen? Sie seufzte, ihr Blick bedachte die Krallen mit Vorwurf. Richtige Opferlämmer sind Frauen.
„Ich versteh's nicht", sagte sie, „deine eigene Tochter, wirklich, ich versteh's nicht."
Der Schirm bedruckter Seiten tuschelte.
20 „Nein, ich versteh's nicht." Ihr Ton war jetzt werbendes Gejammer. Wenn man nur darüber reden könnte. Sich an irgendwas erinnern. Sie kam sich so leer und verlassen vor. Auf den geräumigen Flächen ihres Gesichtes spürte sie die gepünktelte Erregung heiß. Er knüllte die Zeitung hin, sein feistes viereckiges Gesicht erschien.
„Na was denn, was denn, Herrgott noch mal, du stellst dich an", sagte er.
25 Sie roch den warmen Atem seines Biers und der gebratenen Zwiebeln, mit denen sie ihm sein Stück Fleisch geschmückt hatte. Sie nahm den Socken, bündelte die Wolle unterm Stopfei in der heißen Faust. Nein: das hatte mit den paar ausgeblichenen Bildern von damals überhaupt nichts mehr zu tun.
Sie sah die Krallenpfoten zum Bierglas tappen und es packen. Sie hörte ihn schmatzen,
30 schlucken. So schönes goldenes Haar. Sie bohrte die Spitze der Stopfnadel in den braunen Wollfilz. Seine und ihre Tochter. Sie betrachtete die geätzte Haut ihres Zeigefingers. Seine und ihre Tochter. Sie reckte sich in einem warmen Anschwellen von Mitleid und stolzer Verwunderung.
„Na, weißt du", sagte sie, „als wärst du nie jung gewesen." Sie lächelte steif,
35 schwitzend zu ihm hin.
Er hob wieder die Zeitung vors Gesicht: Abendversteck. Jung? Sein Hirn schweifte zurück. Jung? Und wie. Alles zu seiner Zeit. Er rülpste Zufriedenheit aus dem prallen Bauch überm Gürtel. Kein Grund zur Klage. Richtige Hühner, die Frauen, ewiges Gelächter. Er spähte über die Zeitung in ihr hilfloses redseliges Gesicht: mit wem
40 könnte sie quasseln und rumpoussieren, wenn Laurela erst mal weg wäre? Er stand rasch auf, drehte das Radio an. Die Musik schreckte das Wohnzimmer aus seinem bräunlichen Dösen.
Sie sah ihm zu, wie er zum Sessel zurückging, die Zeitung aufnahm, sich setzte. Sie lehnte sich ins Polster, preßte das Stopfei gegen den Magen. Das war ihr Abend, gewiß,
45 er und sie hier unten, sie mußten warten, das war von jetzt an alles. Und oben Laurela.
O Laurelas Haar. Sie lächelte. Kein Wunder, daß sie ihr nachliefen. Sie wollte nachher noch anfangen mit dem blauen Kleid, ganz eng unterm Busen, das hob ihn so richtig in die Höhe. Das Blau paßte gut zum Haar. So hübsches Haar. Wenn es goldene Seide gäbe, sähe sie aus wie Laurelas Haar. Sie räusperte sich, hörte das pappende Geräusch
50 ihrer Lippen, saß mit offenem Mund, starrte die Zeitung an, die fetten kräftigen Krallen rechts und links.
„Sie hat hübsches Haar", sagte sie. „Wie Seide, wie Gold."
Er schnickte die Seiten in ihre gekniffte Form zurück.
„Na klar", sagte er.

(Gabriele Wohmann: Schönes goldenes Haar. In: Ländliches Fest. Luchterhand (SL 204). Darmstadt und Neuwied. 6. Auflage 1980, S. 44/45)

Schlüsselfragen zur Deutung von Kurzgeschichten

A. Fragen zu den Personen

1. Äußere Beschreibung der Personen

   a) Was erfährt der Leser über das Aussehen der in der Kurzgeschichte vorkommenden Personen?
   b) Welche Informationen erhält der Leser über die Lebensumstände, die privaten Gewohnheiten, die berufliche Tätigkeit der Personen?
   c) Welche Rolle übernehmen die Personen in ihrer näheren Umwelt oder in der Gesellschaft?
   d) Welche Rückschlüsse sind aufgrund dieser Äußerlichkeiten auf den Charakter der Personen möglich?

2. Handeln, Verhalten der Personen in der Kurzgeschichte

   a) Wie verhalten sich die Personen, oder wie handeln Sie?
   b) Warum handeln oder verhalten sich die Personen so?
   c) Wie ist dieses Handeln oder Verhalten zu beurteilen?
   d) Welches andere Handeln oder Verhalten wäre denkbar?
   e) Welche Rückschlüsse auf den Charakter der Personen läßt das jeweilige Handeln oder Verhalten zu?

3. Gedanken und Gefühle der Personen

   a) Welche Gedanken und Gefühle der Personen werden in der Kurzgeschichte deutlich?
   b) Was schätzen die Personen, was lehnen sie ab?
   c) Welche Charaktereigenschaften kommen in den Gedanken und Gefühlen zum Ausdruck?

4. Verhältnis der Personen untereinander

   a) Wie ist die Beziehung zwischen den Personen?
   b) Warum ist das Verhältnis so?

5. Veränderungen bei den Personen

   a) Verändern sich Personen in ihrem Wesen oder in ihrem Verhalten im Verlauf der Kurzgeschichte?
   b) Welche Gründe sind für diese Veränderungen denkbar?

B. Fragen zur Sprache

1. Wortwahl

   a) Welche Wiederholungen kommen in der Kurzgeschichte vor?
   b) Bevorzugt der Verfasser eine bestimmte Wortart?
   c) Verwendet der Autor Sprachbilder oder Symbole?

2. Satzbau

   a) Verwendet der Autor einen einfachen oder einen „verschachtelten" Satzbau?
   b) Ist im Verlauf der Kurzgeschichte ein auffälliger Wechsel im Satzbau zu beobachten?

3. Sprachebene
   a) Welche Sprachebene verwendet der Autor (die gehobene Sprache, die Alltagssprache, eine Fachsprache, eine Mundart)?
   b) Findet im Verlauf der Kurzgeschichte ein auffälliger Wechsel hinsichtlich der verwendeten Sprachebene statt?

4. Fragen zur Beziehung zwischen Inhalt und Sprache
   a) Was soll durch die Wiederholungen, die Sprachbilder, die besondere Wortwahl, durch den auffälligen Satzbau oder die bestimmte Sprachebene verdeutlicht werden?
   b) Inwiefern passen die sprachlichen Auffälligkeiten zur inhaltlichen Aussage der Kurzgeschichte?
   c) Welcher Zusammenhang besteht zwischen dem Inhalt und der Sprache der Kurzgeschichte?

C. Fragen zum Aufbau

1. Gliederung der Kurzgeschichte
   a) Besitzt die Erzählung eine Einleitung, einen Hauptteil, einen Schluß?
   b) Warum verzichtet der Autor gegebenenfalls auf einen dieser Abschnitte?
   c) Welche Fragen bleiben zum Schluß offen?
   d) Wie könnte es weitergehen?
   e) Kann die Kurzgeschichte in verschiedene auffällige Abschnitte eingeteilt werden?
   f) Aus welchem Grunde nimmt der Autor diese besondere Abschnittbildung vor?

2. Spannungsverlauf
   a) Welche Fragen löst der Beginn der Kurzgeschichte beim Leser aus?
   b) Wie bringt der Autor Spannung in seine Erzählung, das heißt, wie gelingt es ihm, den Leser dazu zu bewegen, die Erzählung zu Ende zu lesen?

3. Erzählweise
   a) Welche Erzählweise liegt vor (Erzählung in der 3. Person oder Ich-Erzählung)?
   b) Warum wählt der Autor gerade diese Erzählweise?
   c) Beurteilt der Erzähler die Handlung (zum Beispiel durch ironische Hinweise), oder stellt er sie nur sachlich dar?
   d) In welchem Verhältnis stehen die direkte Rede der Personen und der Erzählerbericht dem Umfang nach? Warum überwiegt eins das andere?

D. Fragen zur Analyse der Zentralaussage des Textes und zur Herstellung des Gegenwartsbezuges

a) Welche Problematik will der Autor dem Leser mit seiner Kurzgeschichte bewußt machen?
b) Welche Absicht verfolgt der Verfasser mit seiner Kurzgeschichte?
c) Inwiefern sind die dargestellten Ereignisse, Vorfälle, Verhaltensweisen typisch für unsere Zeit, oder handelt es sich nur um einen Einzelfall?
d) Inwiefern hilft mir diese Geschichte bei der Bewältigung meiner eigenen Lebenssituation?

Arbeitsauftrag

1. Lesen Sie die Kurzgeschichte „Schönes goldenes Haar" von Gabriele Wohmann. Notieren Sie sich beim wiederholten Lesen stichwortartig erste persönliche Eindrücke und Gedanken. Belegen Sie Ihre spontanen Ideen mit Textstellen. Verwenden Sie für Ihre Stoffsammlung eine Übersicht der folgenden Art.

Gedanken und Eindrücke zur Kurzgeschichte	Belege aus dem Text
– gestörte Beziehung zwischen den Eheleuten	Zeile 36: Er hob... Abend-versteck
– Einsamkeit der Ehefrau	Zeile 21: Sie kam sich so leer und verlassen vor.
usw.	

2. a) Der zweite Text ist eine Sammlung von sogenannten Schlüsselfragen, die bei der Deutung einer Kurzgeschichte Hilfestellung leisten können. Nach welchen Gesichtspunkten sind die Fragen dieses Kataloges geordnet worden?

   b) Formulieren Sie die allgemeinen Schlüsselfragen in Gedanken so um, daß sie sich konkret auf die Kurzgeschichte „Schönes goldenes Haar" beziehen. Ergänzen Sie mit den Antworten auf diese Fragen Ihre obige Stoffsammlung. Belegen Sie Ihre Feststellungen grundsätzlich mit entsprechenden Textstellen.

3. Vergleichen Sie in Partnerarbeit Ihre Stoffsammlung, und übernehmen Sie gegenseitig sinnvolle Ergänzungen.

4. Leiten Sie aus Ihren bisherigen Überlegungen zusammenfassend ab, welche Aussageabsicht die Autorin mit ihrer Kurzgeschichte in erster Linie verfolgen könnte. Nehmen Sie auch Stellung zu der Frage, ob die thematisierte Problematik in unserer Zeit noch aktuell ist.

5. Was gefällt oder mißfällt Ihnen persönlich an der Kurzgeschichte „Schönes goldenes Haar"? Tragen Sie im Gespräch mit den anderen Auszubildenden Ihrer Klasse die verschiedenen persönlichen Stellungnahmen zusammen.

1. Das Wesen der Interpretation

Die Kurzgeschichte soll durch ihre Ausschnitthaftigkeit und Symbolik zum Nachdenken und zur Auslegung anregen. Hinter dem vordergründig Dargestellten versteckt sich ein tieferer Sinn. Diese eigentliche Bedeutung bestimmter Wörter, Sätze und ganzer Textabschnitte ist jedoch nicht unmittelbar ersichtlich. Sie muß vom Leser selbständig erschlossen werden.

> Diese aufschlüsselnde Textdeutung bezeichnet man als Interpretation (Auslegung).

2. Die Vorgehensweise beim Interpretieren einer Kurzgeschichte

a) Das Erfassen des Textes

Beim ersten Lesen der Kurzgeschichte konzentriert man sich ausschließlich auf den Inhalt. Beim zweiten und dritten Lesen werden bereits auffällige Textstellen notiert:

> 1. Textstellen, bei denen man gefühlsmäßig und spontan den Eindruck hat, daß sie besonders wichtig sein könnten
>
> 2. Textstellen, die sich aufgrund einer außergewöhnlichen Sprache vom Textganzen abheben
>
> 3. Textstellen, die zunächst besonders unverständlich sind

In allen drei Fällen ist die Wahrscheinlichkeit sehr groß, daß sich hinter der vordergründigen wörtlichen Bedeutung der Wörter ein tieferer Gehalt versteckt.

Beispiel

Beim Lesen der Kurzgeschichte „Schönes goldenes Haar" fallen u.a. die ungewöhnlichen Formulierungen auf, mit denen der Mann gekennzeichnet wird: „fette Krallen", „fleischige Krallenpaare", „feistes viereckiges Gesicht", „rülpste", „Krallenpfoten".

b) Das erste Textverständnis

Auch wenn man nach mehrmaligem Lesen die genaue Aussage einer Kurzgeschichte noch nicht ganz erfaßt hat, werden sich dennoch erste Eindrücke und Gedanken einstellen.

> Im Rahmen eines ersten Textverständnisses sind diese spontanen Ideen zu notieren. Außerdem sind Textstellen aufzuspüren, die als Beleg für die Richtigkeit dieser spontanen Annahmen angeführt werden können.

Beispiel

Beim Lesen der Kurzgeschichte „Schönes goldenes Haar" entsteht sicherlich spontan der Eindruck, daß die Beziehung zwischen den beiden Ehepartnern gestört ist. Der Leser hat das Gefühl, sie leben aneinander vorbei, haben sich nichts mehr zu sagen.

Geht man dieser Vermutung im Text nach, stößt man auf zahlreiche Textstellen, die dies belegen, zum Beispiel „Er hob wieder die Zeitung vors Gesicht: Abendversteck."

Vordergründig betrachtet sagt dieser Satz nur aus, daß der Mann das Zeitunglesen fortsetzt. Hinter dieser wörtlichen Bedeutung verbirgt sich jedoch ein tieferer Sinn. Der Ehemann will einem Gespräch mit seiner Frau aus dem Weg gehen. Ihr Bedürfnis, mit ihm zu sprechen, ist ihm eine Last. Ihre Sorgen, über die sie reden möchte, sind für ihn „ewiges Gegacker". Deshalb versteckt er sich am Abend hinter seiner Zeitung.

c) Die Interpretation des Textes mit Schlüsselfragen

Die beiden ersten Arbeitsschritte (Lesen des Textes, Sammlung spontaner Gedanken) führen zu einem gewissen Vorverständnis des Textes. Ein fortgesetztes bloßes Nachdenken über die Kurzgeschichte löst jetzt aber nur noch sehr mühsam neue Ideen aus. Deshalb sind die weiteren Überlegungen gezielt zu unterstützen. Dies geschieht durch eine Befragung des Textes mit sogenannten Schlüsselfragen.

Diese Fragen sind vom Leser selbst zu entwickeln. Hilfe leistet dabei ein Fragenkatalog, wie er im obigen Text 2 vorgegeben ist. Die allgemeinen Fragen dieser Zusammenstellung können leicht auf jeden Text bezogen werden. Die so entwickelten Fragen brauchen auch nicht niedergeschrieben zu werden. Es genügt, wenn der Leser sie sich in Gedanken stellt. Denn viel wichtiger als die Fragen sind die Antworten. Sie beinhalten neue Einfälle und Ideen bezüglich der Kurzgeschichte. Mit anderen Worten: Die **Schlüsselfragen** sind nur ein Hilfsinstrument. Sie sind der **Auslöser für neue Erkenntnisse,** die durch reines Nachdenken nur sehr mühsam, vielleicht gar nicht gewonnen worden wären.
Sehr wichtig ist es, alle Antworten auf die Schlüsselfragen am Text zu überprüfen. Lassen sich keine Textstellen finden, deren wörtliche oder tiefere Bedeutung diese Gedanken untermauern, besteht die Gefahr, am Text vorbei zu interpretieren.

Mit diesen Fragen sollten vier Untersuchungsbereiche systematisch abgefragt werden.

● Die Personenanalyse

> Den besten Zugang zum Sinngehalt einer Kurzgeschichte findet man über die Personenanalyse.

Die ersten Schlüsselfragen sollten sich deshalb auf die Personen der Kurzgeschichte beziehen. Die Antworten verweisen in der Regel bereits auf die Zentralaussagen des Textes.

Beispiel

Frage: Welche Rolle übernimmt in dieser Familie die Frau?

Antwort: Die Ehefrau in der Kurzgeschichte „Schönes goldenes Haar" ist die typische Hausfrau und Mutter, die nur für ihre Familie lebt.

Belege: Trotz der Gleichgültigkeit des Mannes hat sie ihm mit Zwiebeln „sein Stück Fleisch geschmückt". Noch spät am Abend ist sie mit der Hausarbeit beschäftigt und will darüber hinaus noch mit dem Nähen eines Kleides für ihre Tochter beginnen. Zugunsten ihrer Familie hat sie auf die Verwirklichung eines eigenen Lebens verzichtet. So ist es auch nicht verwunderlich, daß sie außerhalb ihrer Familie keine Kontakte hat („... mit wem könnte sie quasseln und rumpoussieren, wenn Laurela erst mal weg wäre?").

● Die Sprachanalyse

> Ein wesentliches Merkmal vieler fiktionaler Texte ist eine bewußte künstlerische Sprachgestaltung. Der tiefere Sinn oder Gehalt des Textes spiegelt sich zum Beispiel in der Wortwahl oder im Satzbau wider.

Diese **Beziehung zwischen Sprache und Inhalt** ist bei der Interpretation aufzuspüren. Dazu müssen die sprachlichen Besonderheiten des Textes zunächst herauskristallisiert werden.

Beispiel

Frage: Verwendet die Autorin Gabriele Wohmann bildhafte Vergleiche?

Antwort: Folgende Sprachbilder werden zum Beispiel verwendet:

„die Wand der Zeitung"
„Schirm bedruckter Seiten"
„Krallenpaare"

Gefordert ist aber nicht nur die bloße Auflistung sprachlicher Auffälligkeiten. Es muß stets der Zusammenhang zwischen der besonderen sprachlichen Form und der dadurch zum Ausdruck gebrachten inhaltlichen Aussage deutlich gemacht werden.

Beispiel

Frage: Was soll durch das Sprachbild „Krallenpaare" verdeutlicht werden?

Antwort: Der Begriff „Krallen" stammt aus dem Tierbereich. Wilde Tiere setzen ihre Krallen vor allem auch dazu ein, Beutetiere zu schlagen. In der Kurzgeschichte wird dieses Wort in den menschlichen Bereich übertragen, das heißt, es hat nicht diese ursprüngliche, sondern eine übertragene Bedeutung. Es soll zum Ausdruck bringen, daß die Frau wie ein Beutetier ein Gefühl des Ausgeliefertseins an ihren Ehemann empfindet. An anderer Stelle vergleicht sie in diesem Sinne Frauen auch mit „Opferlämmern". Außerdem verdeutlicht dieser Begriff die Abneigung, ja den Ekel der Frau ihrem Mann gegenüber .

Dieses Sprachbild entspricht exakt dem dargestellten Verhältnis zwischen den beiden Ehepartnern. Der Mann hat seine Gattin in Besitz genommen. Sie ist für ihn in jeder Hinsicht ein Instrument zur Befriedigung seiner Bedürfnisse. Darüber hinaus besteht zwischen diesen beiden Menschen keine Beziehung mehr.

Die Aufbauanalyse

> In vielen Kurzgeschichten sind nicht nur Sprache und Inhalt aufeinander abgestimmt, sondern zwischen dem Aufbau der Erzählung und ihrem Gehalt besteht eine ähnlich enge Beziehung.

Um besondere Aufbaumerkmale und ihre Beziehung zur Textaussage zu erkennen, können wieder Schlüsselfragen eingesetzt werden.

Beispiel

Frage: In welchem mengenmäßigen Verhältnis stehen in der Kurzgeschichte „Schönes goldenes Haar" die direkte Rede der Personen und der Erzählerbericht?

Antwort: Direkte Rede und Erzählerbericht wechseln sich regelmäßig ab. Auf eine kurze Bemerkung einer Person folgt in der Regel ein längerer Erzählerbericht. Diese erzählenden Passagen überwiegen deshalb bei weitem die wörtliche Rede.

Zusammenhang zwischen Aufbau und Inhalt:

Frage: Inwiefern paßt dieses Ungleichgewicht zur inhaltlichen Aussage der Kurzgeschichte?

Antwort: Das in der Erzählung dargestellte Ehepaar hat sich auseinandergelebt. Die Partner haben sich nichts mehr zu sagen. Die Frau versucht zwar verzweifelt, ein Gespräch über ihre Sorgen zu beginnen, ihr Mann geht jedoch nicht darauf ein. So kommt es zu keinem Dialog, sondern beide gehen in erster Linie ihren Gedanken nach. Dieser Sachverhalt spiegelt sich in dem unausgewogenen Verhältnis von Erzählerbericht und wörtlicher Rede wider.

4. Die Analyse der Zentralaussage der Kurzgeschichte und die Herstellung eines Gegenwartsbezuges

> Alle angestellten Überlegungen müssen am Schluß in einer Gesamtdeutung des Textes zusammenfließen. Das heißt, aus den Ergebnissen der Personen-, Sprach- und Aufbauuntersuchung muß die Hauptaussage der Kurzgeschichte abgeleitet werden.

Dabei geht es im wesentlichen um die Beantwortung folgender Frage: Was will der Autor dem Leser mit der Kurzgeschichte mitteilen oder bewußt machen?

Im Rahmen dieser Zusammenfassung ist ebenfalls darüber nachzudenken, ob die dargestellte Thematik auf die (eigene) Wirklichkeit übertragen werden kann. Der Leser sollte sich also persönlich fragen, ob er selbst von einer ähnlichen Problematik betroffen ist, in Zukunft betroffen sein kann oder ob diese Probleme in seiner näheren Umgebung auftreten.

Die entsprechenden Schlüsselfragen des obigen Fragenkataloges können diese Gesamtbetrachtung der Kurzgeschichte eventuell hilfreich unterstützen.

Beispiel

Frage: Welche Absicht verfolgt Gabriele Wohmann mit ihrer Kurzgeschichte „Schönes goldenes Haar"?

Antwort: Auch in unserer Zeit wird der Frau immer noch eine ganz bestimmte Rolle zugedacht. Als Ehefrau und Mutter ist sie für die Versorgung der Familie zuständig. Gabriele Wohmann geht es in ihrer Kurzgeschichte um die Darstellung der Empfindungen vieler Frauen, die unter dieser Situation leiden. Die jahrelange schwere Arbeit hat sie erschöpft. Sie wissen, daß ihr Mann für sie nichts mehr empfindet. Er braucht sie eigentlich nur noch zur Befriedigung seiner Bedürfnisse. Da die Familie über viele Jahre ihr einziger Lebensinhalt gewesen ist, existieren auch keine vertrauten Kontakte zu anderen Menschen. So bleiben diese Frauen mit ihren unerfüllten, ja sogar unausgesprochenen Wünschen und Sehnsüchten alleine.

d) Die persönliche Beurteilung der Kurzgeschichte

Gerade bei auslegungsbedürftigen Texten sollte man ein vorschnelles persönliches Urteil vermeiden. Es besteht nämlich die Gefahr, den Text in einer ersten Ratlosigkeit als unverständlich und nichtssagend abzutun.

Nachdem man sich jedoch in der oben beschriebenen Weise mit einer Kurzgeschichte auseinandergesetzt hat, sind viele Zusammenhänge deutlich geworden. Auf dieser Grundlage ist ein fundiertes persönliches Urteil möglich. Man kann begründet zum Ausdruck bringen, was einem an der Kurzgeschichte besonders gefallen oder mißfallen hat. Diese persönliche Stellungnahme schließt in der Regel die Interpretation einer Kurzgeschichte ab.

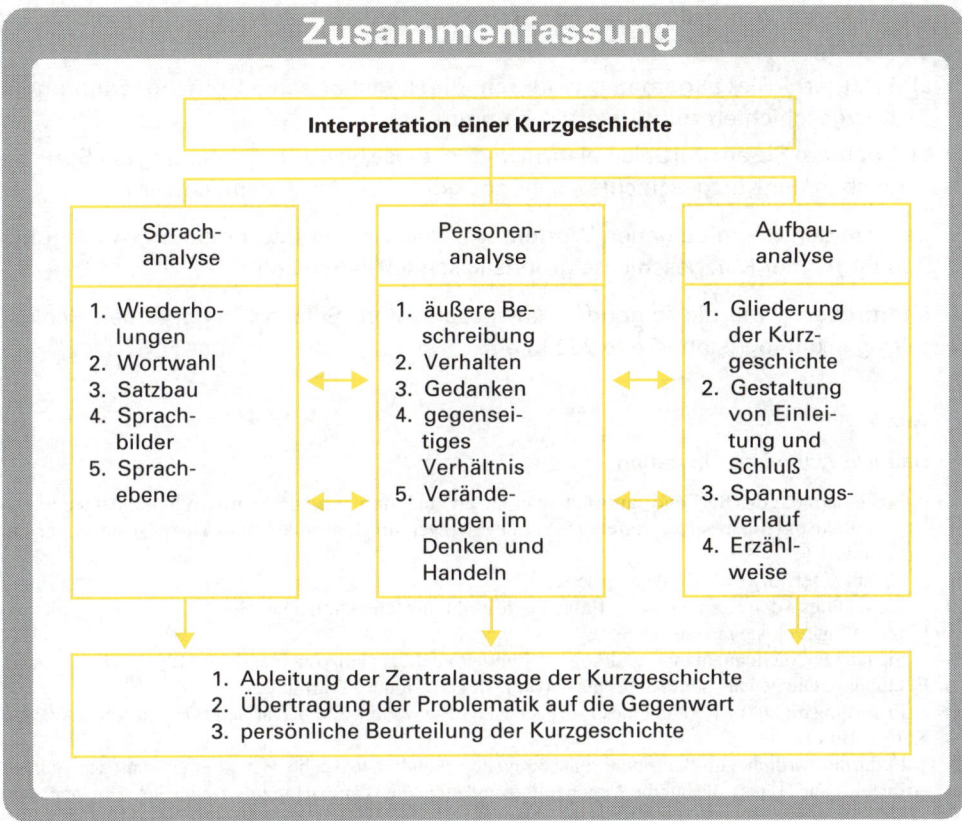

Zusammenfassung

Interpretation einer Kurzgeschichte

Sprachanalyse	Personenanalyse	Aufbauanalyse
1. Wiederholungen 2. Wortwahl 3. Satzbau 4. Sprachbilder 5. Sprachebene	1. äußere Beschreibung 2. Verhalten 3. Gedanken 4. gegenseitiges Verhältnis 5. Veränderungen im Denken und Handeln	1. Gliederung der Kurzgeschichte 2. Gestaltung von Einleitung und Schluß 3. Spannungsverlauf 4. Erzählweise

1. Ableitung der Zentralaussage der Kurzgeschichte
2. Übertragung der Problematik auf die Gegenwart
3. persönliche Beurteilung der Kurzgeschichte

Übung Übung Übung Übung Übung Übung

1. Ein Kennzeichen vieler fiktionaler Texte ist ihre Auslegungsbedürftigkeit.

a) „Sie räusperte sich, [...] saß mit offenem Mund, starrte die Zeitung an [...]" („Schönes goldenes Haar" Zeilen 49 f.)

Vordergründig betrachtet handelt es sich nur um eine Beschreibung der Frau in einem ganz bestimmten Moment. Der „offene Mund" und das „Anstarren" der Zeitung haben jedoch einen tieferen Sinn. Was soll mit diesen Begriffen eigentlich zum Ausdruck gebracht werden?

b) Suchen Sie in der Kurzgeschichte „Schönes goldenes Haar" weitere Textstellen, bei denen die oberflächliche Bedeutung der Wörter durch einen tieferen Gehalt ergänzt wird.

c) Erklären Sie allgemein, was unter der Auslegungsbedürftigkeit fiktionaler Texte zu verstehen ist.

2. Ein weiteres Merkmal zahlreicher fiktionaler Texte ist eine künstlerische Sprachgestaltung.

  a) Erläutern Sie allgemein, wodurch die künstlerische Sprachgestaltung in
  Kurzgeschichten zum Ausdruck kommt.

  b) Erläutern Sie an drei Beispielen, inwiefern diese bewußte Gestaltung der Sprache
  auch in der Kurzgeschichte „Schönes goldenes Haar" deutlich wird.

3. Beschreiben Sie mit eigenen Worten, wie man bei der Interpretation (Auslegung,
Deutung) einer Kurzgeschichte grundsätzlich vorgehen sollte.

4. Interpretieren Sie die folgenden Kurzgeschichten. Setzen Sie dabei den Schlüsselfragenkatalog (siehe Seite 232 f.) ein.

Text 1

Gabriele Wohmann: **Imitation**

Sie betraten die Bar, und sanft leitete er sie an einen intimen Nischentisch. Seine Augen waren
zärtlich und roh, besitzergreifend. Sie atmete schwer, im glänzenden Blick lagen Unsicherheit und
Hoffnung.

„You are terribly sweet", sagte er leise.

5 Sie schüttelte den Kopf, lächelte. Er beteuerte es ihr, umschloß mit einer Hand ihre gefalteten kleinen
Finger, fragte, ob sie tanzen wolle.

Sie tanzten, dicht aneinandergedrängt und immer noch zu weit voneinander entfernt. Schwere, süße
Betäubung. Die Musik, sein Atem, ihr Parfum, Augen, Hände. Wärme. Ein Rausch.

Er verging nicht. Im Taxi brachte er sie nach Haus. Sie wohnte allein. Darf ich? O nein. Nur eine Tasse
10 Kaffee. Bitte!

Er durfte. Zärtlicher großer Mann, seine erregende, wunderbare Liebe. Herzklopfen, sanft sanft kam er
zu ihr, ein paar Tränen, die nur die Augen füllten und nicht die Wangen hinunterliefen, ihre Hingabe, dem
Zuschauer versprochen in der Glut eines Augenaufschlags, in der Verschmelzung ihrer Lippen.

„Noch was trinken?"
15 „Ja, wär' nicht schlecht."

Sie betraten die Bar, und mißmutig bahnte er sich einen Weg durch die Tische, fand keinen guten Platz.
Sie hinter ihm her.

Unsympathisch muß er wirken mit seinem finsteren Gesicht, den unvergnügten Lippen.

Er bestellte das billigste Getränk, fand es immer noch zu teuer.
20 „Hübscher Film", sagte sie.

„Na, reichlich dick aufgetragen", brummte er.

„Was willst du, Kitsch ist's immer."

Beleidigt saß sie, betrachtete mit geringschätziger Wehmut die Tanzpaare.

„Blöd, bei der Hitze zu tanzen", sagte sie traurig.
25 Er sah auf, fixierte eine aparte kleine Mulattin, schlank und drahtig und halb nackt in den Armen ihres
Partners.

„Kommt drauf an", sagte er.

Schwere, bittere Enttäuschung. Die Musik, sein festgenagelter Blick, daß man nicht geliebt wurde,
daß man nicht liebte. Hitze. Eine schwache, leise bohrende Qual. Sie verging nicht. Verstimmt tappten
30 sie durch die dunklen Straßen.

(Gabriele Wohmann: Vor der Hochzeit. Erzählungen. Rowohlt Taschenbuch Verlag. Reinbeck 1980, S. 31 f.)

Text 2

Walter Helmut Fritz: **Augenblicke**

Kaum stand sie vor dem Spiegel im Badezimmer, um sich herzurichten, als ihre Mutter aus dem Zimmer nebenan zu ihr hereinkam, unter dem Vorwand, sie wolle sich nur die Hände waschen.
Also doch! Wie immer, wie *fast* immer.

Elsas Mund krampfte sich zusammen. Ihre Finger spannten sich. Ihre Augen wurden schmal. Ruhig
5 bleiben!

Sie hatte darauf gewartet, daß ihre Mutter auch dieses Mal hereinkommen würde, voller Behutsamkeit, mit jener scheinbaren Zurückhaltung, die durch ihre Aufdringlichkeit die Nerven freilegte. Sie hatte - behext, entsetzt, gepeinigt - darauf gewartet, weil sie sich davor fürchtete.

„Komm, ich mach dir Platz", sagte sie zu ihrer Mutter und lächelte ihr zu.
10 „Nein, bleib nur hier, ich bin gleich soweit", antwortete die Mutter und lächelte.

„Aber es ist doch so eng", sagte Elsa, und ging rasch hinaus, über den Flur in ihr Zimmer.

Sie behielt einige Augenblicke länger als nötig die Klinke in der Hand, wie um die Tür mit Gewalt zuzuhalten. Sie ging auf und ab, von der Tür zum Fenster, vom Fenster zur Tür. Vorsichtig öffnete ihre Mutter. „Ich bin schon fertig", sagte sie.

15 Elsa tat, als ob ihr inzwischen etwas anderes eingefallen wäre, und machte sich an ihrem Tisch zu schaffen.

„Du kannst weitermachen", sagte die Mutter.

„Ja, gleich."

Die Mutter nahm die Verzweiflung ihrer Tochter nicht einmal als Ungeduld wahr.

20 Wenig später allerdings verließ Elsa das Haus, ohne ihrer Mutter adieu zu sagen. Mit der Tram fuhr sie in die Stadt, in die Gegend der Post. Dort sollte es eine Wohnungsvermittlung geben, hatte sie einmal gehört. Sie hätte zu Hause im Telefonbuch eine Adresse nachsehen können. Sie hatte nicht daran gedacht, als sie die Treppen hinuntergeeilt war.

In einem Geschäft für Haushaltungsgegenstände fragte sie, ob es in der Nähe nicht eine Wohnungs-
25 vermittlung gebe. Man bedauerte. Sie fragte in der Apotheke, bekam eine ungenaue Auskunft. Vielleicht im nächsten Haus. Dort läutete sie. Schilder einer Abendzeitung, einer Reisegesellschaft, einer Kohlenfirma. Sie läutete umsonst.

Es war später Nachmittag, Samstag, zweiundzwanzigster Dezember.

Sie sah in eine Bar hinein. Sie sah den Menschen nach, die vorbeigingen. Sie trieb mit. Sie betrachtete
30 Kinoreklamen.

Sie ging Stunden umher. Sie würde erst spät zurückkehren. Ihre Mutter würde zu Bett gegangen sein. Sie würde ihr nicht mehr gute Nacht zu sagen brauchen.

Sie würde sich, gleich nach Weihnachten, eine Wohnung nehmen. Sie war zwanzig Jahre alt und verdiente. Kein einziges Mal würde sie sich mehr beherrschen können, wenn ihre Mutter zu ihr ins Bad
35 kommen würde, wenn sie sich schminkte. Kein einziges Mal.

Ihre Mutter lebte seit dem Tod ihres Mannes allein. Oft empfand sie Langeweile. Sie wollte mit ihrer Tochter sprechen. Weil sich die Gelegenheit selten ergab (Elsa schützte Arbeit vor), suchte sie sie auf dem Flur zu erreichen oder wenn sie im Bad zu tun hatte. Sie liebte Elsa. Sie verwöhnte sie. Aber sie, Elsa, würde kein einziges Mal mehr ruhig bleiben können, wenn sie wieder zu ihr ins Bad käme.
40 Elsa floh.

Über der Straße künstliche, blau, rot, gelb erleuchtete Sterne. Sie spürte Zuneigung zu den vielen Leuten, zwischen denen sie ging.

Als sie kurz vor Mitternacht zurückkehrte, war es still in der Wohnung. Sie ging in ihr Zimmer, und es blieb still. Sie dachte daran, daß ihre Mutter alt und oft krank war. Sie kauerte sich in ihren Sessel, und
45 sie hätte unartikuliert schreien mögen, in die Nacht mit ihrer entsetzlichen Gelassenheit.

(Kürzestgeschichten-Arbeitstexte für den Unterricht. Herausgegeben von H. Nayhauss. Reclam: Stuttgart)

Text 3

Ingrid Kötter: **Kündigungsgedanken**

Ihre Lehrzeit ist beendet, sie ist Industriekaufmann — ein sehr junger, hübscher, sehr weiblicher Industriekaufmann. In dem dunklen, häßlichen Büro mit dem wackeligen Schreibmaschinentisch und der altersschwachen Schreibmaschine herrscht ihre ältere Kollegin, läßt sie nur untergeordnete Arbeiten verrichten.

5   Sie trägt sich mit Kündigungsgedanken —
    kündigt.
    In der neuen Firma hat sie einen hellen, neuen Arbeitsplatz, eine elektrische Schreibmaschine und eine perfekte Vorgängerin, die ihr täglich als unerreichbares Vorbild vorgehalten wird.
    Sie trägt sich mit Kündigungsgedanken —
10   kündigt.
    In der neuen Firma hat sie einen hellen, neuen Schreibtisch mit Drehstuhl, eine elektrische Schreibmaschine, ein schwarzes Telefon und einen eigenen Toilettenschlüssel. Der ältliche Chef liebt helle, neue weibliche Angestellte.
    Sie trägt sich mit Kündigungsgedanken —
15   kündigt.
    In der neuen Firma hat sie ein eigenes Vorzimmer, einen Palisanderschreibtisch, eine elektrische Schreibmaschine, ein Diktiergerät, ein weißes Telefon, eine eigene Toilette, die Möglichkeit, Arbeitsplatzverbesserungsvorschläge einzureichen, und einen in Scheidung lebenden Chef, der in einem Wutanfall das Telefonkabel aus der Wand reißt und das Diktiergerät zertrümmert.
20   Sie trägt sich mit Kündigungsgedanken —
    kündigt.
    Mit dem Kündigungsschreiben übergibt sie einen Arbeitsplatzverbesserungsvorschlag, den sie mit ihrem Freund, einem Studenten, ausgearbeitet hat:
    „Schafft helle, freundliche Mitarbeiter und Vorgesetzte — alle Arbeitsplätze werden es euch danken!"
25   Ihr Chef verspricht ihr, sich zu bessern, nimmt die Kündigung an, küßt sie und bittet sie, seine Frau zu werden.
    Sie trägt sich mit Kündigungsgedanken —
    kündigt
    dem mittellosen Studenten die Freundschaft, heiratet Auto, Haus, komplette Wohnungseinrichtung
30 und ein fettes Bankkonto.

    Ihre Berufstätigkeit ist beendet, sie ist Hausfrau — eine sehr junge, sehr hübsche, sehr weibliche Hausfrau. In der neuen, hellen, mit allen technischen Erleichterungen ausgestatteten Küche herrscht ihre alte, dunkle Schwiegermutter, läßt sie nur untergeordnete Arbeiten verrichten.
    Täglich wird ihr ihre perfekte Vorgängerin als unerreichbares Vorbild vorgehalten.
35   Ihr Mann liebt helle, neue weibliche Angestellte.
    In vielen Wutanfällen zertrümmert er viel Porzellan.
    Sie trägt ... ein Kind —
    kündigt nicht.

(Ingrid Kötter: Kündigungsgedanken. In: Für eine andere Deutschstunde. Arbeit und Alltag in neuen Texten. Herausgegeben vom Arbeitskreis progressive Kunst. Asso Verlag: Oberhausen 1976, S. 88 f.)

Sachwortverzeichnis

Bildquellenverzeichnis

Aesculap AG, Tuttlingen
Bundeszentrale für gesundheitliche Aufklärung, Köln
dpa Bildarchiv, Düsseldorf
Historia-Photo, Hamburg
hund, Wetzlar
Köln Sport, Köln
medizin heute/D. Klein, Köln

Leider ist es uns nicht gelungen, zu allen Abbildungen die Inhaber der Rechte zu ermitteln. Sollte jemand davon betroffen sein, so bitten wir ihn, sich zu melden.